O Visível e o Invisível

Coleção Debates
Dirigida por J. Guinsburg

Equipe de Realização – Tradução: José Artur Gianotti e Armando Mora d'Oliveira; Revisão: Pérola de Carvalho, Luiz Henrique Lopes dos Santos e Ricardo Terra; Produção: Ricardo W. Neves, Sergio Kon e Juliana Sergio.

m. merleau-ponty
O VISÍVEL E O INVISÍVEL

 PERSPECTIVA

Título do original francês
Le Visible et l'Invisible

© Éditions Gallimard 1964

CIP-Brasil. Catalogação-na-Fonte
Sindicato Nacional dos Editores de Livros, RJ

Merleau-Ponty, Maurice, 1908-1961.
    O visível e o invisível / M. Merleau-Ponty ; [tradução José
Artur Gianotti e Amando Mora d'Oliveira]. – São Paulo: Perspectiva, 2014. – (Debates ; 40 / dirigida por J. Guinsburg)

    Título original: Le visible et l'invisible
    5. reimpr. da 4. ed. de 2000
    ISBN 978-85-273-0171-8

    1. Conhecimento – Teoria 2. Filosofia francesa 3. Ontologia.
I. Guinsburg, J. II. Título. III. Série.

05-0739   CDD-111

Índices para catálogo sistemático:
1. Ontologia : Filosofia   111

4ª edição – 5ª reimpressão
[PPD]

Direitos reservados em língua portuguesa à

EDITORA PERSPECTIVA LTDA.

Av. Brigadeiro Luís Antônio, 3025
01401-000 São Paulo SP Brasil
Telefax: (11) 3885-8388
www.editoraperspectiva.com.br

2019

SUMÁRIO

Prefácio.. 9

O Visível e a Natureza:
    A Interrogação Filosófica...................................... 15

Reflexão e Interrogação....................................... 17

Interrogação e Dialética...................................... 59

Interrogação e Intuição...................................... 107

O Entrelaçamento – O Quiasma......................... 129

Anexo... 153

    O Ser Pré-objetivo: O Mundo Solipsista............. 155

Notas de Trabalho... 163

Posfácio... 249

Termos Alemães... 271

PREFÁCIO

Maurice Merleau-Ponty faleceu no dia 3 de maio de 1961. Entre seus papéis encontrava-se, em especial, um manuscrito contendo a primeira parte de uma obra que começara a redigir dois anos antes. Intitula-se: *O Visível e o Invisível*. Não achamos traços desse título antes de março de 1959. Anteriormente, as notas que concernem ao mesmo projeto mencionam: *Ser e Sentido* ou *Genealogia do Verdadeiro* ou ainda, por último, *A Origem da Verdade*.

O manuscrito.

Conta cento e cinquenta grandes páginas, cobertas com uma escrita cerrada e abundantemente corrigidas. As folhas são escritas *recto-verso*.

Na primeira página, figura a data de *março de 1959*; na de número 83, a de 1º de junho de 1959. É provável que o autor tenha redigido cento e dez páginas entre a primavera e o verão desse ano. Depois, no outono do seguinte ano, retomou a redação de seu texto, sem levar em conta as oito últimas páginas (p. 103-110) que abririam um segundo capítulo. A data de *novembro de 1960* aparece na segunda página, sob o título *Interrogação e intuição*.

Estrutura da obra.

As indicações de um plano são raras e não concordam exatamente entre si. É certo que o autor remanejava seu projeto no decorrer da execução. Pode-se, todavia, presumir que a obra deveria ter dimensões consideráveis e que o texto que possuímos constitui apenas a primeira parte, desempenhando o papel de uma introdução.*

Eis alguns esquemas que pudemos encontrar:

a) Março de 1959, no *caput* do manuscrito:

Iª parte. *Ser e Mundo.*

Cap. I Reflexão e interrogação.

Cap. II O ser pré-objetivo: o mundo solipsista.

Cap. III O ser pré-objetivo: a intercorporeidade.

Cap. IV O ser pré-objetivo: o entremundo.

Cap. V Ontologia clássica e ontologia moderna.

IIª Parte. Natureza.

IIIª Parte. Logos.

b) Maio de 1960, numa nota, na primeira página:
Ser e Mundo
Iª Parte:

O mundo vertical	ou	o ser interrogativo
mudo		bruto
		selvagem

A IIª Parte será: O ser selvagem e a ontologia clássica.

E na segunda página:
Cap. I A carne do presente ou o "há".
Cap. II O traçado do tempo, o movimento da ontogênese.
Cap. III O corpo, a luz natural e o verbo.
Cap. IV O quiasma.
Cap. V O entremundo e o Ser.

Mundo e Ser.

c) Maio de 1960, numa nota:

* Cf. nosso posfácio.

I. Ser e Mundo.

Iª Parte: O mundo vertical ou o Ser selvagem.
IIª Parte: O Ser selvagem e a ontologia clássica:
  Natureza
  Homem
  Deus.

Conclusão: o pensamento fundamental – Passagem às diferenciações do Ser selvagem. Natureza:
  logos história
  o ser cultivado
  a Erzeugung.

II. Physis e Logos

d) Outubro de 1960, numa nota:

I. Ser e Mundo

Iª Parte: Reflexão e interrogação
IIª Parte: O mundo vertical e o Ser selvagem
IIIª Parte: O Ser Selvagem e a ontologia clássica.

e) Novembro de 1960, numa nota:

I. O visível e a natureza.
1. A interrogação filosófica.
2. O visível
3. O mundo do silêncio.
4. O visível e a ontologia (o Ser selvagem).
II. A palavra e o invisível.

f) Sem data, mas provavelmente de novembro ou de dezembro de 1960, numa nota:

I. O visível e a natureza.

A interrogação filosófica:

  interrogação e reflexão;
  interrogação e dialética;
  interrogação e intuição (o que faço neste momento).

O visível.
A natureza.
Ontologia clássica e ontologia moderna.

II. O invisível e o logos.

Essas poucas indicações não permitem imaginar o que seria a obra em sua matéria e forma. O leitor terá uma ideia mais exata consultando as notas de trabalho que publicamos depois do texto. Pelo menos, essas indicações podem levar-nos a perceber mais claramente a ordenação do próprio manuscrito.

Se nos ativéssemos às articulações marcadas no texto deveríamos limitar-nos a mencionar apenas uma primeira parte: *Ser e Mundo* e um primeiro capítulo: *Reflexão e interrogação*, permanecendo todas as demais divisões num mesmo plano, já que estão indistintamente precedidas do sinal §. Ora, a nota (f), que confirma e completa a anterior, e possui o interesse de ter sido redigida ao mesmo tempo que o capítulo *Interrogação e intuição* (o autor precisa: *o que faço neste momento*), mostra que não podemos conservar essa estruturação. Além do título da primeira parte, *Ser e mundo*, ter sido abandonado e substituído por *O visível e a natureza*, os fragmentos precedidos do sinal § estão reagrupados em função de seu sentido, tornando claro que os dois últimos não possuem a mesma função que os primeiros.

Decidimos, pois, reestruturar o texto segundo as últimas indicações do autor. Distinguimos primeiramente três capítulos, inserindo-os sob a rubrica comum: *A interrogação filosófica*. O primeiro, *Reflexão e interrogação*, que comporta três articulações, contém a crítica da fé perceptiva, do cientismo e da filosofia reflexiva; o segundo, *Interrogação e dialética*, dividido em duas partes, compreende a análise do pensamento sartreano e a elucidação das relações entre dialética e interrogação; o terceiro, *Interrogação e intuição*, visa essencialmente à crítica da Fenomenologia.

Restava situar o último fragmento, intitulado: *O entrelaçado – o quiasma*, que a nota (f) não menciona. Poder-se-ia transformá-lo ou no último capítulo de *Interrogação filosófica*, ou no primeiro da segunda parte anunciada, *O visível*. Estamos persuadidos de que ambas as escolhas poderiam ser justificadas por argumentos fundados. Mas, faltando uma recomendação expressa do autor, estes nunca seriam decisivos. Nestas condições, preferimos adotar a solução que restringia ao máximo nossa intervenção, deixando, portanto, o referido capítulo em sequência aos demais.

Estado do texto.

O manuscrito do *Visível e o Invisível* foi longamente trabalhado, como o atesta a presença de numerosas rasuras e correções. Não se poderia, entretanto, pensar que já tivesse atingido um estado definitivo. Certas redundâncias seriam indubitavelmente suprimidas e não devemos excluir a possibilidade de reformulações mais amplas. Em particular, cabe ter dúvidas sobre a ordenação inicial, já que uma nota evoca a possibilidade de novo arranjo da exposição. O autor escreve: "*Refazer talvez as páginas 1-13, juntando*: 1. *as certezas* (*a coisa*) (*o outro*) (*a verdade*); 2. *as incertezas* (*as dificuldades pirronianas, as contradições da tematização*); 3. *não é possível aceitar as antíteses, nem ater-se às certezas materializadas → passagem à reflexão*".

Por outro lado, é significativo que o autor faça duas vezes uso de um mesmo texto de Paul Claudel (cf. abaixo, págs. 104 e 119) sem advertir o leitor dessa repetição. A função da citação nas duas passagens é tal que teria sido necessária uma reelaboração de vulto.

As notas de trabalho.

Acreditamos ser conveniente acrescentar ao texto do *Visível e o Invisível* certo número de notas de trabalho que vêm esclarecer-lhe o sentido. O autor tinha o hábito de lançar suas ideias no papel sem, na maioria das vezes, cuidar do estilo e até mesmo sem compor frases inteiras. Reduzindo-se a algumas linhas ou estendendo-se por várias páginas, essas notas constituem esboços que foram desenvolvidos na primeira parte ou que iriam figurar na continuação da obra. Desde fins de 1958, estavam regularmente datadas e classificadas.

Não era possível nem desejável publicá-las todas. Sua massa teria esmagado o texto; por outro lado, muitas delas, quer fossem demasiadamente elípticas, quer não tivessem relação direta com o tema da investigação, não poderiam ser retidas utilmente.

Era, pois, necessária uma seleção, ainda que isso suscitasse certos problemas de ordem interpretativa. Temíamos, além do mais, enganar-nos. Preferimos, em vez de renunciar, correr o risco da escolha, de tal modo estávamos persuadidos de que, pela variedade dos temas abordados, pela qualidade da reflexão, pela expressão abrupta mas sempre rigorosa do pensamento, tais notas poderiam tornar sensível ao leitor o trabalho do filósofo.

Edição do manuscrito e das notas.

No que concerne ao manuscrito, limitamo-nos a precisar a pontuação, visando a tornar a leitura mais fácil. Em compensação, a disposição do texto, nas notas de trabalho, foi literalmente conservada, pois era mister deixar à expressão seu primeiro movimento.

Demos, sempre que possível, as referências exigidas pelas notas de trabalho, ou completamos as do autor.

Quando obrigados a introduzir ou a restabelecer um termo para darmos sentido à frase, colocamo-lo entre colchetes, acompanhando-o de uma nota justificativa de rodapé.

Os termos ilegíveis ou duvidosos estão assinalados no próprio curso do texto da seguinte maneira:

ilegível: [?]
duvidoso: [verdade?]

As notas de rodapé estão sempre precedidas de algarismo arábicos, quando do autor, e de asterisco, quando nossas. Os comentários marginais, que decidimos reproduzir, quando não eram literalmente retomados na sequência do texto, vão inseridos em nota antecipada de asterisco. Para evitar confusão, o texto do autor está escrito, seja qual for a nota, em caracteres romanos e o nosso, em itálico.

C. L.

Agradecemos a cuidadosa revisão feita por Luiz Henrique Lopes dos Santos e Ricardo Terra.

Os Tradutores.

O VISÍVEL E A NATUREZA

A interrogação filosófica

REFLEXÃO E INTERROGAÇÃO

A fé perceptiva e sua obscuridade.*

Vemos as coisas mesmas, o mundo é aquilo que vemos – fórmulas desse gênero exprimem uma fé comum ao homem natural e ao filósofo desde que abre os olhos, remetem para uma camada profunda de "opiniões" mudas, implícitas em nossa vida. Mas essa fé tem isto de estranho: se procurarmos articulá-la numa tese ou num enunciado, se perguntarmos o que é este *nós*, o que é este *ver* e o que é esta *coisa* ou este *mundo*, penetramos num labirinto de dificuldades e contradições.

Santo Agostinho dizia do tempo, que este é perfeitamente familiar a cada um, mas que nenhum de nós o pode explicar aos outros. O mesmo é preciso que se diga do mundo. [Incessantemente, vê-se o filósofo]** obrigado a rever e redefinir as noções

---

* *O autor nota, com relação ao título deste capítulo*: Noção de fé a precisar. Não é a fé no sentido de decisão mas no sentido daquilo que existe antes de qualquer posição, fé animal e [?].

** *Incessantemente vê-se o filósofo...* estas palavras que introduzimos para dar sentido às proposições seguintes eram as primeiras de um corpo de frase inteiramente riscado pelo autor.

mais fundadas, criar novas, com novas palavras para designá-las, empreender uma verdadeira reforma do entendimento, ao término da qual a evidência do mundo, que parecia a mais clara das verdades, surge apoiada em pensamentos aparentemente os mais sofisticados, onde o homem natural não mais se reconhece, o que vem reavivar o secular mau humor contra a filosofia, e a censura, que sempre se lhe fez, de inverter os papéis do claro e do obscuro. Que pretenda falar em nome da evidência ingênua do mundo, que se proíba a si próprio de acrescentar-lhe algo, que se limite a dela tirar todas as consequências, isso não o desculpa, muito pelo contrário, ele apenas a [a humanidade]* despoja mais completamente, convidando-a a pensar-se como enigma.

Assim é, e nada se pode fazer em contrário. Ao mesmo tempo é verdade que o mundo é *o que vemos* e que, contudo, precisamos aprender a vê-lo. No sentido de que, em primeiro lugar, é mister nos igualarmos, pelo saber, a essa visão, tomar posse dela, dizer o que é *nós* e o que é *ver*, fazer, pois, como se nada soubéssemos, como se a esse respeito tivéssemos que aprender tudo. Mas a filosofia não é um léxico, não se interessa pelas "significações das palavras", não procura substituto verbal para o mundo que vemos, não o transforma em coisa dita, não se instala na ordem do dito ou do escrito, como o lógico no enunciado, o poeta na palavra ou o músico na música. São as próprias coisas, do fundo de seu silêncio, que deseja conduzir à expressão. Se o filósofo interroga e assim finge ignorar o mundo e a visão do mundo, que nele operam e se realizam continuamente, é precisamente para fazê-los falar, porque acredita nisso e espera deles toda a ciência futura. Aqui a interrogação não é um começo de negação, um talvez (*peut-être*) posto em lugar do ser (*être*). Para a filosofia, é a única maneira de concordar com nossa visão de fato, de corresponder ao que nela, nos leva a pensar, aos paradoxos de que é feita; a única maneira de ajustar-se a esses enigmas figurados, a coisa e o mundo, cujo ser e verdade maciços fervilham de pormenores incompossíveis.

Pois se é certo que vejo minha mesa, que minha visão termina nela, que ela fixa e detém meu olhar com sua densidade insuperável, como também é certo que eu, sentado diante de

---

* *É preciso compreender, sem dúvida* "despoja a humanidade" pertencendo estes termos ao último membro da frase precedente riscada pelo autor e que reproduzimos aqui entre colchetes... "a censura que sempre se lhe fez de inverter os papéis do claro e do obscuro [e de arrogar-se o direito de fazer a humanidade viver em estado de alienação, na mais completa alienação, pretendendo o filósofo compreendê-la melhor do que ela se compreende a si mesma].

minha mesa, ao pensar na ponte da Concórdia, não estou mais em meus pensamentos, mas na ponte da Concórdia; e que, finalmente, no horizonte de todas essas visões ou quase-visões está o próprio mundo que habito, o mundo natural e o mundo histórico, com todos os vestígios humanos de que é feito – é certo também que esta certeza é combatida, desde que atento para ela, porquanto se trata de uma visão *minha*. Não estamos pensando propriamente no secular argumento do sonho, do delírio ou das ilusões, convidando-nos a examinar se o que vemos não é "falso", pois tal argumento se vale dessa mesma fé no mundo que ele parece abalar: nem saberíamos nós o que é o falso, se algumas vezes não o tivéssemos distinguido do verdadeiro. Postula, assim, o mundo em geral, o verdadeiro em si, invocando-o secretamente para desclassificar nossas percepções, que, misturadas com nossos sonhos, a despeito de todas as diferenças observáveis, são por ele lançadas em nossa "vida interior", em virtude desta única razão: a de terem eles sido, naquele instante, tão convincentes quanto elas, esquecendo que a própria "falsidade" dos sonhos não pode ser estendida às percepções, pois aquela só aparece relativamente a estas, e que, para podermos falar de falsidade, é preciso termos experiências da verdade. Válido contra a ingenuidade, contra a ideia de uma percepção que fosse surpreender as coisas além de qualquer experiência, qual luz que as tirasse da noite onde preexistiam, o argumento não é [esclarecedor?], estando ele próprio impregnado da mesma ingenuidade, na medida em que só iguala a percepção e o sonho colocando-os face a um Ser que somente seria em si. Se, ao contrário, como mostra o argumento no que tem de válido, devemos rejeitar inteiramente esse fantasma, então as diferenças intrínsecas, descritivas, do sonho e do percebido, adquirem valor ontológico, e damos uma boa resposta ao pirronismo mostrando que há diferença de estrutura e, por assim dizer, de grânulo entre a percepção ou visão verdadeira, dando lugar a uma série aberta de explorações concordantes, e o sonho, que não é *observável* e, quando examinado, é quase só lacunas. Efetivamente, isso não liquida o problema de nosso acesso ao mundo: nada mais faz, ao contrário, do que iniciá-lo, pois resta saber como podemos ter a ilusão de ver o que não vemos, como os farrapos do sonho podem, diante do sonhador, ter o mesmo valor do tecido cerrado do mundo verdadeiro, como a inconsciência de não ter observado pode, no homem fascinado, substituir a consciência de ter observado. Se se diz que o vazio do imaginário sempre permanece o que é, jamais equivale ao pleno do percebido, e jamais dá lugar à *mesma* certeza, que esse vazio não *vale por si*, que o homem adormecido perdeu todo ponto de referência, todo modelo, todo cânone do claro e do articulado, que uma única parcela do mundo percebido nele introduzida desmancha num átimo o encantamento, ainda resta que, se podemos perder nossos pontos de referência *sem o saber-mos*, nunca estamos seguros de tê-los quando acreditamos possuí-los; se podemos, ainda que o ignoremos, retirar-nos do mundo da percepção, nada nos prova que nele estivemos alguma vez, nem que o observável o seja inteiramente, nem ainda que seja feito de tecido diferente do sonho; uma vez que a diferença entre eles não é absoluta, podemos colocá-los juntos com "nossas experiências", e é acima da própria percepção que precisamos procurar a garantia e o sentido de sua função ontológica. Percorreremos esse caminho, que é o da filosofia reflexiva, quando ele se nos abrir. Mas começa muito além dos argumentos pirronianos, que, por si próprios, nos desviariam de toda elucidação, pois se referem vagamente à ideia de um Ser inteiramente em si e, por contraste, juntam confusamente o percebido e o imaginário como "estados de consciência". No fundo, o pirronismo partilha das ilusões do homem ingênuo. É a ingenuidade que se dilacera a si mesma dentro da noite. Entre o Ser em si e a "vida interior", nem mesmo entrevê o *problema do mundo*. Nós, ao contrário, é em direção a esse problema que caminhamos. O que nos interessa não são as razões que se podem ter para tomar como "incerta" a existência do mundo – como se já soubéssemos o que é existir e como se toda a questão fosse aplicar corretamente esse conceito. O que nos importa é precisamente saber o sentido de ser do mundo; a esse propósito nada devemos pressupor, nem a ideia ingênua do ser em si, nem a ideia correlata de um ser de representação, de um ser para a consciência, de um ser para o homem: todas essas são noções que devemos repensar a respeito de nossa experiência do mundo, ao mesmo tempo que pensamos o ser do mundo. Cabe-nos reformular os argumentos céticos fora de todo preconceito ontológico, justamente para sabermos o que é o ser-mundo, o ser-coisa, o ser imaginário e o ser consciente.

Agora que tenho na percepção a própria coisa e não uma representação, acrescentarei somente que a coisa está no ponto extremo de meu olhar e, em geral, de minha exploração: sem nada supor do que a ciência do corpo alheio me possa ensinar, devo constatar que a mesa diante de mim mantém uma relação singular com meus olhos e meu corpo: só a vejo se ela estiver no raio de ação deles; acima dela, está a massa sombria de minha fronte, em baixo, o contorno mais indeciso de minhas faces, ambos visíveis no limite, e capazes de escondê-la, como se minha própria visão do mundo se fizesse de certo ponto do mundo. Ainda mais: meus movimentos e os de meus olhos fazem vibrar o mundo como se pode, com o dedo, fazer mexer um dólmen, sem abalar-lhe a solidez fundamental. A cada batida de meus cílios, uma cortina se baixa e se levanta, sem que eu pense, no momento, em imputar esse eclipse às próprias coisas; a cada movimento de meus olhos varrendo o espaço diante de mim, as coisas sofrem breve torção, que também atribuo a mim mesmo; e quando ando pela rua, os olhos fixos no horizonte das casas, todo o meu ambiente mais próximo, a cada ruído do salto do sapato sobre o asfalto, estremece para depois voltar a acalmar-se em seu lugar. Exprimiria muito mal o que se passa dizendo que "um componente subjetivo" ou uma "contribuição corporal" passa a recobrir as próprias coisas; não se trata de outra camada ou de um véu que viria colocar-se entre mim e elas.

Assim como as imagens monoculares não intervém quando meus dois olhos operam em sinergia, assim também a deslocação da "aparência" não quebra a evidência da coisa. A percepção binocular não é feita de duas percepções monoculares sobrepostas, é de outra ordem. As imagens monoculares não *são*, no mesmo sentido em que *é* a coisa percebida pelos dois olhos. São fantasmas, e ela é o real, são pré-coisas e ela é a própria coisa, desaparecem quando passamos à visão normal, voltam para dentro da coisa como para sua verdade meridiana. Estão muito longe de ter densidade capaz de rivalizar com ela: não são mais do que certo distanciamento em relação à verdadeira visão iminente, inteiramente desprovidas dos [prestígios?] dessa visão e, por isso mesmo, esboços ou resíduos da visão verdadeira que os completa na medida em que os reabsorve. As imagens monoculares não podem ser *comparadas* à percepção sinérgica: não podemos colocá-las lado a lado, é mister escolher entre a coisa e as pré-coisas flutuantes. Pode-se efetuar a passagem *olhando ativamente*, despertando para o mundo, não se pode assistir a ela como espectador. Não é *síntese*, mas metamorfose pela qual as aparências são instantaneamente destituídas de um valor que possuíam unicamente em virtude da ausência de uma percepção verdadeira. Assim, a percepção nos faz assistir a este milagre de uma totalidade que ultrapassa o que se acredita serem suas condições ou suas partes, e as domina de longe, como se existissem apenas em seu limiar, estando destinadas a nela se perderem. Mas para deslocá-las como faz, é preciso que a percepção guarde, no fundo de si, todas as relevâncias corporais delas: é *olhando*, é ainda com meus olhos que chego à coisa verdadeira, esses mesmos olhos que há pouco me davam imagens monoculares, simplesmente, funcionam agora *em conjunto* e como que *a sério*. Assim, a relação entre as coisas e meu corpo é decididamente singular: é ela a responsável de que, às vezes, eu permaneça na aparência, e outras, atinja as próprias coisas; ela produz o zumbir das aparências, é ainda ela quem o emudece e me lança em pleno mundo. Tudo se passa como se meu poder de ter acesso ao mundo e o de entrincheirar-me nos fantasmas não existissem um sem o outro. Mas ainda: como se o acesso ao mundo não fosse senão o outro aspecto de um recuo, e esse recuo à margem do mundo, uma servidão e outra expressão de meu poder natural de entrar nele. O mundo é o que percebo, mas sua proximidade absoluta, desde que examinada e expressa, transforma-se também, inexplicavelmente, em distância irremediável. O homem "natural" segura as duas pontas da corrente, pensa *ao mesmo tempo* que sua percepção penetra nas coisas e que se faz aquém de seu corpo. Se, todavia, na rotina da vida, as duas convicções coexistem sem esforço, tão logo reduzidas a teses e enunciados, destroem-se mutuamente, deixando-nos confundidos.

Que aconteceria se eu contasse, não somente com minhas visões de mim mesmo, mas também com as que outrem teria de si e de mim? Meu corpo, como encenador da minha percepção, já destruiu a ilusão de uma coincidência de minha percepção com as próprias coisas. Entre mim e elas, há, doravante, poderes ocultos, toda essa vegetação de fantasmas possíveis que ele só consegue dominar no ato frágil do olhar. Sem dúvida, não é inteiramente meu corpo quem percebe: só sei que pode impedir-me de perceber, que não posso perceber sem sua permissão; no momento em que a percepção surge, ele se apaga diante dela, e nunca ela o apanha no ato de perceber*. Se minha mão esquerda toca minha direita e se de repente quero, com a mão direita, captar o trabalho que a esquerda realiza ao tocá-la, esta reflexão do corpo sobre si mesmo sempre aborta no último momento: no momento em que sinto minha mão esquerda com a direita, correspondentemente paro de tocar minha mão direita com a esquerda. Mas este malogro de último instante não retira toda a verdade a esse meu pressentimento de poder tocar-me tocando: meu corpo não percebe, mas está como que construído em torno da percepção que se

---

* À *margem*: ο ιδισς χόσμος como a imagem monocular: não está interposto, isolado, mas não é um nada.

patenteia através dele: por todo seu arranjo interno, por seus circuitos sensório-motores, pelas vias de retorno que controlam e relançam os movimentos, ele se prepara, por assim dizer, para uma percepção de si, mesmo se nunca é ele que ele próprio percebe ou ele quem o percebe. Antes da ciência do corpo – que implica a relação com outrem –, a experiência de minha carne como ganga de minha percepção ensinou-me que a percepção não nasce em qualquer lugar, mas emerge no recesso de um corpo. Os outros homens que veem "como nós", que vemos vendo e que nos veem vendo, apenas nos oferecem uma amplificação do mesmo paradoxo. Se já é difícil dizer que minha percepção, tal como a vivo, vai às próprias coisas, é impossível outorgar à percepção dos outros o acesso ao mundo; e, à guisa de revide, também eles me recusam o acesso que lhes nego. Pois, em se tratando dos outros (ou de mim, visto por eles), não é preciso dizer apenas que a coisa é envolvida pelo turbilhão dos movimentos exploradores e dos comportamentos perceptivos, e puxada para dentro. Se talvez não tenha para mim sentido algum dizer que minha percepção e a coisa visada por ela estão "em minha cabeça" (a única certeza é a de que não estão *em outra parte*), não posso deixar de colocar o outro, e a percepção que tem, *atrás de seu corpo*. Mais precisamente, a coisa percebida pelo outro se desdobra: *há aquela que ele percebe*, sabe Deus onde, e há aquela que vejo eu, fora de seu corpo e que chamo de coisa verdadeira – como ele chama de coisa verdadeira a mesa que *vê* e remete às aparências a que eu vejo. As coisas verdadeiras e os corpos que percebem não se situam, desta vez, na relação ambígua que há pouco encontraríamos entre *minhas* coisas e *meu* corpo. Uns e outros, próximos ou afastados, estão, em todo caso, justapostos no mundo, e a percepção, que talvez não esteja "em minha cabeça", não está em parte alguma a não ser em meu corpo como coisa do mundo. Parece, doravante, impossível limitarmo-nos à certeza íntima daquele que percebe: vista de fora, a percepção desliza por sobre as coisas, e não as toca. Quando muito se dirá, se se quer fazer jus à perspectiva da percepção sobre si mesma, que cada um de nós tem um mundo privado: tais mundos privados não são "mundos" a não ser para seu titular, eles não são o mundo. O único mundo, isto é, o mundo único seria o χοίνος χόσμος e não é sobre ele que se abrem nossas percepções.

Mas então em que desembocam elas? Como nomear, como descrever esta *vivência de outrem*, tal como a vejo de meu lugar, vivência que, todavia, nada é para mim, já que creio em outrem – e que, aliás, concerne a mim mesmo, já que aí está como visão de outrem sobre mim*? Eis este rosto bem conhecido, este sorriso, estas modulações de voz, cujo estilo me é tão familiar como eu o sou a mim mesmo. Talvez, em muitos momentos de minha vida, o outro se reduza para mim a esse espetáculo que pode ser um sortilégio. Mas altere-se a voz, que surja o insólito na partição do diálogo ou, ao contrário, que uma resposta responda bem demais ao que eu pensava sem tê-lo dito inteiramente – e, súbito, irrompe a evidência de que também acolá, minuto por minuto, a vida é vivida: em algum lugar atrás desses olhos, atrás desses gestos, ou melhor, diante deles, ou ainda em torno deles, vindo de não sei que fundo falso do espaço, outro mundo privado transparece através do tecido do meu, e por um momento é nele que vivo, sou apenas aquele que responde à interpelação que me é feita. Por certo, a menor retomada da atenção me convence de que esse outro que me invade é todo feito de minha substância: *suas* cores, *sua* dor, *seu* mundo, precisamente enquanto *seus*, como os conceberia eu senão a partir das cores que vejo, das dores que tive, do mundo em que vivo? Pelo menos, meu mundo privado deixou de ser apenas meu; é, agora, instrumento manejado pelo outro, dimensão de uma vida generalizada que se enxertou na minha.

No próprio instante, porém, em que creio partilhar da vida de outrem, não faço mais que reencontrá-la em seus confins, em seus polos exteriores. É dentro do mundo que nos comunicamos, através daquilo que nossa vida tem de articulado. É a partir deste gramado diante de mim que acredito entrever o impacto do verde sobre a visão de outrem, é pela música que penetro em sua emoção musical, é a própria coisa que me dá acesso ao mundo privado de outrem. Ora, a própria coisa, já vimos, sempre é para mim a coisa que *eu* vejo. A intervenção de outrem não resolve o paradoxo in-

---

* *A margem*: Retomada: Entretanto, como há pouco os fantasmas monoculares não podiam rivalizar com a coisa, do mesmo modo agora poderíamos descrever os mundos privados como afastamento em relação ao PRÓPRIO MUNDO. Como eu me represento a vivência alheia: como uma espécie de duplicação da minha. Maravilha desta experiência: ao mesmo tempo posso basear-me naquilo que vejo, e que está em estreita correspondência com o que o outro vê – tudo o atesta na verdade: nos vemos verdadeiramente a coisa mesma e a mesma coisa – e, ao mesmo tempo, não alcanço nunca a vivência de outrem. É no mundo que nos reunimos. Toda tentativa para reconstituir a ilusão da "coisa mesma" é, na realidade, uma tentativa para regressar ao meu imperialismo e ao valor da MINHA coisa. Essa tentativa não nos faz, pois, sair do solipsismo: é uma nova prova dele.

c) Consequências: obscuridade profunda da ideia natural de verdade ou "mundo inteligível".

A ciência vai apenas prolongar essa atitude: ontologia objetivista que se mina a si própria e se desmorona na análise.

terno de minha percepção: acrescenta este enigma da propagação no outro da minha vida mais secreta – outra e mesma, já que, evidentemente, só através do mundo posso sair de mim mesmo. Então é mesmo verdade que os "mundos privados" se comunicam entre si, que cada um deles se dá a seu titular como variante de um mundo comum. A comunicação transforma-nos em testemunhas de um mundo único, como a sinergia de nossos olhos os detém numa única coisa. Mas tanto num caso como no outro, a certeza, embora inelutável, permanece inteiramente obscura; podemos vivê-la, não podemos nem pensá-la, nem formulá-la, nem erigi-la em tese. Toda tentativa de elucidação traz-nos de volta aos dilemas.

Ora, essa certeza injustificável de um mundo sensível comum a todos nós é, em nós, o ponto de apoio da verdade. Que uma criança perceba antes de pensar, que comece a colocar seus sonhos nas coisas, seus pensamentos nos outros, formando com eles um bloco de vida comum, onde as perspectivas de cada um ainda não se distinguem, tais fatos de gênese não podem ser ignorados pelo filósofo, simplesmente em nome das exigências da análise intrínseca. A menos que se instale aquém de toda nossa experiência, numa ordem pré-empírica onde não mais mereceria seu nome, o pensamento não pode ignorar sua história aparente, precisa encarar o problema da gênese de seu próprio sentido. É segundo o sentido e a estrutura intrínsecos que o mundo sensível é "mais antigo" que o universo do pensamento, porque o primeiro é visível e relativamente contínuo e o segundo, invisível e lacunar; à primeira vista, este não constitui um todo, e só se tem a sua verdade com a condição de apoiar-se nas estruturas canônicas do outro. Se reconstituirmos a maneira pela qual nossas experiências dependem umas das outras segundo seu sentido mais próprio e se, para melhor revelarmos as relações essenciais de dependência, tentarmos rompê-las no pensamento, perceberemos que tudo o que para nós se chama pensamento exige essa sua distância, esta abertura inicial que constituem para nós campo de visão, campo de futuro e passado... Em todo caso, já que se trata aqui apenas de tomar um primeiro contato com nossas certezas naturais, não há dúvida de que elas repousam, no que respeita ao espírito e à verdade, sobre a primeira camada do mundo sensível, e que nossa segurança de estar na verdade e estar no mundo é uma só. Falamos e compreendemos a palavra muito antes de aprender com Descartes (ou descobrirmos por nós mesmos) que nossa realidade é o pensamento. A linguagem onde nos instalamos, nós aprendemos a manejá-la significativamente muito antes de aprender com a linguística (supondo-se que ela os ensine) os princípios inteligíveis sobre os quais "repousam" a nossa língua e todas as línguas. Nossa experiência do verdadeiro, quando não se reporta imediatamente à da coisa que vemos, não se distingue, inicialmente, das tensões que nascem entre os outros e nós, e da resolução dessas tensões. Como a coisa, como o outro, o verdadeiro cintila através de uma experiência emocional e quase carnal, onde as "ideias" – as de outrem como as nossas – são antes traços de sua fisionomia e da nossa, e são menos compreendidas do que acolhidas ou repelidas no amor ou no ódio. Por certo, muito precocemente, motivos, categorias abstratíssimas funcionam nesse pensamento selvagem, como bem o mostram as antecipações extraordinárias da vida adulta na infância; podemos dizer que o homem total já está ali. A criança compreende muito além do que sabe dizer, responde muito além do que poderia definir, e, aliás, com o adulto, as coisas não se passam de modo diferente. Um autêntico diálogo me conduz a pensamentos de que eu não me acreditava, de que eu *não era* capaz, e às vezes sinto-me *seguido* num caminho que eu próprio desenhava e que meu discurso, relançado por outrem, está abrindo para mim. Supor aqui um *mundo inteligível* a sustentar a troca, seria tomar um nome por uma solução – isso, aliás, viria corroborar o que sustentamos: que é tomando emprestado da estrutura do mundo que se constrói para nós o universo da verdade e do pensamento. Quando queremos exprimir de um modo percuciente a consciência que temos de uma verdade, nada encontramos de melhor do que invocar um τόπος νοησος que seja comum aos espíritos e aos homens, como o mundo sensível é comum aos corpos sensíveis. E não se trata apenas de uma analogia: é o mesmo mundo que contém nossos corpos e nossos espíritos, desde que se entenda por mundo não apenas a soma das coisas que caem ou poderiam cair sob nossos olhos, mas também o lugar de sua compossibilidade, o estilo invariável que observam, que unifica nossas perspectivas, permite a transição de uma a outra e nos dá o sentimento – quer se trate de descrever um pormenor da paisagem quer de pôr-nos de acordo sobre uma verdade invisível – de sermos duas testemunhas capazes de sobrevoar o mesmo objeto verdadeiro ou, ao menos, de mudar nossa situação em relação a ele, assim como podemos, no mundo visível no sentido estrito, trocar nossos pontos de permanência. Ora, ainda aqui, e mais do que nunca, a certeza ingênua do mundo, a antecipação de um mundo inteligível tanto é fraca quando pretende converter-se em tese, quanto é forte na prática. Quando se trata do visível, uma massa de fatos vem apoiá-lo: além das divergências dos testemunhos, é frequentemente fácil restabelecer a unidade e a concordância do mundo. Ao contrário, tão logo se ultrapassa o círculo das opiniões *instituídas*, indivisas entre nós como o são a *Madeleine* ou o *Palais de Justice*, muito menos pensamentos do que monumentos de nossa paisagem histórica, desde que se tem acesso ao verdadeiro, isto é, ao invisível, parece, sobretudo, que cada homem habita a sua pequena ilha, sem transição de uma a outra, sendo mesmo para admirar que concordem algumas vezes sobre uma coisa qualquer. Pois enfim, cada um começou por ser frágil acúmulo de geleia viva e, se já é muito que tenham tomado o mesmo caminho da ontogênese, muito mais será ainda que todos eles, do fundo de seus redutos, se tenham deixado envolver pelo mesmo funcionamento social e pela mesma linguagem. Quando, porém, se trata de usar esse funcionamento e essa linguagem conforme seus propósitos ou de dizer o que ninguém vê, nem o tipo da espécie nem o da sociedade garantem que cheguem a proposições compatíveis. Quando pensamos na massa de contingências que podem alterar tanto um como outro, nada é mais improvável que a extrapolação, que trata também como um mundo, sem fissuras e sem incompossíveis, o universo da verdade.

A ciência supõe a fé perceptiva e não a esclarece.

Poderíamos ser tentados a dizer que estas antinomias insolúveis pertencem ao universo confuso do imediato, do vivido ou do homem vital, que por definição é sem verdade, sendo pois necessário esquecê-las enquanto se espera que a ciência, o único conhecimento rigoroso, venha explicar, por suas condições e de fora, esses fantasmas em que nos enleamos. O verdadeiro não é nem a coisa que vejo, nem o outro homem que também vejo com meus olhos, nem enfim essa unidade global do mundo sensível e, em última instância, do mundo inteligível que há pouco tentávamos descrever. O verdadeiro é o *objetivo*, o que logrei determinar pela medida ou, mais geralmente, pelas *operações* autorizadas pelas variáveis ou entidades por mim definidas a propósito de uma ordem de fatos. Tais determinações nada devem a nosso *contato* com as coisas: exprimem um esforço de aproximação que não teria sentido algum em relação à vivência, já que esta deve ser tomada tal qual, não podendo ser considerada "em si mesma". Assim, a ciência começou excluindo todos os predicados atribuídos às coisas por nosso encontro com elas. A exclusão, aliás, é apenas provisória: quando aprender a investi-

-lo, a ciência reintroduzirá a pouco e pouco o que de início afastou como subjetivo; mas integrá-lo-á como caso particular das relações e dos objetos que definem o mundo para ela. Então o mundo se fechará sobre si mesmo e, salvo por aquilo que em nós pensa e faz a ciência, salvo por esse espectador imparcial que nos habita, viremos a ser partes ou momentos do Grande Objeto.

Teremos muitas ocasiões de retomar, em suas múltiplas variantes, essa ilusão para que dela nos ocupemos desde já; cabe, por ora, dizer apenas o necessário para afastarmos a objeção de princípio que paralisaria, em seu começo, nossa investigação: sumariamente, que o $Κοσμοθεωρος$, capaz de construir ou de reconstruir o mundo existente graças a uma série indefinida de operações suas, muito ao invés de dissipar as obscuridades de nossa fé ingênua no mundo, é, ao contrário, sua expressão mais dogmática, pressupondo-a e sustentando-se apenas graças a ela. Durante os dois séculos em que levou avante sem dificuldade sua tarefa de objetivação, a física pôde crer que se limitava a seguir as articulações do mundo e que o objeto físico preexistia, em si, à ciência. Hoje, porém, quando o próprio rigor de sua descrição a obriga a reconhecer como seres físicos últimos e de pleno direito as relações entre o observador e o observado, as determinações que somente possuem sentido para determinada situação do observador, é a ontologia do $Κοσμοθεωρος$ e de seu correlativo, o Grande Objeto, que figura como preconceito pré-científico. Ela é, entretanto, tão natural que o físico continua a pensar-se como o Espírito Absoluto diante do objeto puro, e a fazer constar entre as verdades em si, os próprios enunciados que exprimem a solidariedade de todo o observável com um físico situado e encarnado. No entanto, a fórmula que permite passar de uma perspectiva real sobre os espaços astronômicos para outra, e que, sendo verdadeira para todas elas, ultrapassa a situação de fato do físico que fala, não a ultrapassa em direção a um conhecimento absoluto: pois não tem significação física a não ser reportada a observações e inserida numa vida de conhecimentos, estes sempre situados. Não uma visão de universo mas somente a prática metódica permite unificar umas às outras visões que são, todas elas, perspectivas. Se atribuímos a essa fórmula o valor de um Saber absoluto, se aí procuramos, por exemplo, o sentido último e exaustivo do tempo e do espaço, é que a operação pura da ciência retoma aqui, em seu proveito, a nossa certeza, muito mais velha e muito menos clara do que ela, de ter acesso "às próprias coisas" ou de ter sobre o mundo um poder de sobrevoo absoluto.

Ao ter acesso a domínios não abertos naturalmente ao homem – aos espaços astronômicos ou às realidades microfísicas –, a ciência tanto mostrou invenção na manipulação do algoritmo quanto deu provas de conservantismo no que respeita à teoria do conhecimento. Verdades que não deveriam deixar sem mudança sua ideia do Ser são – à custa de grandes dificuldades de expressão e de pensamento – retraduzidas na linguagem da ontologia tradicional – como se a ciência tivesse necessidade de excetuar-se das relatividades que estabelece, de pôr-se ela própria fora do jogo, como se a cegueira para o Ser fosse o preço que tivesse de pagar por seu êxito na determinação dos seres. As considerações de escala, por exemplo, se levadas verdadeiramente a sério, deveriam, não fazer passar todas as verdades da física para o lado do "subjetivo", o que manteria os direitos à ideia de uma "objetividade" inacessível, mas contestar o próprio princípio dessa clivagem e fazer entrar na definição do "real" o contato entre o observador e o observado. No entanto, vimos muitos físicos procurar, quer na estrutura cerrada e na densidade das aparências macroscópicas, quer, ao contrário, na estrutura frouxa e lacunar de certos domínios microfísicos, argumentos a favor de um determinismo ou, ao contrário, de uma realidade "mental" ou "acausal". Essas alternativas mostram suficientemente a que ponto a ciência, desde que trate de compreender-se em última instância, se enraíza na pré-ciência, conservando-se alheia à questão do *sentido do ser*. Quando os físicos falam de partículas que só existem durante um bilionésimo de segundo, o primeiro movimento deles, sempre, é pensar que elas existem no mesmo sentido que partículas diretamente observáveis, só que por um tempo muito mais breve. O campo microfísico é tido como um campo macroscópico de dimensões muito pequenas, onde os fenômenos de horizonte, as propriedades sem suporte, os seres coletivos ou sem localização absoluta, de direito não são mais do que "aparências subjetivas" que a visão de algum gigante [traria de volta à]* interação de indivíduos físicos absolutos. Isso, entretanto, implica em postular que as considerações de escala não são as últimas, em pensá-las de novo na perspectiva do em si, no momento mesmo em que nos é sugerida a renúncia a tal perspectiva. Assim, as noções "estranhas" da nova Física só são estranhas para ela na medida em que uma opinião paradoxal surpreende o senso comum, isto é, sem instruí-lo profundamente e sem nada

---

* *Traria de volta*, está riscado e tem por cima *reencontraria*. Restabelecemos a primeira expressão, uma vez que a correção está manifestamente incompleta.

mudar em suas categorias. Não queremos dizer que as propriedades dos novos seres físicos *demonstrem* uma nova lógica ou
uma nova ontologia. Se tomarmos "demonstração" no sentido
matemático, os cientistas, os únicos capazes de fornecerem uma,
também são os únicos capacitados para apreciá-la. Basta que alguns deles a recusem como petição de princípio[1], para que o filósofo não tenha o direito, e ainda menos a obrigação, de nela se
basear. O que o filósofo pode observar – o que lhe dá o que pensar – é que precisamente os físicos que conservam uma representação cartesiana do mundo[2] manifestam suas "preferências", como
um músico ou um pintor falaria de suas preferências por um estilo. Isso nos permite adiantar que – seja qual for a sorte da teoria
microfísica – nenhuma ontologia é exatamente exigida pelo pensamento físico operante, e, em particular, a ontologia clássica do
objeto não pode socorrer-se dela, nem reivindicar um privilégio
de princípio, já que, entre os que as conservam, não passa de uma
preferência. Ou se entende, por física e por ciência, certa maneira de operar sobre os fatos por meio de algoritmos, certa prática
do conhecimento, de que são juízes somente os que possuem os
instrumentos – e, então, são eles também os únicos juízes do sentido em que tomam suas variáveis, não tendo, todavia, nem a
obrigação nem mesmo o direito de darem a elas uma tradução
imaginativa, de decidirem em nome delas da questão do *que há*,
nem recusarem um eventual *contato* com o mundo. Ou, ao contrário, a física pretende dizer *o que é*, mas então não tem hoje mais
fundamentos para definir o Ser pelo Ser-objeto, nem para isolar
a vivência na ordem de nossas "representações", no setor de nossas curiosidades "psicológicas"; é preciso que reconheça como
legítima a análise dos procedimentos pelos quais o universo das
medidas e das operações se constitui a partir do mundo vivido
considerado como fonte, eventualmente como fonte universal. Na
ausência dessa análise, onde o direito relativo e os limites da objetivação clássica sejam reconhecidos, uma física que conservas-
se intato o equipamento filosófico da ciência clássica e projetasse
na ordem do saber absoluto seus próprios resultados, viveria,
como a fé perceptiva donde este procede, em estado de crise permanente. É surpreendente ver Einstein desclassificar como "psicológica" a experiência que temos do simultâneo pela percepção
de outrem e pela confrontação dos horizontes perceptivos nossos

---

1. Por exemplo, Louis de Broglie, *Nouvelles perspectives sur la Microphysique*,
Paris: Albin Michel, 1956.
2. Louis de Broglie, mesma obra.

e dos outros: ele não poderia dar valor ontológico a essa experiência porque é puro saber de antecipação ou de princípio, fazendo-se sem operações e sem medidas efetivas. Implica em postular que o que é é, não *aquilo para que temos abertura*, mas somente *aquilo sobre que podemos operar*: e Einstein não dissimula que essa certeza de uma adequação entre a operação da ciência e o Ser é nele anterior à sua física. Até sublinha com humor o contraste entre sua ciência "selvagemente especulativa" e sua reivindicação para ela de uma verdade em si. Teremos que mostrar como a idealização física ultrapassa e esquece a fé perceptiva. Bastaria, por ora, constatar que procede dela, que não suprime suas contradições, não dissipa sua obscuridade, não nos dispensando, de modo algum, longe disso, de enfrentá-la.

Chegaríamos à mesma conclusão se, ao invés de sublinharmos as inconsistências da ordem "objetiva", nos endereçássemos à ordem "subjetiva" que, na ideologia da ciência, é a contrapartida daquela e seu necessário complemento – talvez, por essa via, fosse mais facilmente aceita. Porque são patentes, aqui, a desordem e a incoerência, podendo dizer-se sem exagero que nossos conceitos fundamentais – o do psiquismo e o da psicologia – são tão míticos como as classificações das sociedades ditas arcaicas. Acreditou-se reencontrar a clareza exorcizando a "introspecção". E era preciso, com efeito, exorcizá-la: pois onde, quando e como houve alguma vez uma visão do interior? Há – e isto é uma coisa totalmente diferente que conserva seu valor – uma vida ao pé de si, uma abertura a si, mas que não desemboca em outro mundo diferente do mundo comum – e que não é necessariamente fechamento aos outros. A crítica da introspecção desvia-se frequentemente dessa maneira insubstituível de ter acesso ao outro tal como está implicado em nós. Por outro lado, o recurso ao "exterior", por ele mesmo, não garante de modo algum contra as ilusões da introspecção, dá apenas nova figura à nossa ideia confusa de uma "visão" psicológica: não faz mais que transportá-la de dentro para fora. Seria instrutivo explicitar o que os psicólogos entendem por "psiquismo" e outras noções análogas. É como que uma camada geológica profunda, "*coisa*" *invisível*, que se acha em alguma parte, por detrás de certos corpos vivos, e a respeito da qual se supõe que basta encontrar o ponto justo de observação. É ela em mim que anseia por conhecer o psiquismo, mas há nele como que uma vocação continuamente frustrada: como é que uma coisa se conheceria? O "psiquismo" é opaco a si mesmo e somente se encontra em suas réplicas exteriores, certificando-se, em última análise, de que estas se assemelham a ele, como o anatomista está certo de encontrar no órgão que disseca a estrutura de seus próprios olhos: pois há uma "espécie homem"... Uma explicação completa da atitude psicológica e dos conceitos de que se serve o psicólogo, como se fossem evidentes, revelaria nela uma massa de consequências sem premissas, um trabalho constitutivo muito antigo que não é tirado a limpo e cujos resultados são aceitos integralmente, sem mesmo suspeitar-se a que ponto são confusos. O que aqui opera é sempre a fé perceptiva nas coisas e no mundo. A convicção que ela nos incute de atingirmos o que é por um sobrevoo absoluto nós a aplicamos ao homem como às coisas, e é por essa via que chegamos a pensar o invisível do homem como uma coisa. O psicólogo, por sua vez, instala-se na posição do espectador absoluto. Como a investigação do objeto exterior, a do "psíquico" só progride, de início, colocando-se fora do jogo das relatividades que descobre, subentendendo um sujeito absoluto diante do qual se desdobra o psiquismo em geral, o meu ou o do outro. A clivagem do "subjetivo" e do "objetivo", pela qual a Física em seus inícios define o seu domínio, e a psicologia, correlativamente, o seu, não impede mas, ao contrário, exige que eles sejam concebidos segundo a mesma estrutura fundamental: são, finalmente, duas ordens de objetos, a serem conhecidos em suas propriedades intrínsecas por um pensamento puro que determina o que são em si. Mas, como também na Física, chega um momento em que o próprio desenvolvimento do saber põe em causa o espectador absoluto sempre pressuposto. Apesar de tudo, o físico de que falo e a quem atribuo um sistema de referência é também o físico que fala. Apesar de tudo, o psiquismo de que fala o psicólogo também é o seu. Essa física do físico, essa psicologia do psicólogo anunciam que, de agora em diante, para a própria ciência, o ser-objeto não pode ser mais o próprio-ser: "objetivo" e "subjetivo" são reconhecidos como duas ordens construídas apressadamente no interior de uma experiência total cujo contexto seria preciso restaurar com total clareza.

Essa abertura intelectual, cujo diagrama acabamos de traçar, é a história da psicologia de há cinquenta anos e, em especial, da psicologia da Forma. Quis ela constituir seu domínio de objetividade, e acreditou descobri-lo nas formas de comportamento. Não haveria aí um condicionamento original que daria o objeto de uma ciência original, como outras estruturas menos complexas davam o objeto das ciências da natureza? Domínio distinto, justaposto ao da Física, o comportamento ou o psiquismo, tomados objetivamente, em princípio eram acessíveis aos mesmos métodos, possuindo a mesma estrutura ontológica: aqui e ali o objeto era definido por suas relações funcionais que ele observa universalmente. Havia seguramente, em psicologia, uma via de acesso *descritiva* ao objeto mas, por princípio, não poderia conduzir além das mesmas determinações funcionais. E, com efeito, foi possível precisar as condições de que depende de fato tal realização perceptiva, tal percepção de uma figura ambígua, tal nível espacial ou colorido. A psicologia acreditou, enfim, encontrar uma base firme e esperava, de agora em diante, numa acumulação de descobertas que a confirmassem em seu estatuto de ciência. Hoje, porém, quarenta anos após o início da *Gestaltpsychologie*, temos de novo o sentimento de estarmos no ponto morto. Por certo, em muitos setores, precisaram-se os trabalhos iniciais da escola, adquiriu-se e adquire-se ainda uma quantidade de determinações funcionais. Mas o entusiasmo desapareceu, não se tem mais o sentimento de aproximar-se de uma ciência do homem. É que – e os autores dessa escola logo tomaram consciência do fato – as relações que estabelecem não têm vigência em todos os casos, só sendo explicativas nas condições artificiais do laboratório. Não representam a *primeira camada* do comportamento, de onde se poderia passar, de uma em uma, à sua determinação total: antes, são uma primeira forma de integração, casos privilegiados de estruturação simples, diante da qual as estruturações "mais complexas" são, na realidade, qualitativamente diferentes. A relação funcional que enunciam só tem sentido no seu nível, não possui força explicativa em relação aos níveis superiores e, finalmente, o ser do psiquismo deve ser definido, não como um cruzamento de "causalidades" elementares, mas por estruturações heterogêneas e descontínuas que aí se realizam. Na medida em que nos ocupamos com estruturas mais integradas, percebemos que cada vez menos as condições dão conta do condicionado; para este, elas não são mais do que a ocasião para se desencadearem. Assim se desmentia o paralelismo postulado entre o descritivo e o funcional. Tanto é fácil, por exemplo, explicar segundo suas condições tal movimento aparente de uma mancha luminosa num campo artificialmente simplificado e reduzido pelo dispositivo experimental, como uma determinação total do campo perceptivo concreto de tal indivíduo vivo num dado momento aparece, não provisoriamente inacessível, mas definitivamente desprovida de sentido *porque oferece estruturas que nem mesmo possuem nome no universo OBJETIVO das "condições separadas e separáveis.* Quando olho uma estrada que se distancia de mim em direção ao horizonte, posso relacionar o que chamo a "largura aparente" da estrada a tal distância – isto é, a que eu meço olhando com um só olho e em relação ao lápis que seguro diante de mim –, com outros elementos do campo determinados também por algum processo de *medida*, estabelecendo, assim, que a "constância" da grandeza aparente depende de tais e tais variáveis, segundo o esquema de dependência funcional que define o objeto da ciência clássica. Mas ao considerar o campo tal como o tenho, quando olho livremente com os dois olhos, fora de toda atitude isolante, não posso *explicá-lo* graças a condicionamentos. Não que tais condicionamentos me *escapem* ou me permaneçam *escondidos*, mas porque *o próprio "condicionado" deixa de ser de uma ordem que lhe permita ser descrito objetivamente*. Para o olhar natural que me dá a paisagem, a estrada ao longe não possui "largura" alguma que se possa, ainda que idealmente, determinar numericamente – ela é tão larga como a curta distância –, já que é a mesma estrada, mas também não o é, já que não posso negar que haja uma espécie de encolhimento perceptivo. Entre ela e a estrada próxima há identidade e no entanto μέταβασις εἰς ἄλλο γενος, passagem do aparente ao real, e estes são incomensuráveis. Além do mais, não devo, neste caso, compreender a aparência como um véu lançado entre mim e o real: o encolhimento perceptivo não é uma deformação, a estrada próxima não é "mais verdadeira": o próximo, o longínquo, o horizonte em seus indescritíveis contrastes formam um sistema, e suas relações no campo total é que constituem a verdade perceptiva. Entramos na ordem ambígua do ser percebido, onde a dependência funcional não "pega". É apenas artificial e verbalmente que se pode manter nesse quadro ontológico a psicologia da visão: as "condições" da profundidade – o desaparecimento das imagens retinianas, por exemplo –, não consistem propriamente em condições, já que as imagens não se definem como díspares a não ser em relação a um aparelho perceptivo que procura seu equilíbrio na fusão de imagens análogas, de sorte que o "condicionado" condiciona aqui a condição. Um mundo percebido, certamente, não apareceria a um homem se não se dessem condições para isso em seu corpo: mas não são elas que o *explicam*. Ele é segundo suas leis de campo e de organização intrínseca, e não como o *objeto*, segundo as exigências de uma causalidade existente "de um extremo a outro". O "psiquismo" não é objeto; mas, note-se, não se trata de mostrar, conforme a tradição "espiritualista", que certas realidades "escapam" à determinação científica: esse gênero de demonstração sempre redunda em circunscrever um domínio de anticiência que, comumente, permanece concebido nos termos da ontologia que precisamente está sendo posta em questão, como se fosse outra "ordem de realidades". Nosso objetivo não é opor aos fatos coordenados pela ciência objetiva outro grupo de fatos – sejam eles chamados "psiquismo" ou "fatos subjetivos", ou "fatos interiores" – que "lhe escapam", mas mostrar que o ser-objeto e também o ser-sujeito, este concebido em oposição àquele e relativamente a ele, não constituem uma alternativa, que o mundo percebido está aquém ou além da antinomia, que o fracasso da psicologia "objetiva" deve ser compreendido juntamente com o fracasso da física "objetivista" – não como uma vitória do "interior" sobre o "exterior", do "mental" sobre o "material", mas como apelo à revisão de nossa ontologia, ao reexame das noções de "sujeito" e de "objeto". As mesmas razões que impedem de tratar a percepção como um objeto, também impedem de tratá-la como operação de um "sujeito", seja qual for o sentido em que possa ser tomada. Se o "mundo" sobre o qual ela se abre, o campo ambíguo dos horizontes e dos confins, não é uma região do mundo objetivo, repugna tanto situá-lo do lado dos "fatos de consciência" como dos "atos espirituais": a imanência psicológica ou transcendental não pode, melhor do que o pensamento "objetivo", dar conta do que é um horizonte ou o "longe"; a percepção que se dê a si mesma, como "introspecção" ou como consciência constituinte do percebido, deveria ser, por assim dizer, por posição e por princípio, conhecimento e posse de si mesma – não poderia abrir-se sobre horizontes e lonjuras, isto é, sobre um mundo que, desde o início, está aí para ela e unicamente a partir do qual ela se sabe como titular anônima em cuja direção caminham as perspectivas da paisagem. A ideia de sujeito tanto como a de objeto transformam em adequação de conhecimento a relação que estabelecemos com o mundo e conosco mesmos, na fé perceptiva. Não a iluminam, utilizam-na tacitamente, dela tirando as consequências. E já que o desenvolvimento do saber mostra que essas consequências são contraditórias, cabe-nos necessariamente voltar a ele a fim de elucidá-lo.

Dirigimo-nos à psicologia da percepção em geral para melhor mostrarmos que as crises da psicologia vinculam-se a razões de princípio, não a qualquer atraso das investigações em tal domínio particular. Mas, desde que a vimos em sua generalidade, encontramos a mesma dificuldade de princípio nas investigações especializadas.

Não se vê, por exemplo, como uma psicologia social seria possível em regime de ontologia objetivista. Se se pensa verdadeiramente que a percepção é *função de variáveis* exteriores, este esquema não é (muito aproximadamente) aplicável a não ser ao condicionamento corporal e físico, e a psicologia está condenada a esta abstração exorbitante de apenas considerar o homem como um conjunto de terminações nervosas sobre as quais incidem os agentes físico-químicos. Os "outros homens", uma constelação social e histórica, só podem intervir como estímulos se reconhecermos também a eficiência de conjuntos que não possuem existência física e que operam sobre ele, não segundo suas propriedades imediatamente sensíveis, mas em vista de sua configuração social, num espaço e num tempo sociais, conforme um código social e, finalmente, antes como símbolos do que como causas. Pelo mero fato de praticar-se a psicologia social, já se está fora da ontologia objetivista; nela só se pode permanecer exercendo sobre o "objeto", que a gente se dá, uma coerção que compromete a pesquisa. A ideologia objetivista é aqui diretamente contrária ao desenvolvimento do saber. Era, por exemplo, uma evidência, para o homem formado no saber objetivo do Ocidente, que a magia e o mito não tinham verdade intrínseca, que os efeitos mágicos e a vida mítica e ritual devem ser explicados por causas "objetivas" e reportados no restante às ilusões da Subjetividade. A psicologia social, se pretende verdadeiramente *ver* nossa sociedade tal qual *é*, não pode, contudo, partir desse postulado, que faz ele mesmo parte da Psicologia ocidental, pois, adotando--o, presumiríamos nossas conclusões. Como o etnólogo, diante das sociedades ditas arcaicas, não pode prejulgar que o tempo, por exemplo, seja vivido como o é entre nós, segundo as dimensões de um passado que não é mais, de um futuro que não é ainda e de um presente, o único a ser plenamente, devendo descrever um tempo mítico onde certos acontecimentos "do começo" guardam uma eficácia continuada – do mesmo modo a psicologia social, precisamente se quer conhecer verdadeiramente nossas sociedades, não pode excluir *a priori* a hipótese do tempo mítico como componente de nossa história pessoal e pública. Por certo recalcamos o mágico na subjetividade, mas nada nos garante que a relação entre os homens não comporte inevitavelmente componentes mágicos e oníricos. Já que o "objeto", neste caso, é justamente a sociedade dos homens, as regras do pensamento "objetivista" não o podem determinar *a priori*, devendo, ao contrário, ser vistas como particularidades de certos conjuntos sócio-históricos, de que não dão necessariamente a chave. Acresce, evidentemente, que não cabe postular no início que o pensamento objetivo não é mais do que um efeito ou produto de certas estruturas sociais, não tendo direito sobre as outras: isso seria aceitar que o mundo humano repousa sobre um fundamento incompreensível, e esse irracionalismo também seria arbitrário. A única atitude que convém a uma psicologia social consiste em tomar o pensamento "objetivo" pelo que é: isto é, como um método que fundou a ciência e que deve ser empregado sem restrição até o limite do possível, mas que, no que concerne à natureza e, por razões ainda mais fortes, no que concerne à história, representa antes uma primeira fase de eliminação* que um meio de explicação total. A psicologia social, como psicologia, reencontra necessariamente as questões do filósofo – o que é um outro homem? o que é um acontecimento histórico? onde se encontra o acontecimento histórico ou o Estado? –, de sorte que não pode, de antemão, situar os outros homens e a história entre os "objetos" ou os "estímulos". Não trata essas questões de frente, pois são do domínio da Filosofia. Trata-as lateralmente pela própria maneira pela qual cerca o seu "objeto" e avança em direção a ele. Não torna inútil mas, ao contrário, exige um esclarecimento ontológico que lhes diga respeito.

Por não aceitar resolutamente as regras da "objetividade" verdadeira no domínio do homem, e não admitir que as leis de dependência funcional são para ela antes uma maneira de circunscrever o irracional do que de eliminá-lo, a psicologia dará, das sociedades que estuda, apenas uma visão abstrata e superficial, em comparação com a que a História pode oferecer, e isto é o que amiúde acontece. Dizíamos acima que o físico enquadra numa ontologia objetivista uma Física que não mais o é. Caberia acrescentar o mesmo para o psicólogo, e que é do interior da própria psicologia que os preconceitos objetivistas vêm obscurecer as concepções gerais e filosóficas dos físicos. Choca-nos ver um físico[3], que libertou sua própria ciência dos cânones clássicos do mecanicismo e do objetivismo, retomar sem hesitação, desde que passe ao problema da realidade última do mundo físico, a distinção cartesiana das qualidades primeiras e qualidades segundas, como se a crítica dos postulados mecanicistas no interior do mundo físico não alterasse em nada nossa maneira de conceber sua ação sobre nosso corpo, como se deixasse de valer na fronteira de nosso corpo e não reclamasse uma revisão de nossa psicofisiologia. Paradoxalmente, é mais difícil renunciar aos esquemas de explicação mecanicista quando se aplicam à ação do mundo sobre o homem – aplicação, entretanto, que nunca deixou de levantar dificuldades evidentes –, do que quando se aplicam às ações físicas no interior do mundo, onde, durante séculos, puderam, com todo direito, passar por justificados. É que essa revolução do pensamento na própria Física pode ser feita apa-

---

* É preciso compreender: sem dúvida, *eliminação* do irracional.

3. Por exemplo, Eddington (Arthur Eddington; cf. principalmente, *Sur les sentiers de la science*. Paris: Hermann & Cie. 1936).

rentemente nos quadros ontológicos tradicionais, ao passo que, na fisiologia dos sentidos, põe imediatamente em xeque nossa ideia mais arraigada das relações do ser e do homem, e da verdade. Desde que se pare de pensar a percepção como ação do puro objeto físico sobre o corpo humano e o percebido como resultado "interior" dessa ação, parece que toda distinção entre o verdadeiro e o falso, o saber metódico e os fantasmas, a ciência e a imaginação, vem por água abaixo. Assim é que a fisiologia participa menos efetivamente do que a física da renovação metodológica contemporânea, que o espírito científico aí se mantém algumas vezes sob formas arcaicas, permanecendo os biólogos mais materialistas do que os físicos. No entanto, também eles o são muito mais como filósofos do que na prática de biólogos. Seria preciso um dia liberá-la inteiramente, colocar, também a respeito do corpo humano, a questão de saber se é um objeto e, ao mesmo tempo, se mantém com a natureza exterior a mesma relação existente entre função e variável. Desde agora – e é isto o que nos importava –, essa relação deixou de ser consubstancial à psicofisiologia e com ela todas as noções que lhe são solidárias – a de sensação como efeito próprio e constante de um estímulo fisicamente definido, ainda mais, as de atenção e de juízo, como abstrações complementares, encarregadas de explicar o que não segue as leis da sensação... Ao mesmo tempo que "idealizava" o mundo físico, definindo-o por propriedades inteiramente intrínsecas, por aquilo que ele é em seu puro ser de objeto diante de um pensamento ele também purificado, o cartesianismo, querendo ou não, inspirou uma ciência do corpo humano, que também o decompõe num entrelaçamento de processos objetivos, prolongando essa análise, juntamente com a noção de sensação, até o "psiquismo". Ambas as idealizações são solidárias e devem ser destruídas juntas. É somente regressando à fé perceptiva para retificar a análise cartesiana que faremos cessar a situação de crise em que se encontra nosso saber quando acredita fundar-se sobre uma filosofia que as suas próprias tentativas destroem.

Porque a percepção nos dá a fé num mundo, num sistema de fatos naturais rigorosamente unido e contínuo, acreditamos que esse sistema poderia incorporar todas as coisas, até mesmo a percepção que nele nos inicia. Hoje não mais acreditamos que a natureza seja um sistema contínuo desse gênero; com mais forte razão, estamos longe de pensar que os ilhéus de "psiquismo", que nela flutuam aqui e ali, estejam secretamente vinculados por meio do solo contínuo da natureza. Impõe-se-nos, portanto, a tarefa de compreender se e em que sentido o que não é natureza forma um "mundo" e, antes de tudo, o que é um mundo, finalmente, se há mundo, quais podem ser as relações entre o mundo visível e o mundo invisível. Esse trabalho, por mais difícil que seja, é indispensável para sairmos da confusão em que nos deixa a filosofia dos cientistas. Não pode ser inteiramente realizado por eles, porquanto o pensamento científico move-se no mundo e o pressupõe, em vez de tomá-lo por tema. Mas esse trabalho não é estranho à ciência, não nos instala fora do mundo. Quando dizemos, com outros filósofos, que os estímulos da percepção não são as causas do mundo percebido, mas que são eles que as revelam ou desencadeiam, não queremos dizer que se possa perceber sem corpo mas, ao contrário, que é preciso reexaminar a definição de corpo como puro objeto para compreendermos como pode ser nosso vínculo vivo com a natureza. Não nos estabelecemos num universo de essências; pedimos, ao contrário, que se reconsidere a distinção do *that* e do *what*, da essência e das condições de existência, reportando-se à experiência do mundo que a precede. A Filosofia não é ciência, porque a ciência acredita poder sobrevoar seu objeto, tendo por adquirida a correlação do saber e do ser, ao passo que a Filosofia é o conjunto das questões onde aquele que questiona é, ele próprio, posto em causa pela questão. Uma Física, porém, que aprendeu a situar fisicamente o físico, uma Psicologia que aprendeu a situar o psicólogo no mundo sócio histórico perderam a ilusão do sobrevoo absoluto: elas não apenas toleram mas impõem, antes de toda ciência, o exame radical de nossa pertencença ao mundo.

A fé perceptiva e a reflexão.

Os métodos de *prova* e de *conhecimento* que inventa um pensamento já instalado no mundo, os conceitos de *objeto* e de *sujeito* que introduz não nos permitem compreender o que seja a fé perceptiva, precisamente porque é uma fé, isto é, uma adesão que se sabe além das provas, não necessária, tecida de incredulidade, a cada instante ameaçada pela não fé. A crença e a incredulidade estão aqui tão estreitamente ligadas que uma se encontra sempre na outra, e, em particular, um germe de não--verdade dentro da verdade: a certeza que tenho de estar vinculado ao mundo por meu olhar já me promete um pseudomundo de fantasmas, se o deixar errante. Tapar os olhos para não ver um perigo é, segundo dizem, não acreditar nas coisas, acreditar somente no mundo privado; no entanto, é antes acreditar que o que é para nós o é absolutamente, que um mundo que logramos ver sem perigo é sem perigo; isso é, portanto, acreditar, da maneira mais firme, que nossa visão vai às próprias coisas. Talvez essa experiência nos ensine, melhor que qualquer outra, o que seja a presença perceptiva do mundo: não, o que seria impossível, afirmação e negação da mesma coisa sob a mesma relação, juízo positivo e negativo, como dizíamos há pouco, crença e incredulidade; nossa experiência que está aquém da afirmação e da negação, aquém do juízo – opiniões críticas, operações ulteriores –, é mais velha que qualquer opinião, é a experiência de habitar o mundo por meio de nosso corpo, a verdade nós mesmos inteiramente sem que seja necessário escolher nem mesmo distinguir entre a segurança de ver e a de ver o verdadeiro, pois que são por princípio uma mesma coisa – portanto fé, e não saber, porquanto o mundo aqui não está separado do domínio que temos sobre ele, sendo, ao invés de afirmado, tomado como evidente, e ao invés de revelado, não dissimulado, não refutado.

Se a Filosofia deve apropriar-se dessa abertura inicial ao mundo, compreendendo-a – abertura que não exclui uma possível ocultação –, não pode contentar-se com descrevê-la, é mister que nos diga como há abertura sem que a ocultação do mundo seja excluída, como a cada instante permanece possível, embora sejamos naturalmente dotados de luz. Cumpre ao filósofo compreender como essas duas possibilidades que a fé perceptiva guarda em si própria, lado a lado, não se anulam. Não o logrará se se mantiver em seu nível, oscilando de uma para outra, dizendo ora que minha visão está na própria coisa ora que minha visão é minha ou está "em mim". É preciso que renuncie a esses dois pontos de vista, que se abstenha tanto de um como de outro, que os chame, já que são incompossíveis em sua literalidade, a si próprio, que é seu titular, devendo, pois, saber o que os motiva internamente; é preciso que os perca como estado de fato para reconstruí-los como possibilidades suas, a fim de apreender por si mesmo o que, em verdade, significam, o que o destina não só à percepção como aos fantasmas; numa palavra, é mister que *reflexione*. Ora, logo que o faz, além do próprio mundo e além daquilo que somente é "em nós", além do ser em si e do ser para nós, parece abrir-se uma terceira dimensão onde desaparece sua discordância. Pela conversão reflexionante, perceber e imaginar nada mais são do que duas maneiras de *pensar**. Da visão e do sentir guardamos apenas o que os anima e os sustem indubitavelmente, o puro pensamento de ver ou de sentir, e é possível des-

---

* *À margem*: idealidade (ideia e imanência de verdade).

crever esse pensamento, mostrar que é feito de uma correlação rigorosa entre minha exploração do mundo e as respostas sensoriais que suscita. Submeteremos o imaginário a uma análise paralela e perceberemos que o pensamento de que é feito não é, neste sentido preciso, pensamento de ver ou de sentir, sendo antes a decisão de não aplicar e até mesmo de esquecer os critérios de verificação, de tomar como "bom" o que não é visto e não poderia sê-lo. Assim, parece que se abolem as antinomias da fé perceptiva; é bem verdade que percebemos a própria coisa, já que a coisa nada mais é do que aquilo que vemos, não, porém, pelo poder oculto de nossos olhos: eles não são mais sujeitos da visão, passaram para o número das coisas vistas, e o que chamamos visão faz parte da potência de pensar que atesta que esta aparência respondeu, segundo uma regra, aos movimentos de nossos olhos. A percepção é o pensamento de perceber quando é plena ou atual. Se, pois, atinge a própria coisa, é preciso dizer, sem contradição, que é inteiramente um feito nosso e, de uma ponta à outra, nossa, como todos os nossos pensamentos. Aberta sobre a própria coisa, não deixa de ser menos nossa, porquanto a coisa é, doravante, o que pensamos ver – *cogitatum* ou noema. Não sai mais do círculo de nossos pensamentos do que a imaginação, também ela pensamento de ver, mas pensamento que não procura o exercício, a prova, a plenitude, que se presume, portanto, a si mesma e só se pensa pela metade. Assim, o real se transforma no correlativo do pensamento, e o imaginário é, no interior do mesmo domínio, o círculo estreito dos objetos de pensamento pensados pela metade, meio objetos ou fantasmas que não possuem consistência alguma, lugar próprio, desaparecendo ao sol do pensamento como os vapores da manhã, não consistindo, entre o pensamento e o que ele pensa, mais do que em uma fina camada de impensado. A reflexão guarda tudo da fé perceptiva: a convicção de que há qualquer coisa, que há o mundo, a ideia de verdade, a ideia verdadeira dada. Simplesmente, essa bárbara convicção de ir às próprias coisas – incompatível com o fato da ilusão – ela a reduz ao que pretende dizer ou significa converte-a em sua verdade, descobrindo aí a adequação e o consentimento do pensamento ao pensamento, a transparência do que penso para mim que o penso. A existência bruta e prévia do mundo que acreditava encontrar já ali, abrindo os olhos, é apenas o símbolo de um ser que é para si logo que é, porque todo o seu ser é aparecer e, portanto, aparecer-se – e que se chama espírito*. Gra-

---

* *À margem*: passagem à idealidade como solução das antinomias. O mundo é numericamente uno com meu *cogitatum* e com o dos outros enquanto ideal (identidade ideal, aquém da multiplicidade e da unidade).

ças à conversão reflexionante, que só deixa subsistir diante do sujeito puro ideados, *cogitata* ou noemas, saímos, enfim, dos equívocos da fé perceptiva, que, paradoxalmente, nos assegurava levar-nos às próprias coisas, dando-nos acesso a elas por meio do corpo, que, portanto, nos abria para o mundo, fechando-nos na série de nossos acontecimentos privados. De agora em diante, tudo parece claro, a mistura de dogmatismo e de ceticismo, as convicções enevoadas da fé perceptiva são postas em dúvida, não mais creio ver com meus olhos coisas exteriores a mim que as vejo: são exteriores apenas ao meu corpo, não ao meu pensamento, que sobrevoa a ambos. Além do mais, já não me deixo impressionar pela evidência de que os outros sujeitos percebedores não vão às próprias coisas, que suas percepções se passam neles – evidência que termina por repercutir em minha própria percepção, já que, enfim, aos olhos deles, sou "um outro", e meu dogmatismo, comunicando-se aos outros, retorna para mim como ceticismo – se é verdade que, vista de fora, a percepção de cada um parece encerrada em algum reduto "atrás" de seu corpo, essa vista exterior é precisamente colocada, pela reflexão, entre fantasmas sem consistência e pensamentos confusos: não se pensa um pensamento de fora; por definição, o pensamento só se pensa intrinsecamente; se os outros são pensamentos, não estão, na qualidade de pensamentos, atrás de seus corpos que vejo, não estão, como eu, em parte alguma; são, como eu, coextensivos ao ser, não havendo o problema da encarnação. Ao mesmo tempo que a reflexão nos libera dos falsos problemas suscitados por experiências bastardas e impensáveis, ela os justifica, aliás, por simples transposição do sujeito encarnado em sujeito transcendental, e da realidade do mundo em idealidade: todos nós atingimos o mundo e o mesmo mundo, ele é todo para cada um de nós, sem divisão, nem perda, porque é *o que* pensamos perceber, o objeto indiviso de todos os nossos pensamentos; sua unidade, não sendo a unidade numérica, não vem a ser a unidade específica: é esta unidade ideal ou de significação que faz com que o triângulo do geômetra seja o mesmo em Tóquio ou em Paris, no século V antes de Jesus Cristo e no presente. Essa unidade basta e desarma qualquer problema, já que as divisões que podemos opor-lhe, a pluralidade dos campos de percepção e das vidas, são como nada diante dela, não pertencem ao universo da idealidade e do sentido, não podendo mesmo formular-se ou articular-se em pensamentos distintos, enfim, porque reconhecemos pela reflexão, no âmago de todos os pensamentos situados, enredados e encarnados, o puro aparecer do pensamento ante si mesmo, o universo da adequação interna, onde tudo o que possuímos de *verdadeiro* se integra sem dificuldade...

Esse movimento reflexionante sempre será, à primeira vista, convincente: num sentido ele se impõe, é a própria verdade, e não se vê como a filosofia poderia dispensá-lo. A questão é saber se a conduz a um porto seguro, se o universo do pensamento a que conduz é verdadeiramente uma ordem que se basta e que encerra toda questão. Já que a fé perceptiva é paradoxo, como permanecer nela? E se não permaneço nela, que posso fazer a não ser voltar a mim próprio e procurar aí a morada da verdade? Não é evidente, precisamente se minha percepção é percepção do mundo, que devo encontrar no meu comércio com ele as razões que me persuadem a vê-lo e, na minha visão, o sentido de minha visão? Eu, que estou no mundo, de quem aprenderia o que é estar no mundo se não de mim mesmo, e como poderia dizer que estou no mundo se não o soubesse? Sem presumir que saiba tudo de mim mesmo, é certo, ao menos, que eu sou, entre outras coisas, saber; esse atributo me pertence seguramente, mesmo que tenha outros. Não posso imaginar que o mundo irrompa em mim ou eu nele: a este saber que eu sou, o mundo não pode apresentar-se a não ser oferecendo-lhe um sentido, a não ser sob a forma de pensamento do mundo. O segredo do mundo que procuramos é preciso, necessariamente, que esteja contido em meu contato com ele. De tudo o que vivo, enquanto o vivo, tenho diante de mim o sentido, sem o que não o viveria e não posso procurar nenhuma luz concernente ao mundo a não ser interrogando, explicando minha frequentação do mundo, compreendendo-a de dentro. O que sempre fará da filosofia reflexionante, não somente uma tentação, mas um caminho que é preciso percorrer, é que ela é verdadeira no que nega: a relação exterior entre um mundo em si e mim mesmo, concebida como um processo do tipo daqueles que se desenvolvem no interior do mundo, que se imagina como uma intrusão do mundo em mim ou, ao contrário, como alguma viagem de meu olhar por entre as coisas. Mas o vínculo natal entre mim que percebo e o que vejo é concebido como se faz mister? E porque devemos certamente rejeitar a ideia de uma relação exterior do percebedor e do percebido, é preciso passar à antítese da imanência, ainda que ideal e espiritual, e dizer que eu que percebo sou pensamento de perceber e o mundo percebido é coisa pensada? Porque a percepção não entrou do mundo em mim, não é centrípeta, é preciso que seja centrífuga, como um pensamento que formo, ou como a significação que atribuo por meio do juízo a uma aparência indecisa? A interrogação filosófica e a explicação que dela resulta, a filosofia reflexionante as pratica num estilo que não é o único possível, mistura pressupostos que temos de examinar e que, finalmente, se revelam contrários à inspiração reflexiva. Nosso vínculo natal com o mundo, ela somente pensa poder compreendê-lo *desfazendo-o* para *refazê-lo*, constituindo-o, fabricando-o. Ela acredita encontrar a clareza pela análise, isto é, se não nos elementos mais simples, ao menos nas condições mais fundamentais, implicadas no produto bruto, em premissas de onde ele resulta como consequência, numa *fonte de sentido* de onde deriva*. É, pois, essencial à filosofia reflexionante recolocar-nos, aquém de nossa situação de fato, num centro das coisas, donde procedíamos, mas em relação ao qual estávamos descentrados, refazer, partindo de nós, um caminho já traçado dele para nós: o próprio esforço em direção à adequação interna, a empresa de reconquistar explicitamente tudo o que somos e fazemos implicitamente significa que o que somos enfim como naturados o somos primeiramente como naturantes de modo ativo, que o mundo só é nosso lugar natal porque somos, de início, como espíritos, o berço do mundo. Ora, nisto, se se mantém em seu primeiro movimento, se nos instala por regressão no universo imanente de nossos pensamentos e, na medida em que há resto, o destitui, como pensamento confuso, mutilado ou ingênuo, de toda potência probatória em relação a si mesma, a reflexão falha em sua tarefa e no radicalismo que é sua lei: pois o movimento de retomada, de recuperação, de retorno a si mesmo, a marcha em direção à adequação interna, o próprio esforço para coincidir com o naturante que já é nós e que desdobra, ao que tudo indica, diante de si as coisas e o mundo, precisamente como retorno ou reconquista, tais operações segundas de reconstituição ou de restauração não podem, por princípio, ser a imagem em espelho de sua constituição interna e de sua instauração, como o caminho da Étoile a Notre--Dame é o inverso do caminho de Notre-Dame à Étoile: a reflexão recupera tudo exceto a si mesma como esforço de recuperação, esclarece tudo salvo seu próprio papel. O olho do espírito também tem seu ponto cego, mas, porque é espírito, não o pode ignorar nem tratá-lo como simples estado de não-visão,

---

* *À margem*: ideia do retorno – do latente: ideia da reflexão recuando sobre as pegadas de uma constituição. Ideia de possibilidade intrínseca de que o constituído é a realização. Ideia de naturante de que ele é o naturado. Ideia do originário como intrínseco. Portanto o pensamento reflexivo é antecipação do todo, opera sob garantia de totalidade que pretende engendrar. Cf. Kant: se um mundo deve ser possível… Esta reflexão não encontra o originário.

que não exige menção particular alguma, o próprio ato de reflexão que é *quoad nos* seu ato de nascimento. Se não se ignora – o que seria contra sua definição –, não pode fingir desenrolar o mesmo fio que o espírito teria antes enrolado, ser o espírito que retorna a si em mim, quando sou eu por definição que reflexiono: deve aparecer como marcha em direção a um sujeito X, apelo a um sujeito X, e a própria segurança em que se encontra de atingir um naturante universal, não podendo advir-lhe de algum contato prévio com ele, porquanto precisamente ainda é ignorância, evoca-o e não coincide com ele, só pode vir-lhe do mundo ou de meus pensamentos, enquanto formam um mundo, enquanto sua coesão, suas linhas de fuga designam, aquém dela mesma, um foco virtual com o qual ainda não coincido. Enquanto esforço para fundar o mundo existente sobre um *pensamento* do mundo, a reflexão se inspira a cada instante na presença prévia do mundo de que é tributária, e a que empresta toda sua energia. Quando Kant justifica cada passo de sua Analítica pelo famoso "se um mundo deve ser possível", sublinha que seu fio condutor lhe é dado pela imagem irrefletida do mundo, que a necessidade dos passos reflexionantes está suspensa da hipótese "mundo" e que o pensamento do mundo, que a Analítica está encarregada de desvendar, não é tanto o fundamento como a expressão segunda do fato de que houve para mim a experiência de um mundo, que, em outros termos, a possibilidade intrínseca do mundo como pensamento repousa no fato de que posso ver o mundo, isto é, numa possibilidade de um tipo totalmente diferente, que, como vimos, confina com o impossível. É por um apelo secreto e constante a esse possível-impossível que a reflexão pode ter a ilusão de ser retorno a si e instalar-se na imanência, nosso poder de entrar em nós mede-se exatamente pelo poder de sair de nós que não é nem mais antigo nem mais recente do que ele, sendo exatamente seu sinônimo. Toda análise reflexionante não é falsa, mas ainda é ingênua, enquanto dissimular sua própria mola e, para constituir o mundo, for preciso ter noção do mundo como pré-constituído, de modo que o processo se retarda, por princípio, em si mesmo. Responder-se-á, talvez, que as grandes filosofias reflexivas bem o sabem, como mostram, em Spinoza, a referência à ideia verdadeira dada ou, em Kant, a referência muito consciente a uma experiência pré-crítica do mundo; mas que o círculo do irrefletido e da reflexão é nelas deliberado, que se começa pelo irrefletido porque é preciso um começo, mas que o universo do pensamento que se abre pela reflexão contém tudo o que é preciso para explicar o pensamento mutilado do início, que é a escada que se recolhe depois de ter subido... Mas se é assim, não há mais filosofia reflexionante, pois não há mais originário ou derivado, há um pensamento em círculo onde condição e condicionado, reflexão e irrefletido estão numa relação recíproca, senão simétrica, e onde o fim está no começo como o começo no fim. O mesmo dizemos nós. As observações feitas sobre a reflexão não se destinavam, de modo algum, a desqualificá-la em proveito do irrefletido ou do imediato (que somente através dela conhecemos). Não se trata de pôr a fé perceptiva no lugar da reflexão mas, ao contrário, de abarcar a situação total que comporta reenvio de uma a outra. O que se obtém não é um mundo maciço e opaco ou um universo do pensamento adequado; é uma reflexão que retorna sobre a espessura do mundo para iluminá-lo, mas que em seguida lhe devolve somente a sua própria luz.

Tanto é verdade que não posso, a fim de sair das dificuldades em que me lança a fé perceptiva, apelar apenas para minha experiência do mundo, para essa mistura com o mundo que para mim recomeça cada manhã, logo que abro os olhos, para esse fluxo de vida perceptiva entre ele e mim que não para de pulsar, da manhã à noite, fazendo que meus pensamentos mais secretos me alterem o aspecto dos rostos e das paisagens, como os rostos e as paisagens, inversamente, me trazem alternadamente socorro e ameaça de uma maneira de ser homem que infundem em minha vida – quanto é certo que a relação de um pensamento com o seu objeto, do *cogito* com o *cogitation*, não contém nem a totalidade nem o essencial de nosso comércio com o mundo, de sorte que devemos recolocá-la numa relação mais surda com o mundo, numa iniciação ao mundo na qual repousa, e que já está sempre feita quando intervém o retorno reflexionante. Essa relação – que chamaremos a abertura para o mundo – deixamo-la escapar no momento em que o esforço reflexivo tenta captá-la, e, concomitantemente, podemos entrever as razões que o impedem de vencer e o caminho pelo qual teremos bom êxito. Vejo, sinto e é certo que, para me dar conta do que seja ver e sentir, devo parar de acompanhar o ver e o sentir no visível e no sensível onde se lançam, circunscrevendo, aquém deles mesmos, um domínio que não ocupam e a partir do qual se tornam compreensíveis segundo seu sentido e sua essência. Compreendê-los é surpreendê-los, pois a visão ingênua me ocupa inteiramente, pois a atenção na visão, que se acrescenta a ela, retira alguma coisa desse dom total, sobretudo, porque compreender é traduzir em significações disponíveis um sentido inicialmente cativo na coisa e no mundo. Mas essa tradução visa a apresentar o texto, ou antes, o visível e a explicitação filosófica do visível não estão lado a lado como dois conjuntos de signos, como um texto e sua versão noutra língua. Se fosse um texto, seria um estranho texto, dado diretamente a todos, de sorte que não estamos reduzidos à tradução do filósofo, pois podemos confrontá-la com ele; de seu lado, a filosofia é mais e menos do que tradução; mais, porque só ela nos diz o que quer dizer, menos, porque é inutilizável se não dispusermos do texto. O filósofo, portanto, somente suspende a visão bruta para transpô-la para a ordem do expresso, ela permanece seu modelo ou sua medida, é sobre ela que deve abrir-se a rede de significações que ela* organiza para reconquistá-la. Não cabe, pois, *supor inexistente* o que era visto ou sentido e também a visão e o sentir, substituindo-os, conforme a palavra de Descartes, pelo "pensamento de ver e de sentir", esse sendo considerado inabalável porque nada presume sobre o que é efetivamente, porque se entrincheira na aparição do que é pensado no pensamento, de onde, com efeito, é inexpugnável. Reduzir a percepção ao pensamento de perceber, sob o pretexto de que só a imanência é segura, implica em assinar um seguro contra a dúvida, cujos prêmios são mais onerosos do que a perda que deve ser indenizada, pois implica em renunciar ao mundo efetivo e passar a um tipo de certeza que nunca nos dará o "há" do mundo. Ou a dúvida é um estado de dilaceramento e obscuridade, e então nada me ensina – ou, se me ensina alguma coisa, é porque é deliberada, militante, sistemática, sendo então um ato, de modo que, mesmo se em seguida sua própria existência se impõe a mim como limite da dúvida, como algo que nada é, este algo é da ordem dos atos em que doravante estou encerrado. A ilusão das ilusões é acreditar, nesse momento, que em verdade nunca estivemos certos a não ser de nossos atos, que desde sempre a percepção foi uma inspeção do espírito e que a reflexão é somente a percepção renascendo para si mesma, a conversão do saber da coisa num saber de si de que a coisa é feita, a emergência de um "vinculante" que era a própria vinculação. Essa espiritualização cartesiana, essa *identidade* do espaço e do espírito, que acreditamos provar dizendo que, com toda a evidência, o objeto "longínquo" só o é em virtude de sua relação com outros objetos mais "longínquos" ou "menos afastados" – que esta não pertence propriamente a nenhum deles, *sendo* a presença imediata do espírito para todos nós, e que finalmente substitui nossa pertencença ao mundo por um sobrevoo do mundo – sua aparente evidência decorre apenas

---

* *Ela*: isto é, a filosofia.

de um postulado muito ingênuo (e que nos é sugerido justamente pelo mundo), segundo o qual é sempre *a mesma* coisa que eu penso, quando o olhar da atenção se desloca e se reporta dela mesma àquilo que a condiciona: convicção maciça tirada da experiência exterior, onde tenho, com efeito, a segurança de que as coisas sob meus olhos permanecem *as mesmas* enquanto delas me aproximo para inspecioná-las melhor, mas isso porque o funcionamento de meu corpo como possibilidade de mudar de ângulo de visão, "aparelho de ver" ou ciência sedimentada do "ângulo de visão", me assegura que me aproximo da própria coisa que há pouco eu via de mais longe. É a vida perceptiva do meu corpo quem sustenta aqui e garante a explicação perceptiva e, longe de ser, ela própria, conhecimento das relações intramundanas ou intersubjetivas entre meu corpo e as coisas exteriores, está pressuposta em toda noção de objeto, sendo ela que realiza a abertura primeira para o mundo: minha convicção de ver a própria coisa não *resulta* da exploração perceptiva, não é uma palavra para designar a visão proximal; é ela, ao contrário, que me dá a noção do "proximal", do "melhor" ponto de observação da "própria coisa". Tendo, pois, aprendido pela experiência perceptiva o que é "ver bem" a coisa, e que é preciso e possível, para o conseguirmos, dela nos aproximarmos, sendo os novos dados assim adquiridos determinações da *própria* coisa, transportamos para o interior essa certeza, recorremos à ficção de um "homenzinho dentro do homem", e assim chegamos a pensar que refletir sobre a percepção é, *permanecendo a coisa percebida e a percepção o que eram*, desvendar o verdadeiro sujeito que as habita e que sempre as habitou. Na realidade, eu deveria dizer que havia uma coisa percebida e uma abertura para essa coisa que a reflexão neutralizou, transformou em percepção-reflexiva e em coisa-percebida-numa-percepção-reflexiva, e que o funcionamento refletido, como o do corpo explorador, usa de poderes obscuros para mim, transpassa o ciclo de duração que separa a percepção bruta do exame reflexionante e só mantém durante esse tempo a permanência do percebido e da percepção sob o olhar do espírito porque minha inspeção mental e minhas atitudes de espírito prolongam o "eu posso" de minha exploração sensorial e corporal. Fundar esta sobre aquela e a percepção de fato sobre a essência da percepção, tal qual aparece para a reflexão, é esquecer a própria reflexão como ato distinto de retomada. Noutros termos, entrevemos a necessidade de outra operação diferente da conversão reflexionante, mais fundamental do que ela, espécie de *sobrerreflexão* que também a levaria em conta, assim como às mudanças que introduz no espetáculo, sem, portanto, perder de vista a coisa e a percepção brutas e, consequentemente, sem apagar nem contar nelas, é preciso que não suspenda a fé no mundo nicas da percepção e da coisa percebida, atribuindo-se, ao contrário, a tarefa de pensá-las, de refletir sobre a transcendência do mundo como transcendência, de falar desta não segundo a lei das significações das palavras inerentes à linguagem dada, mas por um esforço, talvez difícil, que as emprega para exprimir além delas mesmas nosso contato mudo com as coisas, quando ainda não são coisas ditas. Se, pois, a reflexão não deve presumir o que encontra e condenar-se a pôr nas coisas o que depois fingirá encontrar nelas, é preciso que não suspenda a fé no mundo a não ser para *vê-lo*, para ler nele o caminho por ele seguido ao tornar-se mundo para nós, é preciso que nele procure o segredo de nossa ligação perceptiva com ele, que empregue as palavras *para dizer* essa ligação pré-lógica e não conforme sua significação preestabelecida, que mergulhe no mundo ao invés de dominá-lo, que desça em sua direção tal como ele é ao invés de ascender a uma possibilidade prévia de pensá-lo – que lhe imporia de antemão as nossas condições de controle sobre ele – que interrogue, que entre na floresta das referências que nossa interrogação levanta nele, que o faça dizer, enfim, o que em seu silêncio *ele quer dizer*... Não sabemos nem o que é exatamente essa ordem e essa concordância do mundo às quais assim nos entregamos, nem, portanto, no que a empresa resultará, nem mesmo se é verdadeiramente possível. Mas a escolha é entre ela e um dogmatismo da reflexão, cujo ponto de chegada conhecemos em demasia, porquanto a filosofia termina no momento em que o dogmatismo começa, e, precisamente por essa razão, não nos deixa compreender a nossa própria obscuridade.

Uma filosofia reflexionante, como dúvida metódica e redução da abertura do mundo aos "atos espirituais", às relações intrínsecas da ideia e *seu* ideado, é muito infiel ao que se propõe esclarecer: ao mundo visível, àquele que o vê e a suas relações com os outros "visionários". Dizer que a percepção é e sempre foi "inspeção do espírito" é defini-la, não pelo que ela nos dá, mas pelo que nela *resiste* à hipótese de *inexistência*, é identificar de imediato o positivo como uma negação da negação, é impor ao inocente a prova de sua não-culpabilidade e, de antemão, reduzir nosso contato com o Ser às operações discursivas pelas quais nos defendemos da ilusão, reduzir o verdadeiro ao verossímil, o real ao provável. O simples fato, amiúde observado[4], que a imaginação mais verossímil, mais

---

4. Em particular por Sartre, *A Imaginação*.

conforme ao contexto da expressão não nos faz avançar um passo na direção da "realidade", sendo imediatamente posta por nós do lado do imaginário, e que, inversamente, tal barulho absolutamente inesperado e imprevisível é de imediato percebido como real, por fracas que sejam suas ligações com o contexto, impõe a ideia de que se trata, com o "real" e o "imaginário", de duas "ordens", dois "palcos" ou "teatros" – o do espaço e o dos fantasmas – montados em nós antes dos atos de discriminação, que apenas intervém nos casos equívocos, e onde o que vivemos vem instalar-se por si, fora de todo controle critério-lógico. Que algumas vezes os controles se tornem necessários e terminem em juízos de realidade que retificam a experiência ingênua, isso não prova que juízos dessa espécie estejam na origem dessa distinção ou a constituam, não nos dispensando, por conseguinte, de compreendê-la por si própria. Se o fizermos, não será preciso definir o real por sua coerência e o imaginário por sua incoerência ou suas lacunas: o real é coerente e provável por ser real, e não real por ser coerente; o imaginário é incoerente ou improvável porque é imaginário, e não imaginário porque é incoerente. A menor parcela do percebido o incorpora de imediato ao "percebido", o fantasma mais verossímil escorrega na superfície do mundo; é esta presença do mundo inteiro num reflexo, sua ausência irremediável nos delírios mais ricos e mais sistemáticos, que devemos compreender, e essa diferença não é do mais ao menos. É verdade que dá lugar a enganos ou a ilusões; daí se conclui, algumas vezes, que não pode, pois, ser natural e que o real, apesar de tudo, não é mais que o menos improvável ou o mais provável. É pensar o verdadeiro pelo falso, o positivo pelo negativo e é descrever mal a experiência da desilusão, onde justamente aprendemos a conhecer a fragilidade do "real". Pois quando uma ilusão se dissipa, quando uma aparência irrompe de repente, é sempre em proveito de uma nova aparência que retoma por sua conta a função ontológica da primeira. Acreditava ver sobre a mesa um pedaço de madeira polido pelo mar mas *era* uma pedra argilosa. A irrupção e a destruição da primeira aparência não permitem doravante definir o "real" como simples provável, porquanto *eles não são mais do que outro nome da nova aparição* que deve, pois, figurar em nossa análise da *desilusão*. A desilusão só é a perda de uma evidência porque é a aquisição de *outra evidência*. Se, por prudência, chego a dizer que esta é "em si própria" duvidosa ou somente provável (nela própria, isto é, para mim, há pouco, quando me teria aproximado um pouco mais ou olhado melhor), isso não impede que, no momento em que falo, ela se apresente como "real" fora de toda contestação e não como "muito possível" ou provável; se em seguida, por sua vez, se estilhaçar, isto se fará graças ao impulso de uma nova "realidade". O que posso concluir dessas desilusões ou decepções é, portanto, que talvez a "realidade" não pertença definitivamente a nenhuma percepção particular, e que, nesse sentido, está *sempre mais longe*; isso, porém, não me autoriza a romper ou silenciar a ligação que as reúne, uma após outra, ao real, que não pode ser rompida com uma, sem antes estabelecer-se com a seguinte, de forma que não há *Schein* sem *Erscheinung*, que todo *Schein* é contrapartida de uma *Erscheinung*, e o sentido do "real" não se reduz ao do "provável", ao contrário, o "provável" evoca uma experiência definitiva do "real", cuja ocorrência é apenas adiada. Diante de uma aparência perceptiva, não sabemos unicamente que pode, em seguida, "romper-se"; sabemos também que isso se dará porque foi tão bem substituída por outra que dela não restam vestígios, e que em vão procuramos nesta pedra gredosa aquilo que há pouco era um pedaço de madeira polido pelo mar. Cada percepção é mutável e somente provável; isto, se quisermos, não passa de uma *opinião*; mas o que não o é, o que cada percepção mesmo falsa verifica é a pertencença de cada experiência ao mesmo mundo, seu poder igual de manifestá-lo, a título de *possibilidades do mesmo mundo*. Se uma toma tão bem o lugar da outra – a ponto de não mais lhe encontrarmos vestígios logo depois da ilusão – é que precisamente não são hipóteses sucessivas concernentes a um Ser não-conhecível, mas perspectivas sobre o mesmo Ser familiar, o qual, sabemos, não pode excluir uma sem incluir a outra e, em qualquer situação de causa, está fora de contestação. Daí que a própria fragilidade de tal percepção, atestada por seu desaparecimento e pela substituição por outra percepção, longe de nos autorizar a apagar nelas todas o índice de "realidade", obriga-nos a atribuí-lo a todas, a reconhecê-las todas como variantes do mesmo mundo e, enfim, a considerá-las não como todas falsas mas como "todas verdadeiras", não como malogros repetidos na determinação do mundo mas como aproximações progressivas. Cada percepção envolve a possibilidade de sua substituição por outra e, portanto, uma espécie de desautorização das coisas, mas isso também quer dizer: cada percepção é o termo de uma aproximação, de uma série de "ilusões", que não eram apenas simples "pensamentos", no sentido restritivo de Ser-para-si e do "nada mais que pensado", mas possibilidades que poderiam ter sido, irradiações desse mundo único que "há"... – e que, desse modo, nunca retornam ao nada ou à subjetividade, como se nunca tivessem aparecido, sendo antes, como bem diz Husserl, "riscadas" ou "barradas" pela "nova" realidade. A filosofia reflexionante não se engana considerando o falso como uma verdade mutilada ou parcial: seu engano é antes fazer como se o parcial fosse apenas a ausência de fato da totalidade, que não tem necessidade que se dê conta dela, o que finalmente suprime toda consistência própria da aparência, integra-a de antemão no Ser, tira-lhe, como parcial, seu conteúdo de verdade, escamoteia-o numa adequação interna onde o Ser e as razões de ser coincidem. A marcha para a adequação que os fatos de desilusão testemunham não é o retorno a si de um Pensamento adequado que inexplicavelmente se teria perdido de vista – nem, aliás, um progresso cego da probabilidade, fundada sobre o número de sinais e concordâncias – é a pré-posse de uma totalidade que está aí antes que se saiba como e por que, cujas realizações nunca são o que teríamos imaginado que fossem e que, contudo, preenche em nós uma espera secreta já que nela acreditamos infatigavelmente.

Responder-se-á, sem dúvida que se, para salvarmos o que há de original no "mundo" como tema pré-objetivo, nos recusarmos a transformá-lo no correlato imanente de um ato espiritual, a luz natural, a abertura de minha percepção sobre o mundo somente pode resultar de uma pré-ordenação cujos resultados registro, de uma finalidade da qual sofro a lei como sofro a de todos os meus órgãos, e que, aliás, essa passividade, uma vez em mim introduzida, corromperá tudo, quando eu passar, como será necessário, à ordem do pensamento, e tiver de explicar como penso sobre minhas percepções: seja que eu restabeleça nesse nível a autonomia a que renunciei no nível da percepção – mas então não se vê como esse pensador ativo poderia reapreender as razões de uma percepção que lhe é dada inteiramente pronta –, seja que, como em Malebranche, a passividade também o conquiste, que ele perca, como a percepção, toda eficácia própria e tenha que esperar sua luz de uma causalidade que nele funciona sem ele – como a percepção somente obtém a sua pelo jogo das leis da união da alma e do corpo – que, por conseguinte, a tomada do pensamento sobre si mesmo e a luz da inteligibilidade se tornem um mistério incompreensível, num ser para quem o verdadeiro está no fim de unia inclinação natural, conforme ao sistema preestabelecido segundo o qual funciona seu espírito, e não *verdade*, conformidade de si a si, luz... É certo, com efeito, que toda tentativa para reatribuir uma passividade a uma atividade redunda ou em estender a passividade ao conjunto, o que implica em separar-nos do Ser, já que, faltando um contato de mim comigo, sou, em toda operação de conhecimento, entregue a uma organização de meus pensamentos cujas premissas me são dissimuladas, a uma constituição mental que me é dada como um fato, ou em restaurar, no conjunto, a atividade. Aí reside, em particular, o defeito das filosofias reflexivas que não vão até o extremo de si próprias e que, tendo definido os requisitos do pensamento, acrescentam que estes não impõem sua lei às coisas e evocam uma ordem das próprias coisas que, por oposição à de nosso pensamento, só poderia receber regras exteriores. Não opomos, porém, a uma luz interior uma ordem de coisas em si na qual ela não poderia penetrar. Não se pode tratar de pôr de novo em concordância a passividade em relação a um transcendente com uma atividade de pensamento imanente. Trata-se de reconsiderar as noções solidárias de ativo e de passivo, de tal maneira que não nos coloquem mais diante da antinomia de uma filosofia que explica o ser e a verdade mas que não explica o mundo, e de uma filosofia que explica o mundo mas nos desenraiza do ser e da verdade. A filosofia reflexionante substitui o "mundo" pelo "ser pensado". Não se pode, embora reconhecendo esse *deficit*, justificá-la, apesar de tudo, pelas consequências insustentáveis de uma regulação externa de nossos pensamentos, pois a alternativa reside neste ponto unicamente na perspectiva de uma filosofia reflexionante, e é a análise reflexionante que pomos em causa. O que propomos não é deter a filosofia reflexionante depois de termos partido com ela – isso é impossível e, pensando bem, uma filosofia de reflexão total nos parece ir mais longe, mesmo que apenas circunscrevendo o que, em nossa experiência, lhe resiste –; o que propomos é tomar outro ponto de partida.

Para evitarmos todo equívoco a respeito, reafirmemos que não censuramos apenas a filosofia reflexionante por transformar o mundo em noema, mas também por desfigurar o ser do "sujeito" reflexionante, concebendo-o como "pensamento" – e para terminar, por tornar impensáveis suas relações com outros "sujeitos" no mundo que lhes é comum. A filosofia reflexionante parte do princípio de que, se uma percepção deve poder ser minha, é preciso que, de agora em diante, seja uma de minhas "representações", em outras palavras, que eu seja como "pensamento", aquele que efetua a ligação dos aspectos sob os quais o objeto se apresenta, e sua síntese num objeto. A reflexão, o retorno ao interior, não modificaria a percepção, visto que se limitaria a liberar o que desde logo constituía o conjunto de seus membros ou a juntura, e que a coisa percebida, se não é nada, é o conjunto das operações de ligação que a reflexão enumera e explicita. Mal se pode dizer que o olhar reflexionante se volta do objeto em minha direção, já que sou, como pensamento," o que faz com que haja, de um ponto a outro do objeto, uma distância e, em geral, uma relação qualquer. A filosofia reflexionante metamorfoseia de golpe o mun-

53

do efetivo num campo transcendental, limita-se a repor-me na origem de um espetáculo que só pude ter porque, contra minha vontade, eu o organizava. Faz apenas que eu seja, quando consciente, o que sempre fui distraidamente, que dê seu nome a uma dimensão atrás de mim, a uma profundidade onde, de fato, minha visão já se fazia. Pela reflexão, o *eu* perdido em suas percepções se reencontra, reencontrando-as como pensamentos. Acreditava ter-se abandonado por elas, ter-se desdobrado nelas, mas apercebe-se de que, se se abandonasse, elas não existiriam e que o próprio desdobramento das distâncias e das coisas era apenas o "exterior" de sua intimidade consigo próprio, que o desenrolar do mundo era o enovelamento sobre si de um pensamento que pensa toda e qualquer coisa unicamente porque ela antes se pensa.

Uma vez nela instalados, a reflexão é uma posição filosófica inexpugnável, todo obstáculo, toda resistência a seu exercício são logo tratados não como uma adversidade das coisas, mas como um simples estado de não pensamento, uma fissura no tecido contínuo dos atos de pensamento, fissura inexplicável, mas da qual nada se pode dizer, porquanto, literalmente, não é *nada*. É preciso, entretanto, entrar na reflexão? Em seu ato inaugural se esconde uma decisão de duplo jogo que, uma vez desvendada, tira-lhe sua evidência aparente; é de uma só vez que se realiza a mentira filosófica com que pagamos, de começo, esse método em seguida invulnerável. É essencial para a análise reflexionante partir de uma situação de fato. Se ela não se desse desde logo a ideia verdadeira, a adequação interna de meu pensamento ao que penso, ou ainda o pensamento como ato do mundo, ser-lhe-ia preciso suspender todo "eu penso" de um "eu penso que penso" e este de um "eu penso que penso que penso", e assim por diante... A procura das condições de possibilidade é, por princípio, posterior a uma experiência atual, seguindo-se daí que, ainda que depois se determine rigorosamente o "sem o que" dessa experiência, nunca este poderia lavar-se da mácula original de ter sido descoberto *post festum*, nem vir a ser o que positivamente funda essa experiência. Daí por que não se poderá dizer que a precede (mesmo no sentido transcendental) mas que deve poder acompanhá-la, isto é, que traduz ou exprime o seu caráter essencial, não indicando, porém, uma possibilidade prévia de onde ela sairia. Nunca, por conseguinte, a filosofia reflexionante poderá instalar-se no espírito que desvenda para ver daí o mundo como seu correlato. Precisamente porque é reflexão, re-torno, re-conquista ou re-tomada, não pode gabar-se de coincidir simplesmente com um princípio constitutivo já operante no espetáculo do mundo, de percorrer, a partir desse espetáculo, o próprio caminho que o princípio constitutivo teria seguido em sentido inverso. Ora, é isso, no entanto, o que ela deveria fazer se na verdade é *retorno*, isto é, se seu ponto de chegada fosse, também, ponto de partida – cláusula que não é facultativa porquanto, desrespeitada, a análise regressiva, declinando toda síntese progressiva, renunciaria à pretensão de nos desvendar as fontes, não sendo mais do que a técnica de um quietismo filosófico. A reflexão acha-se, portanto, na estranha situação de exigir e excluir, ao mesmo tempo, um processo inverso de constituição. Ela o exige já que, na ausência desse movimento centrífugo, seria obrigada a confessar--se construção retrospectiva – ela o exclui já que, vindo por princípio depois de uma experiência do mundo ou do verdadeiro que ela procura explicitar, estabelece-se por isso mesmo numa ordem de idealização e do "depois de" que não é aquela em que o mundo se faz. É o que Husserl punha francamente a nu quando dizia que toda redução transcendental é também redução eidética, isto é, todo esforço para compreender de dentro e a partir das fontes o espetáculo do mundo exige que nos separemos do desenrolar efetivo de nossas percepções e de nossa percepção do mundo, que nos contentemos com sua essência, que deixemos de nos confundir com o fluxo concreto de nossa vida para retraçarmos o andamento de conjunto e as articulações principais do mundo sobre o qual ela se abre. Refletir não é coincidir com o fluxo desde sua fonte até suas últimas ramificações; é desembaraçar das coisas, das percepções, do mundo e da percepção do mundo, submetendo-os a uma variação sistemática, núcleos inteligíveis que lhe resistem, caminhando de um a outro de tal maneira que a experiência não desminta, mas nos dê apenas seus contornos universais, de sorte que deixa intato, por princípio, o duplo problema da gênese do mundo existente e a gênese da idealização reflexionante; enfim, evoca e exige como seu fundamento uma *sobrerreflexão* onde os problemas últimos seriam levados a sério. Para falar a verdade, nem mesmo é seguro que a reflexão que passa pelas essências possa cumprir sua tarefa propedêutica e conservar seu papel de disciplina do entendimento: nada nos garante que toda experiência possa ser expressa em invariantes essenciais, que certos seres – por exemplo, o ser do tempo – não se furtem por princípio a tal fixação, não exigindo desde o início, se devem poder ser pensados por nós, a consideração do fato, a dimensão de facticidade e a sobrerreflexão, que se tornaria então, pelo menos no que respeita a eles, não um grau superior no cerne da filosofia, mas a própria filosofia. Ora, se o tempo se furtasse à reflexão, o espaço estaria implicado na secessão, já que o tempo se vincula por todas as suas fibras ao presente e, por seu intermédio, ao simultâneo; desse modo, ter-se-ia que descrever, em termos de facticidade e não em termos de essências, uma subjetividade situada no espaço e no tempo. Passo a passo é toda a experiência, e a própria essência e o sujeito das essências e a reflexão como eidética que demandariam ser reconsiderados. A fixação dos invariantes eidéticos não teria mais como função legítima fechar-nos na consideração do *what*, mas colocar em evidência a distância entre eles e o funcionamento efetivo, convidando-nos a fazer com que a própria experiência saia de seu obstinado silêncio... Reconhecendo que toda reflexão é eidética e que, sob esse aspecto, deixa subsistir o problema de nosso ser irrefletido e o ser do mundo, Husserl não fez mais do que aceitar o problema que a atitude reflexionante comumente evita, a discordância entre sua situação inicial e seus fins.

Colocando diante do espírito, foco de toda clareza, o mundo reduzido a seu esquema inteligível, uma reflexão consequente faz desaparecer toda questão concernente ao relacionamento entre este e aquele, que doravante é pura correlação: o espírito é o que pensa, o mundo é o que é pensado, não se poderia conceber nem a imbricação de um no outro, nem a confusão de um com o outro, nem a passagem de um para o outro, nem mesmo o contato entre eles – um estando para o outro como o vinculado para o vinculante ou o naturado para o naturante, ambos são demasiada e perfeitamente coextensivos para que um possa alguma vez ser precedido pelo outro, por demais irremediavelmente distintos para que um possa envolver o outro. A filosofia recusa, pois, como desprovido de sentido, todo entrelaçamento do mundo com o espírito e do espírito com o mundo. Está fora de questão que o mundo possa preexistir à minha consciência do mundo: não é evidente que o mundo todo sem mim, em que eu possa pensar, vem a ser, por isso mesmo, mundo para mim, que o mundo privado que adivinho na origem do olhar do outro não é assim tão privado, que, nesse mesmo momento, eu não me transforme em seu quase-espectador? O que se exprime dizendo que o mundo é em si ou que é além de minha percepção e daquela que os outros têm dele é simplesmente a significação "mundo", que é a mesma para todos e independente de nossos fantasmas, como as propriedades do triângulo são as mesmas em todos os lugares e em todos os tempos, não começando a ser verdadeiras só no dia em que são conhecidas. Há preexistência do mundo diante de nossa percepção, aspectos do mundo percebidos pelo outro diante da percepção que terei mais tarde de meu mundo ao dos homens que vão nascer, e todos esses "mundos" constituem um mundo único, mas unicamente no sentido em que as coisas e o mundo são objetos de pensamento com suas propriedades intrínsecas, que pertencem à ordem do verdadeiro, do válido, da significação, mas não à ordem do acontecimento. A questão de saber se o mundo é único para todos os sujeitos perde toda significação quando se admitiu a idealidade do mundo; perguntar se meu mundo e o de outrem constituem o mesmo, numérica ou especificamente, nada mais quer dizer, porquanto, como estrutura inteligível, o mundo está sempre além de meus pensamentos como acontecimentos e ainda para além dos pensamentos dos outros, de modo que não está dividido pelo conhecimento que temos dele, não sendo, ademais, único no sentido em que cada um de nós é único. Em tudo o que significam, minha percepção e a percepção que outro homem tem do mundo são a mesma, embora nossas vidas não sejam comensuráveis, pois a *significação*, o sentido, sendo adequação interna, relacionamento entre si e si, interioridade pura e ao mesmo tempo abertura total, nunca descem em nós como estando sujeitos a uma perspectiva, nunca sob esse aspecto somos luz para nós mesmos, de sorte que todas as nossas verdades se reúnem por si mesmas como verdade, formando de direito um sistema único. Desse modo, com a correlação de princípio entre o pensamento e o objeto de pensamento, estabelece-se uma filosofia que não conhece nem dificuldades, nem problemas, nem paradoxos, nem reviravoltas: uma vez por todas, apreendi em mim, com a pura correlação daquele que pensa com aquilo que ele pensa, a verdade de minha vida, que também é a verdade do mundo e a das outras vidas. De uma vez por todas, o ser-objeto se coloca diante de mim como o único dotado de sentido para mim, e toda inerência dos outros a seus corpos e a de mim mesmo ao meu é recusada como confusão – de uma vez por todas, o ser-si me é dado na adequação de meu pensamento a ele mesmo, de sorte que também desse lado não se cogita de levar a sério a mistura do espírito com o corpo. Estou para sempre sujeito ao movimento centrífugo que faz um objeto de pensamento ser para um pensamento e, de modo algum, chego a abandonar essa posição e interrogar-me sobre o que o Ser possa ser antes de ser pensado por mim ou, o que vem a dar no mesmo, por um outro, interrogar-me sobre o que possa ser o intermundo onde se cruzam nossos olhares e se confrontam nossas percepções: não há mundo bruto, há somente um mundo elaborado, não há intermundo mas apenas uma significação "mundo"... E também aqui a atitude reflexionante seria inexpugnável se não desmentisse, em hipótese e como reflexão, o que afirma, em tese, do reflexionado. Porque eu que, antes da reflexão, me acreditava situado num mundo atual por meu corpo, no meio de outros homens nele situados por seus corpos, eu que acreditava vê-los perceber o mesmo mundo que percebo e que acreditava ser um deles vendo seu próprio mundo, onde encontrei, a não ser nessa iniciação ingênua e nessas percepções confusas, o sentido primeiro de que quis aproximar-me pela reflexão?* Como pude apelar para mim mesmo como fonte universal do sentido, o que é refletir, senão porque o espetáculo tinha sentido para mim antes que eu me descobrisse como aquele que lhe dá sentido, isto é, já que uma filosofia reflexionante identifica meu ser e o que penso dele, antes de o ser? Meu acesso pela reflexão a um espírito universal, longe de descobrir enfim o que sou desde sempre, está motivado pelo entrelaçamento de minha vida com as outras vidas, de meu corpo com as coisas visíveis, pela confrontação de meu campo perceptivo com o de outros, pela mistura de minha duração com as outras durações. Se finjo pela reflexão encontrar no espírito universal a premissa que desde sempre sustentava minha experiência, isto somente é possível esquecendo o não saber do início, que não é nada, que não é tampouco verdade reflexiva, e que também é preciso explicar. Só me foi dado chamar o mundo e os outros a mim e tomar o caminho da reflexão, porque desde o início estava fora de mim, no mundo, junto aos outros, sendo que a todo momento essa experiência vem alimentar minha reflexão. Esta é a situação total que uma filosofia deve explicar. Ela só o fará admitindo a dupla polaridade da reflexão, e que, como dizia Hegel, entrar em si também é sair de si**.

---

* À *margem*: mostrar que a reflexão suprime a intersubjetividade.

** À *margem*: Talvez pôr um § distinto (no fim) sobre a reflexão no sentido de Husserl. É uma reflexão que afinal não se instala num constituinte ativo (*Auffassungsinhalt-Auffassung*) mas encontra na origem de toda a reflexão uma presença a si maciça, *Noch im Griff* da Retenção e, através dele, a *Urimpression* (impressão originária) e o fluxo absoluto que as anima. Supõe a redução da Natureza às unidades imanentes. O *Tönen*, contudo, não é a imanência – a menos que se entenda imanência no sentido de êxtase! – ele utiliza a própria estrutura do fluxo.

Distinguir talvez: 1) reflexão, contato consigo (Kantiana, o-que-liga) – condições de possibilidade. 2) Reflexão especular, olhar (Husserl). Tematização da imanência psicológica, do tempo interior. 3) Reflexão do fluxo absoluto.

INTERROGAÇÃO E DIALÉTICA

A fé perceptiva e a negatividade

A filosofia acreditou ultrapassar as contradições da fé perceptiva suspendendo-a para desvendar os motivos que a sustentam. A operação parece inevitável e, aliás, absolutamente legítima, porquanto consiste, em suma, em dizer o que nossa vida subentende. Revela-se, porém, falaciosa pelo fato de transformar a fé perceptiva, que se trata de compreender, e dela fazer uma crença entre outras, fundada, como qualquer outra, sobre razões – as razões que temos para pensar que *há* um mundo. Ora, é claro que no caso da percepção a conclusão vem antes das razões, que só estão aí para manter o lugar e socorrê-la quando abalada. Se procuramos as razões é porque já não conseguimos ver, ou porque outros fatos, como a ilusão, nos incitam a recusar a própria evidência perceptiva. Sustentar, entretanto, que ela se confunde com as razões que temos para devolver-lhe algum valor depois que foi abalada, é postular que a fé perceptiva sempre foi resistência à dúvida, e o positivo, negação da negação. A marcha reflexionante, como apelo ao "interior", recua aquém do mundo, conduz a fé no mundo para as fileiras das coisas ditas ou dos *statements*, e essa "explicitação", é claro, é uma transformação sem retorno, repousa sobre si própria, sobre a fé perceptiva de que ela pretende nos dar o teor e a medida: é porque creio no mundo e nas coisas que acredito na ordem e na conexão de meus pensamentos. Somos levados, portanto, a procurar, sob a própria reflexão e, por assim dizer, *diante* do filósofo reflexionante, as razões para acreditar que ele procura em si mesmo, em seus pensamentos, aquém do mundo.

Essa crítica da reflexão não se aplica somente a suas formas rudimentares, a uma reflexão psicológica que se afasta das coisas para reportar-se aos "estados de consciência" pelos quais as coisas nos são dadas, a nossos "pensamentos" tomados em sua realidade formal, como acontecimentos situados num fluxo de consciência; mesmo uma reflexão reiterada, mais consciente de si própria, que trate, por sua vez, os estados de consciência como unidades constituídas diante de um sujeito absoluto, libera-o de toda inerência aos acontecimentos psicológicos, define nossos pensamentos como puros relacionamentos com sua "realidade objetiva", seu ideado ou sua significação; mesmo essa reflexão purificada não está isenta do vício reflexionante que é transformar a abertura do mundo em consentimento de si a si, a instituição do mundo em idealidade do mundo, a fé perceptiva em atos ou atitudes de um sujeito que não participa do mundo. Se quisermos evitar esta primeira mentira de onde não há regresso, será, portanto, com a reflexão e através dela que precisaremos conceber de novo o Ser-sujeito e o próprio Ser, concentrando nossa atenção sobre o horizonte do mundo, nos confins do universo reflexivo, que nos guia secretamente em nossas construções e esconde a verdade dos processos reflexion antes pelos quais pretendemos reconstituí-lo – primeira positividade de que nenhuma negação de nossas dúvidas poderia ser o equivalente.

Dir-se-á, pois, que antes da reflexão e para torná-la possível, é preciso uma frequentação ingênua do mundo, de sorte que o Si a que se chega é precedido por um Si alienado ou em *ek-stase* no Ser. O mundo, as coisas, o que existe, diremos nós, é, por si, sem medida comum com nossos "pensamentos". Se procurarmos o que quer dizer para nós "a coisa", veremos que ela é o que repousa sobre si mesmo, que ela é exatamente o que é, inteiramente em ato, sem qualquer virtualidade nem potência, que é, por definição, "transcendente", colocando-se fora de toda inferioridade, à qual é absolutamente estranha. Se acaba de ser percebida por alguém e, em particular, por mim, isso não é constitutivo de seu sentido de coisa, que é, ao contrário, o de existir aí na indiferença, na noite da identidade, como em-si puro. Essa a descrição do Ser a que seríamos levados se verdadeiramente quiséssemos encontrar a zona pré-reflexiva da abertura ao Ser. E para que ocorra essa abertura, para que decididamente saiamos de nossos pensamentos, para que nada se interponha entre ele e nós, seria preciso correlativamente esvaziar o Ser-sujeito de todos os fantasmas de que a filosofia o entulhou. Se devo existir em *ek-stase* no mundo e nas coisas, é preciso que nada me retenha em mim mesmo longe delas, nenhuma "representação", nenhum "pensamento", nenhuma "imagem", nem mesmo essa qualificação de "sujeito", de "espírito" ou de "Ego", pela qual o filósofo me quer distinguir absolutamente das coisas, mas que no entanto se torna, por sua vez, enganadora, já que, como toda designação, acaba por recair no positivo, por reintroduzir em mim um fantasma de realidade e por fazer-me crer que sou *res cogitans* – uma coisa muito particular, inapreensível, invisível mas, assim mesmo, coisa. A única maneira de assegurar meu acesso às próprias coisas seria purificar inteiramente a minha noção de subjetividade: não há nem mesmo "subjetividade" ou "Ego", a consciência não tem "habitante", é mister que eu a liberte inteiramente das apercepções segundas que fazem dela o avesso de um corpo, a propriedade de um "psiquismo", e que a descubra como o "nada", o "vazio", capaz da plenitude do mundo, ou melhor, que dela necessita para carregar sua inanidade.

É graças a essa intuição do Ser como plenitude absoluta e absoluta positividade, graças a uma visão do nada purificado de tudo o que nele metemos de ser que Sartre pensa explicar o nosso acesso primordial às coisas, sempre subentendido nas filosofias reflexionantes e sempre compreendido no realismo como uma ação impensável das coisas sobre nós. A partir do momento em que me concebo como negatividade e o mundo como positividade, não há mais interação, caminho eu próprio diante de um mundo maciço; entre ele e mim não há encontro nem fricção, porquanto ele é o Ser e eu nada sou. Somos e permanecemos estritamente opostos e confundidos, precisamente porque não somos da mesma ordem. Permaneço no centro de mim mesmo absolutamente estranho ao ser das coisas – e justamente por isso destinado a elas, feito para elas.

Aqui o que se diz do ser e o que se diz do nada se *identificam*, é o direito e o avesso do mesmo pensamento; a clara visão do ser, tal como é sob nossos olhos – como o ser da coisa que é pacífica e obstinadamente ela mesma, assente sobre si, não-eu absoluto

–, é complementar ou mesmo sinônima de uma concepção de si como ausência e elusão. A intuição do ser é solidária a uma espécie de nega-intuição do nada (no sentido em que se fala de nega-entropia), de uma impossibilidade em que estamos de reduzir-nos a algo qualquer, seja estado de consciência, pensamento, *ego* ou mesmo "sujeito"[1]. Tudo depende aqui do rigor com que se poderá pensar o negativo. Tratá-lo como "objeto de pensamento" ou tentar dizer *o que é* não é pensá-lo como negativo: é fazer dele uma espécie de ser mais sutil ou delicado, é reintegrá-lo no ser.[2] A única maneira de pensar o negativo é pensar que ele *não é*, e a única maneira de preservar sua pureza negativa é, ao invés de justapô-lo ao ser como substância distinta, o que logo o contamina de positividade, vê-lo pelo rabo do olho como a única *borda* do ser, implícito nele como aquilo que lhe faltaria, se algo pudesse faltar ao pleno absoluto – mais precisamente chamando o ser para não ser nada e, desse modo, chamado pelo ser como seu único suplemento concebível, ao mesmo tempo falta de ser, mas falta que se constitui, a si própria, em falta, e, portanto, fissura que se cava na exata medida em que se enche. Seja o *isto* que está sob meus olhos e que parece obstruir com sua massa o vazio que sou. Na realidade, este copo, esta mesa, este quarto não podem estar-me presentes sensivelmente a não ser que nada me separe deles, que eu esteja neles e não em mim, em minhas representações ou em meus pensamentos, que eu seja nada. No entanto, diremos nós, enquanto tenho *isto* diante de mim, não sou um nada absoluto, sou um nada determinado: nem este copo, nem esta mesa, nem este quarto; meu vazio não é qualquer um, e, nessa medida, ao menos, o meu nada é entulhado ou anulado.

Na realidade, essa pseudopositividade do meu presente é apenas uma negação mais profunda ou redobrada. Tem seu peso de presente efetivo, ocupa pela força o campo de minha vida apenas porque é novo, porque [explode?] sobre o fundo do mundo total, mas isso quer também dizer que está pronto para nele desaparecer: ainda um instante e enquanto eu falava já teria desaparecido, dando lugar a outro *isto*, fundindo-se no resto do mundo. Apenas determina meu vazio porque é efêmero, constitucionalmente ameaçado por outro *isto*. O que chamo sua força

1. Sou absolutamente estranho ao ser e é isso que faz com que eu seja aberto ao ser como "plenitude absoluta e inteira positividade". (*L'Être et le Néant*. Paris: NRF, 1943, p. 51).
2. Todos os argumentos que se poderiam apresentar contra a ideia de nada, Sartre aceita-os: provam que o nada não é, o que é para ele, precisamente, a única maneira de ser.

e sua presença é a suspensão infinitesimal dessa ameaça, é o recuo por um instante do todo. Sua "pressão" sobre mim é apenas a ausência pouco segura do resto, a negação dessas outras negações que os *istos* passados já "foram", que os *istos* futuros "serão", uma negação que logo os encontrará no inatual, devendo recomeçar. Assim, colmatar a fissura é, na realidade, aprofundá-la, porquanto o presente que nela se lança nega as negações que foram ou serão em seu tempo e só as desloca expondo-se à mesma sorte iminente. A plenitude mesma do presente se revela ao exame como segunda potência de nosso vazio constitutivo. Uma negação efetiva ou original deve trazer nela mesma o que nega, deve ser ativamente negação de si mesma: "Na medida (...) em que o Ser a quem falta ... *não é* o que lhe falta, apreendemos nele uma negação. Mas se essa negação não deve evaporar-se em pura exterioridade – e com ela toda possibilidade de negação em geral –, seu fundamento reside na necessidade de o Ser a quem falta ... ser o que lhe falta. Assim, o fundamento da negação é negação da negação. Mas essa negação-fundamento não é mais um *dado* do que a falta de que é um momento essencial: é como tendo de ser (...) E somente como falta a *suprimir* que a falta pode ser falta interna para o para-si...".[3] É na globalização do mesmo movimento que o nada se cava e se enche. Uma filosofia que pensa verdadeiramente a negação, isto é, que a pensa como o-que-não--é-totalmente, é também uma filosofia do Ser.[*] Estamos pois além do monismo e do dualismo porque o dualismo foi levado tão longe que os opostos, não mais competindo, estão em repouso um contra o outro, coextensivos um ao outro. Já que o nada é o que não é, "... o conhecimento se resolve no ser: não é nem atributo, nem função, nem acidente do ser, mas *não há senão* o ser (...), podemos até mesmo, no fim deste livro, considerar essa articulação do Para-si em relação ao Em-si como o esboço perpetuamente móvel de uma quase-totalidade que poderemos chamar de *Ser*. Do ponto de vista dessa totalidade, o aparecimento do Para-si não é apenas o acontecimento absoluto para o Para--si, é também *alguma coisa que ocorre ao Em-si*, a única aventura possível do Em-si: tudo se passa, com efeito, como se o Para-si, por sua própria nadificação, se constituísse como "consciência de...", isto é, por sua própria transcendência, escapasse a esta lei do Em-si na qual a afirmação é engrossada pelo afirmado. O Para--si, por sua negação de si, torna-se afirmação do Em-si. A afir-

---

3. *L'Être et le Néant*, p. 248-9.
* *À margem*: o destino do nada e do ser são o mesmo, se se pensar bem o nada.

mação intencional é como o inverso da negação interna (...). Mas então, na quase totalidade do Ser, a afirmação *acontece* para o Em-si, é aventura do Em-si *ser afirmado*. Não podendo ser efetuada como afirmação *de* si pelo Em-si sem ser destrutora do seu ser-em-si, no que respeita ao Em-si, esta afirmação se realiza pelo Para-si; é como um *ek-stase* passivo do Em-si que a deixa inalterada e que, contudo, se efetua nele e a partir dele. Tudo se passa como se houvesse uma Paixão do Para-si, perdendo-se a si mesmo a fim de que a afirmação "mundo" aconteça ao Em-si".[4] Do ponto de vista de uma filosofia da negatividade absoluta – que ao mesmo tempo é filosofia da positividade absoluta – todos os problemas da filosofia clássica se volatilizam, pois eram apenas problemas de "mistura" ou "união" e mistura e união são impossíveis entre o que é e o que não é, mas pela mesma razão que torna a mistura impossível, um não poderia ser pensado sem o outro. Desaparece, assim, a antinomia do idealismo e do realismo: concomitantemente, é verdade que o "conhecimento" como nadificação apenas se mantém pelas próprias coisas nas quais se funda, que não poderia afetar o ser, que não lhe "acrescenta nada" e não lhe "retira nada"[5], que é "prurido de nada" ero sua superfície[6] – e, ao mesmo tempo, ainda como nadificação, e enquanto o nada é absolutamente desconhecido do ser, dá-lhe essa determinação negativa mas original de ser "O Ser *tal como é*", o ser reconhecido ou asseverado, o único ser que *tem um sentido*: "... este ser que "me cerca" de todos os lados e de que *nada* me separa, é precisamente *nada* que me separa dele porque ele é nada, é intransponível (...); o Para-si é, ao mesmo tempo, presença imediata ao ser e, ao mesmo tempo, filtra-se como uma distância infinita entre ele mesmo e o ser"[7]. Do mesmo modo, é ao mesmo tempo verdadeiro que as coisas são para sempre distintas de todo "objeto de pensamento" ou de todo "estado de consciência", transcendentes, e que a consciência que as conhece se define por sua presença perante si própria, por sua imanência, pela identidade, rigorosa em si, do aparecer e do ser: a consciência é imanência porque é nadificação, vazio, transparência; e está aberta a coisas transcendentes porque esse vazio por si não seria *nada*, porquanto a consciência existente está sempre repleta de qualidades, enredada no ser que ela nadifica e sobre o qual não tem, por assim dizer, qualquer poder motor, sendo de outra ordem. A apreensão

4. *L'Être et le Néant*, p. 268-9.
5. Idem, p. 232.
6. Idem, p. 268.
7. Idem, p. 269-270.

de mim por mim é coextensiva à minha vida como sua possibilidade de princípio, ou, mais exatamente, essa possibilidade sou eu, eu sou essa possibilidade e, por ela, todas as outras; é, entretanto, uma possibilidade de nadificação, deixa intacta a atualidade absoluta de meu ser encarnado como a de todo ser, a opacidade de minha vida, enquanto não me aplico a ela por reflexão; o *cogito* como experiência de meu ser é *cogito* pré-reflexionante, não o põe como objeto diante de mim; por posição e antes de toda reflexão atinjo-me através da minha situação, é a partir dela que sou remetido a mim, ignoro-me como nada, só acredito nas coisas. Precisamente porque, no que sou de mais próprio, não sou nada, nunca nada me separa de mim mesmo, mas também não me assinala a mim mesmo e existo em *ek-stase* nas coisas. Se o negativo é reconhecido por aquilo que é[8], se praticamos, em relação a ele, a nega-intuição, não se tem que escolher entre o irrefletido e a reflexão, entre a fé perceptiva e a imanência de meus pensamentos em relação a mim mesmo que penso: é a mesma coisa não ser nada e habitar o mundo; entre o saber de si e o saber do mundo não há mais debate de prioridade, ainda que ideal; em particular, o mundo não está mais *fundado sobre* o "eu penso", como o que está ligado sobre o que liga; o que "sou", sou-o apenas à distância, ali, nesse corpo, nesse personagem, nesses pensamentos que empurro diante de mim e que são apenas os meus longes menos afastados; e, inversamente, este mundo que não sou eu, e ao qual me apego tão intensamente como a mim mesmo, não passa, em certo sentido, do prolongamento de meu corpo[9]; tenho razões para dizer que eu sou o mundo. O idealismo e a cãibra reflexionaste desaparecem porque a relação de conhecimento se apoia sobre uma "relação de ser", porque, para mim, ser não significa permanecer na identidade, mas levar diante de mim o identificável, *o que há*, a que nada acrescento a não ser o ínfimo redobramento "tal como é" – e, no entanto, essa passagem do ser bruto ao ser asseverado ou à sua verdade é exigida do fundo do ser exterior por sua própria qualidade de exterior, ao mesmo tempo que a negação radical que eu sou pede para negar-se a si própria.

Se ora considerarmos esta outra certeza da fé perceptiva de ter acesso ao próprio mundo que os outros percebem, eis como

---

8. Seria preciso dizer: por aquilo que é.

9. Como dizia Bergson nas *Duas Fontes*: o meu corpo vai até as estrelas. (*Les Deux Sources de la Morale et de la Religion*. Paris, Atcan, 1932, p. 277.) "Porque se o nosso corpo é a matéria à qual a nossa consciência se aplica, ele é coextensivo à nossa consciência. Compreende tudo o que nós percebemos, vai até as estrelas."

se traduz numa filosofia verdadeiramente negativista. O que vejo não é meu no sentido de um mundo privado. A mesa é, de agora em diante, a mesa; até mesmo as visões perspectivas que tenho, e que estão ligadas à posição de meu corpo, fazem parte do ser e não de mim mesmo; até os aspectos da mesa, que estão ligados à minha constituição psicofísica – sua cor singular, se sou daltônico e a mesa pintada de vermelho –, fazem ainda parte do sistema do mundo. O que é meu, em minha percepção, são suas lacunas, e não seriam lacunas se a própria coisa, atrás delas, não as designasse como tais, de sorte que finalmente só resta, para constituir a face "subjetiva" da percepção, o desdobramento secundário da coisa, que se exprime dizendo que a vemos *tal como é*. Seja agora outro homem, diante de mim, que "olha" o que chamo "a mesa". Entre a mesa pertencente a meu campo, que não é um de meus pensamentos mas ela própria, e este corpo, este olhar, trava-se uma ligação que não é nenhuma das relações fornecidas pela análise solipsista: o olhar do outro homem sobre a coisa não é nem uma negação que se conduz a si mesma e se abre sobre a própria coisa, nem a coisa na noite da identidade, instalando-se em plena luz através do espaço que lhe trago, ou sua plenitude descomprimindo-se graças ao vazio que disponho em redor. Pois o olhar do outro sobre ela não é um nada para mim, testemunho exterior; seja o que for, em última instância, ele nada é como nada sou eu para mim mesmo; não tem esse poder que possuo de conduzir as coisas até sua verdade ou seu sentido, e de apreendê-las "tais como são". A percepção que os outros têm do mundo me deixa sempre a impressão de uma palpação cega, surpreendendo-nos inteiramente quando dizem algo que se coaduna com a nossa, como maravilhados ficamos quando uma criança começa a "compreender"... Correlativamente, as coisas no término do olhar do outro não o chamam como confirmação de seu ser, como o que lhes faz coisas verdadeiras ou asseveradas. São sempre as *minhas* coisas que os outros olham e o contato que têm com elas não os incorpora a um mundo que seja deles. A percepção do mundo pelos outros não pode entrar em competição com aquela que tenho eu próprio: meu caso não se assimila ao dos outros, vivo minha percepção por dentro e, do interior, ela possui um poder incomparável de ontogênese. Este mesmo poder que tenho de ter acesso à coisa e, portanto, de ultrapassar meus estados de consciência privados, em virtude de pertencer à percepção vivida do interior, isto é, à minha percepção, conduz-me a um solipsismo (transcendental, desta feita), no momento mesmo em que acreditava ter-me libertado dele. Esse poder de ontogênese torna-se minha especialidade e minha diferença. Nisso mesmo, porém, a intervenção do espectador estranho não deixa intacta minha relação com as coisas. Insinuando no mundo "tal como ele é" o subuniverso de um comportamento ou de uma vida privada, põe à prova meu devotamento ao ser, põe em causa o direito que eu me arrogava de pensá-lo por todos, toma ao pé da letra minha generosidade, intima-me a fim de que cumpra as promessas que fiz quando admiti que eu não era *nada* e que era ultrapassado pelo ser. O olhar dos outros homens sobre as coisas é o ser que reclama o que lhe é devido e que me incita a admitir que minha relação com ele passa por eles. Permaneço a única testemunha da ontogênese, os outros nada podem acrescentar à evidência do ser para mim. Já sabia, antes da intervenção deles, que o ser nada deve aos meus estados de consciência, mas o nada que sou e o ser que vejo formavam, assim mesmo, uma esfera fechada. O olhar de outro sobre as coisas é uma segunda abertura. Nesta abertura que sou, ele é um ponto de interrogação com relação à esfera *solipsista*, é a possibilidade de uma distância entre o nada que sou e o ser. Permaneço o único *ipse*, o outro, enquanto não me fala, permanece um habitante de meu mundo, mas me lembra imperiosamente que o *ipse* é um nada, que este anônimo não monta o espetáculo para si mesmo, que o monta para um X, para todos aqueles que presuntivamente quisessem tomar parte nele. Uma única condição é imposta para sua entrada em cena: que possam apresentar-se a mim como outros focos de negatividade. É verdade que não se vê como poderiam eles cumpri-la, estando diante de mim, do lado do ser. Mas se não se vê bem como poderiam aparecer no mundo, se o privilégio de minha perspectiva parece absoluto e minha percepção indeclinável, tal privilégio só o adquiro a título provisório: não é o de uma série "subjetiva" reservada para mim, faço de alguma forma tudo o que de mim dependa para que o mundo vivido por mim seja acessível a outros, já que apenas me distingo como um nada que não lhe tira nada, ponho no jogo do mundo meu corpo, minhas representações, meus próprios pensamentos enquanto meus e tudo o que se chama eu só é, em princípio, oferecido ao olhar estrangeiro, se este quiser aparecer.

Aparecerá? Ele não pode aparecer nas coisas. Seja qual for a opinião comum, não é em seus corpos nem em parte alguma que vejo os outros. Não é de um ponto do espaço que parte o olhar do outro. O outro nasce *a meu lado*, por uma espécie de broto ou de desdobramento, como o primeiro outro, diz o Gênese, foi feito de um pedaço do corpo de Adão. Mas como conceber o que é nada desdobrando-se? Como discernir um "nada" de outrem? A questão mostra apenas que, no meio do caminho, esquecemos nosso princípio, esquecendo que o nada não é, sendo por nega-intuição que o apreendemos, como o inverso do ser. Se pode haver vários seres, haverá outros tantos nadas. A questão não é saber como discernir um nada de outro, pois dizer que não sou nada no sentido da identidade é dizer que sou em sentido ativo meu corpo e minha situação; e, reposta nos seus verdadeiros termos, a questão é de saber se pode haver mais do que um corpo e mais do que uma situação. Posta, porém, nesses termos, logo recebe sua solução: nunca, por certo, encontrarei em *minha* situação a prova de que existem atualmente outras (com seus titulares que também eles fazem o ser ser, e o mesmo ser que eu), mas se minha situação provasse isso, provaria mais do que é preciso, porquanto a existência de outrem resultaria da minha. Tudo o que se pode pedir é que minha situação – esta região do ser menos afastada de meu nada constitutivo – não seja para mim um objeto entre todos os que sobrevoo com o olhar, que haja, como dizia Descartes, um certo direito particular pelo qual a chamo minha, que seja uma região do ser que assumo em primeiro lugar, por meio da qual assumo todo o resto, que tenha com ela certo laço particular, que restrinja a universalidade de meu olhar, de tal sorte que minha visão do ser não seja coextensiva ao ser e que, além do que vejo, o lugar esteja marcado para que os outros vejam se chegam a ser. Ora, isso está incluído na própria noção de situação e na nega-intuição do nada: se não sou nada e se, para vir ao mundo, apoio-me particularmente numa parte do ser, como esta não deixa por isso de estar *fora* e de obedecer às ações que atravessam o mundo, como não estou informado de todas essas ações, coisas há com cujas consequências terei de arcar como fatos brutos: minha situação é opaca para meus próprios olhos, apresenta aspectos que me escapam e sobre os quais um olhar exterior, se fosse possível, lançaria mais luz. O que sou no todo ultrapassa o que sou para mim mesmo, minha universalidade de nada é apenas, de minha parte, presunção, e já que só é operante por meio de minha situação, um olhar exterior que a envolvesse seria, ele também, por ela envolvido. Se chego a pensar completamente o não-ser de meu não-ser, conviria que para *ser* verdadeiramente não-ser, este renuncie em proveito do que sou totalmente ou de fato. Desse momento em diante, tudo está pronto, não para uma experiência do outro, que vimos não ser possível positivamente, não para a demonstração do outro, que iria contra seu objetivo, tornando-o necessário a partir de mim, mas para uma experiência de minha passividade no interior do ser, não que possa sozinho fechar-se sobre meu nada, mas porque engloba pelo menos todos os atributos com os quais de fato meu nada se adorna. Visto que me identifico inevitavelmente com esses atributos, pelo simples fato de que são minha situação, visto que o ser é e o nada não é, nessa medida estou exposto e ameaçado. Que essa possibilidade se realiza, atesta-o, com efeito, a experiência da vergonha ou da minha redução ao que há de visível em minha situação. Não há experiência positiva de outrem, há, porém, uma experiência de meu ser total como comprometido na parte visível de mim mesmo. Diante da reflexão não podíamos, os outros e eu mesmo, ter em comum um mundo que fosse numericamente o mesmo, podíamos apenas reunir-nos na significação comum de nossos pensamentos e na indivisão da idealidade. Se, pelo contrário, seguirmos até o fim as consequências da nega-intuição, compreenderemos como nosso ser transcendental e nosso ser empírico são verso e anverso um do outro, como, por esse meio, somos visíveis, mas não somos causa adequada de tudo o que somos, que o mundo não é somente o termo de nossa ontogênese privada, mas o que já nos possui enquanto o percorremos com o olhar que, à sua maneira, faz parte dele. Não *sei* os outros no sentido forte em que me *sei*, não posso, portanto, vangloriar-me de participar com eles de um pensamento do mundo que seria idealmente o mesmo; minha percepção do mundo, todavia, sente-se "fora", sinto na superfície de meu ser visível que minha volubilidade se amortece, que me transformo em carne e que no fim dessa inércia, que era eu mesmo, há outra coisa, ou antes, um outro que não é uma coisa. Não reside, portanto, em alguma parte, está por todo lado à minha volta, com a ubiquidade dos seres oníricos ou míticos: pois não é inteiramente *ipse* – somente eu o sou –, no entanto, também não está preso no tecido do que chamo o ser, ele o engloba, é um olhar vindo de parte alguma e que entretanto me envolve, a mim e à minha potência de ontogênese, de todos os lados. Sabia eu muito bem que não era *nada*, e que este nada se conduzia em proveito do ser. Restava-me aprender com o outro que este sacrifício não basta para igualar a plenitude do ser, que minha negação fundamental não é completa enquanto não for, ela mesma, negada de fora e situada, por um olhar estranho, no número dos seres... Ao mesmo tempo, porém, como não há graus no nada, a intervenção do outro nada me pode ensinar a respeito de meu nada, de que eu fosse absolutamente ignorante. O ser solipsista já é em si o outro absoluto que se torna Para-si com a aparição de outrem. Já tenho na noite do Em-si tudo o que é preciso para fabricar o mundo privado do outro como um além inacessível para mim. A experiência do olhar do outro sobre mim nada mais faz do que prolongar a minha convicção íntima de não ser nada, de viver apenas como parasita do mundo, habitando um corpo e uma situação. No fim, portanto, uma filosofia rigorosa de nega-intuição explica os mundos privados sem fechar-nos neles: não há propriamente intermundo, cada um habita apenas o seu, vê unicamente segundo seu ponto de vista e entra no ser apenas por meio da sua situação; mas porque não é nada e sua relação com sua situação e seu corpo é uma relação de ser, sua situação, seu corpo, seus pensamentos não interpõem uma tela entre ele e o mundo; são, ao contrário, o veículo de uma relação com o ser, na qual terceiros podem intervir. Seu lugar está marcado de antemão nas lacunas de meu mundo privado, que bem sei serem lacunas, porquanto o "nada" que sou teria precisão, para realizar-se inteiramente, da totalidade do ser e, com toda a evidência, minha situação, meu corpo, meus pensamentos são apenas uma de suas partes. Enquanto uma filosofia da consciência ou da reflexão só pode justificar a fé perceptiva na unicidade do mundo reduzindo-a à consciência da identidade do mundo e fazendo da ilusão uma simples privação, uma filosofia da negatividade ratifica inteiramente a pretensão da fé perceptiva de abrir-nos um mundo numericamente uno, comum a todos, através de perspectivas que são nossas, porque o *solus ipse* como negação fundamental está, de antemão, aberto a um segundo-mundo (*arrière-monde*), que ultrapassa todas as suas perspectivas, porque o "monstro incomparável" está profundamente convencido de que suas visões são inadequadas ao todo, sempre pronto, se encontra alguém, a fundar uma família, convencido de que há movimento para ir além de si. Para a filosofia reflexionante é uma dificuldade inextricável compreender como uma consciência constituinte pode pôr outra que seja sua igual e, em consequência, também constituinte – dado que, imediatamente, é preciso que a primeira passe a constituída. A dificuldade reside em que uma e outra são concebidas como atos centrífugos, sínteses espirituais, e não se vê como poderiam refluir em direção à sua origem. Ao contrário, para uma filosofia do negativo, a própria definição do *ipse* significa aderir a uma situação de fato ou mantê-la como vínculo com o ser. O exterior ao mesmo tempo confirma-o na sua particularidade, torna-o visível como ser parcial para o olhar dos outros, e, ao mesmo tempo, vincula-o ao todo do Ser. O que era tropeço para a filosofia reflexionante torna-se, do ponto de vista da negatividade, o princípio de uma solução. Na verdade, tudo se reduz a pensar com rigor o negativo.

O pensamento do negativo satisfaz, enfim, a terceira exigência da fé perceptiva que mencionávamos no começo. Dizíamos que, antes de toda filosofia, a fé perceptiva estava convencida de lidar com uma totalidade confusa, onde todas as coisas estão juntas, os corpos e os espíritos, e que ela chama de *mundo*. Aqui a reflexão só chega ao rigor destruindo aquilo de que temos experiência: substitui a confusão do mundo por um conjunto de consciências paralelas, cada uma cumprindo sua lei, vendo se foi regulada pelo mesmo relojoeiro que as outras, ou cada uma observando as leis de um pensamento universal imanente a todas. Do ponto de vista de uma filosofia negativista, o sincronismo das consciências é dado por sua comum pertencença a um Ser de que nenhuma possui a cifra e cuja lei é observada por todas: ou melhor, não mais dizemos que há sincronização: cada um se experimenta misturado com os outros, há um terreno de encontro que é o próprio Ser enquanto cada um de nós lhe é inerente por sua situação. "Não há senão o Ser": cada um se experimenta votado a um corpo, a uma situação, e através deles ao ser, e o que sabe de si mesmo passa inteiramente pelo outro no instante preciso em que experimenta seu poder de medusa. Cada um, pois, se sabe e sabe os outros *inscritos* no mundo; o que sente, o que vive, o que os outros sentem e vivem, até mesmo seus sonhos ou os sonhos deles, suas ilusões e as deles não são ilhotas, fragmentos isolados do ser: tudo isso, pela exigência fundamental de nossos nadas constitutivos, é *ser*, tem consistência, ordem, sentido, e há meio de compreendê-lo. Quando até mesmo o que vivo no presente se revelasse ilusório, a crítica de minha ilusão não a rejeitaria simplesmente fora do mundo, mas, ao contrário, mostraria seu lugar, sua relativa legitimidade, sua *verdade*. Se o nada se destina ao Ser, minha presença como nada é uma exigência de totalidade, de coesão, postula que em toda a parte se trata do mesmo ser... Tudo o que é parcial há de ser reintegrado, toda negação é, na realidade, determinação, e o ser-si e o ser-outro, e o ser-em-si são fragmentos de um único ser. O negativismo, se for rigoroso, absoluto, é uma espécie de positivismo. O próprio movimento pelo qual um *isto* se pronuncia em minha vida, ou, no mundo, esta vida, nada mais é do que o cúmulo da negação, a negação que se destrói a si própria. Um nada que é verdadeiramente concebido como nada, se, como tal, evita toda contaminação pelo ser, recusando-se a constituir com ele uma totalidade de justaposição – exige ao mesmo tempo ser a totalidade,, sustenta o ser em sua exigência integral e, por uma substituição do para pelo contra, incorpora-se ao ser. Quando ultrapassamos os começos, a distinção radical entre o ser e o nada, a análise, que são abstratas e superficiais, descobrimos no centro das coisas que os opostos são a tal ponto exclusivos que um sem o outro nada mais é do que abstração, que a força do ser se apoia na fraqueza do nada, cúmplice seu, que a obscuridade do Em-si está para a clareza do Para-si em geral, se não mesmo para a da "minha consciência". O célebre problema ontológico, "por que há algo ao invés de nada", desaparece com a alternativa: não há algo *ao invés de nada*, o nada não poderia *tomar o lugar* do algo ou do ser: o nada inexiste (no sentido negativo) e o ser é, e o exato ajustamento de um no outro encerra o assunto. Tudo é obscuro quando não se pensou o negativo, tudo é claro quando pensado como negativo. Pois então o que se chama negação e o que se chama posição aparecem como cúmplices e até mesmo numa espécie de equivalência. Afrontam-se "num tumulto ao silêncio semelhante", o mundo é como essa faixa de espuma no mar, que, vista de avião, parece imóvel e, de repente, porque aumentou de uma tira, compreendemos que, de perto, é marulhar e vida mas também que, vista de muito alto, nunca a amplitude do ser sobrepujará o nada, nem o ruído do mundo, o seu silêncio.

Num sentido, o pensamento do negativo nos traz o que procurávamos, finaliza nossa pesquisa, coloca a filosofia em ponto morto. Dizíamos que ele precisa de um contato com o ser anterior à reflexão, contato que o torne possível. A "nega-intuição" do nada é a atitude filosófica que põe a reflexão e a espontaneidade numa espécie de equivalência. Se compreendo verdadeiramente que o nada não é, que esta é sua maneira própria de ser, compreendo ao mesmo tempo que não se trata de incorporá-lo ao ser, que sempre estará aquém, que, como negatividade, estou sempre atrás de todas as coisas, separado delas por minha qualidade de testemunha, sempre capaz de suspender minha adesão ao mundo para dela fazer um pensamento do mundo – e que, entretanto, esse pensamento do mundo nada é, que, nesta volta a mim mesmo, não descubro um conjunto de premissas de que ele seria a consequência, que, ao contrário, ele é premissa, sendo consequência a consciência que dele tenho, que minhas intenções são, em si mesmas, vazias, que não passam de fuga ao meu vazio junto ao ser, e que esta fuga deve sua direção e seu sentido ao ser, que nossas reconstruções ou reconstituições estão suspensas de uma evidência primeira do mundo que me indica, ele próprio, suas articulações. O que encontro "em mim" é sempre a referência a essa presença originária, e entrar em si é identicamente sair de si. Para quem pensa o negativo em sua pureza não há dois movimentos: o abandono ao mundo e a retomada reflexionante; não há duas atitudes: uma natural, de atenção às coisas, outra filosófica, de atentado à significação das coisas, cada uma pondo como que de reserva a possibilidade de transformar-se na outra; há uma percepção do ser e uma impercepção do nada que são coextensivas uma à outra, identificando-se. Um negativismo absoluto – isto é, que pensa o negativo em sua originalidade – e um positivismo absoluto – isto é, que pensa o ser em sua plenitude e em sua suficiência – são exatamente sinônimos, não há entre eles a menor distância. É a mesma coisa dizer que o nada não é e dizer que há apenas o ser; em outros termos, que não se poderia encontrar o nada entre as coisas que são, como uma dentre elas, e que, *portanto*, é preciso que esteja apoiado nelas, que é, sem mais, o que faz com que elas não sejam cada uma por sua própria conta, que estejam juntas, que sejam um único Ser... A perspectiva dentro da qual o Ser e o Nada são absolutamente opostos e a perspectiva dentro da qual o próprio Ser, dando-se por definição como idêntico a si, contém eminentemente um contato com ele, tomado, rompido e retomado, seu ser-reconhecido, sua negação negada – essas duas perspectivas são apenas uma; enquanto absolutamente opostos, o Ser e o Nada são indiscerníveis. É a inexistência absoluta do Nada que faz com que ele precise do Ser, de modo que somente é visível sob a aparência de "laços de não-ser", de não-seres relativos e localizados, relevos ou lacunas no mundo. É precisamente porque o Ser e o Nada, o sim e o não não podem ser misturados como dois ingredientes que, quando vemos o ser, logo o nada aparece, não na margem, como a zona de não-visão em torno de nosso campo de visão, mas em toda a extensão do que vemos, como aquilo que o instala e o monta como espetáculo diante de nós. O pensamento rigoroso do negativo é invulnerável, porquanto também é pensamento da positividade absoluta, de sorte que já contém tudo o que poderíamos opor-lhe. Não pode ser desrespeitado em suas regras nem apanhado desprevenido.

Mas não é por ser inapreensível? Começa opondo absolutamente o ser e o nada e termina mostrando que o nada é, de algum modo, interior ao ser, sendo este o único universo. Quando devemos acreditar nele? No início ou no fim? Responder-se-á: é a mesma coisa e não há diferença. Uma há, porém, entre o Ser no sentido restrito, pelo qual se começa, que em toda a sua extensão exclui inteiramente o nada e de que o nada precisa para poder ser nomeado, e o Ser no sentido amplo a que se chega, que de algum modo contém o nada, que o chama para tornar-se plenamente ser, para tornar-se o Ser "tal como é". Os dois movimentos, aquele pelo qual o nada chama o ser e aquele pelo qual o ser chama o nada, não se confundem: cruzam-se. Conforme o primeiro, o ser é negação da negação, possui uma infraestrutura de nada, é atributo do conhecimento; conforme o segundo, o nada finalmente é posição reiterada, posição da posição, possui uma infraestrutura de ser e o conhecimento é atributo do ser. Sob o primeiro aspecto, o ser é considerado do ponto de vista do nada. Sob o segundo, o nada do ponto de vista do ser. Ainda que, nos dois casos, desemboquemos numa identificação, no primeiro esta ocorre em proveito do nada, no segundo em proveito do ser, e os dois relacionamentos não são idênticos. Examinemo-los um de cada vez.

Pode-se, primeiramente, pensar a partir do negativo puro. Mostra-se que eu, que me interrogo sobre o ser, não sou nada. Circunscreve-se, por meio desse enunciado, uma antinatureza que sou eu: sou o que não possui natureza, sou um nada. Essa fixação conceitual ou verbal é apenas um primeiro momento da análise, mas é indispensável para conduzir-nos ao seguinte, comandando-o e motivando as próprias conclusões, inteiramente opostas, a que o pensamento do negativo chegará; ela lhes codetermina o sentido, instalando de antemão as conclusões numa ordem de verdade unívoca, onde os opostos podem repelir-se mutuamente, mas não interpenetrar-se. Estabelecendo que o nada não é, que o não-ser é sua maneira de ser, que é globalmente não ser, ela se condena a definir o ser como plenitude e proximidade absolutas, estabelece que o ser é. Já que aquele que interroga sobre o ser é um nada, é preciso que tudo esteja absolutamente fora dele, longe, não sendo possível conceber algo de mais ou de menos nesse afastamento de princípio. Aquele que interroga, tendo sido de uma vez por todas definido como *nada*, instala-se no infinito, daí percebe todas as coisas numa equidistância absoluta: diante do que não é, todas elas, sem qualquer graduação, são ser, são pleno e positivo absolutos. Porque o negativo é fundante, o ser fundado é positividade absoluta. Nem mesmo se pode dizer que haja aqui *inferência*: a nega-intuição do nada já é presença imediata do ser. O poder reconhecido ao filósofo de nomear este nada que ele é, de coincidir com essa fissura no ser já é uma variante do princípio de identidade que define o ser. Pensando a partir do negativo puro, já se decide pensar segundo a identidade, já se está na identidade, pois esse negativo que nada pode limitar em seu gênero, devendo ir ao termo de si mesmo, também será profundamente negação dele mesmo, e se pronunciará sob a forma de um advento do ser puro. Há uma armadilha no pensamento do negativo: se dissermos que é, destruímos sua negatividade, mas se mantivermos estritamente que não é, ainda o elevamos a uma espécie de positividade, conferimos-lhe uma espécie de ser, já que, de lado a lado, e absolutamente, ele é *nada*. O negativo torna-se uma espécie de qualidade, precisamente porque é fixado em seu poder de recusar e eludir. Um pensamento negativista é do mesmo modo um pensamento positivista, e nessa reviravolta permanece o mesmo, no seu propósito de, considerando o vazio do nada ou o pleno absoluto do ser, ignorar em todo caso a espessura, a profundidade, a pluralidade de planos, os segundos-mundos (*arrière-mondes*). Quando chega, a partir do nada, a estabelecer o ser como plenitude e positividade absolutas – mais ainda, a proclamar que não há senão o ser e que o ser, num sentido, chama e inclui o nada – não reintroduz elementos que antes teria metodicamente excluído, não se aproxima do concreto, não segue as articulações do todo, compensa uma abstração por uma contra-abstração. É preciso dar-lhe razão quando afirma que o negativo puro chama o ser puro; longe, porém, de termos assim encontrado, para a filosofia, uma posição onde a consciência de si não prejudica a transcendência da coisa, comprometemos a ambos, acumulamos as dificuldades, já que, muito evidentemente, a negação pura só existe em princípio, o Para-si existente é estorvado por um corpo que não está fora se não estiver dentro, que se interpõe entre si e si próprio – ao passo que o ser puro também é inencontrável, dado que toda coisa pretendida logo se revela aparência, e as imagens alternantes e antagônicas não podem ser compreendidas como imagens de um único ser em virtude da ausência de graduação do ser, de organização em profundidade, e porque esse ser, para ser positivo e pleno, deve ser plano, permanecendo, pois, o *que é*, para além da ambivalência onde estamos confinados. É só na aparência que reconciliamos a consciência imanente e a transcendência do ser por meio de uma analítica do Ser e do Nada: não é o ser que é transcendente, sou eu quem o leva aos extremos do meu alcance, por uma espécie de abnegação; não é o mundo que é espesso, eu é que sou bastante ágil para fazer com que ele esteja lá em baixo. Na verdade, quando se passa aqui do nada ao ser e daí ao *ek-stase* do ser no nada que o reconhece "tal como é", não há progresso nem síntese, não há transformação da antítese inicial;

levamos aos seus limites a análise inicial, que permanece válida ao pé da letra, e que sempre anima a visão integral do Ser. O chamamento do Ser ao nada é, *na verdade*, chamamento do nada ao Ser, autonegação. O nada e o ser são sempre absolutamente outros, é precisamente seu isolamento que os une; não estão verdadeiramente unidos, apenas se sucedem mais depressa diante do pensamento*. Já que o vazio do Para-Si se preenche, já que o homem não está presente imediatamente a tudo, mas muito mais especialmente num corpo, numa situação e, somente através deles, no mundo, admite-se nele mesmo a espessura de um ser irrefletido e aceita-se que a operação reflexionante seja segunda, fala-se de um *cogito pré-reflexivo*, porém a ambivalência da palavra traduz a de um pensamento que pode ou permanecer ele próprio ou negar-se na noite do Em-Si; nunca, contudo, encontrar a inércia em si mesmo: o *cogito* pré-reflexivo é alguma coisa em nós que é mais nós mesmos que o *cogito* e a reflexão que o introduz, ou é um *cogito* que se precede no fundo de nós mesmos, pronunciando-se antes que o tenhamos pronunciado já que somos pensamento? Exclui-se a primeira hipótese se sou um nada; e a segunda me restitui minha inanidade no momento em que se trata de compreender como minha vida pode ser opaca para si própria. O próprio progresso da investigação não pode mudar a ideia que fazemos do Ser e do Nada, só pode desvendar implicações desapercebidas, desde que se pense a partir da significação do ser e do não-senso do nada: ainda que a explicação aparentemente inverta as perspectivas, a inversão não é efetiva, tudo se passa entre essa entidade e essa negatividade e o ser, do qual se diz que sofre uma espécie de assunção no nada, permanece um Em-Si puro, a positividade absoluta; somente sob esse aspecto conhece essa aventura, e este Em-Si puro estava desde o início destinado a ser conhecido, já que tinha aparecido como autonegação do negativo. Não há primeira apreensão da ipseidade e do ser que se transforma ou se ultrapassa, a inversão do para e do contra é outra formulação da antítese inicial que não se detém nela, e que, ao contrário, se renova. O pensamento do negativo puro ou do positivo puro é, pois, um pensamento de sobrevoo, que opera sobre a essência ou a pura negação da essência, sobre termos cuja significação já foi fixada e que mantém em sua posse. Sartre diz bem que *no fim de seu livro* será permitido passar

---

* *À margem e entre parêntesis*: Eu disse alternadamente, que "o nada não é" e o "ser é" são a mesma ideia – e que o nada e o ser não estão unidos. Ligar os dois: não estão unidos, precisamente, porque são a mesma coisa em duas contraditórias = ambivalência.

a um sentido mais amplo do Ser, que contenha o Ser e o nada. Isso, porém, não quer dizer que a oposição inicial foi ultrapassada; essa oposição permanece com todo seu rigor; ela é que justifica sua inversão, que triunfa nessa derrota; a paixão do Para-Si, sacrificando-se para que o ser seja, é ainda negação por si mesmo. Tacitamente se entende que, no livro inteiro, se fala do mesmo nada e do mesmo ser, um único espectador é testemunha do progresso mas não é arrastado pelo movimento, e que, nessa medida, o movimento é ilusório. Um pensamento negativista ou positivista reencontra este postulado da filosofia reflexionante segundo o qual nenhum resultado da reflexão pode retroativamente comprometer quem o opera nem alterar a ideia que fazíamos dele. E não pode ser de outra maneira, se partimos do negativo puro: pois ele nunca admitirá nada nele e, ainda que nos apercebamos que precisa do Ser, somente precisará dele como vizinhança distante que não o altera. Dispô-lo-á em torno de si como puro espetáculo ou como aquilo que ele tem para ser, e o elevará à verdade ou à significação, permanecendo, porém, ele próprio, o nada que era; seu devotamento ao Ser o confirmará como nada.

O pensamento negativista (ou positivista) estabelece entre o nada e o ser uma coesão maciça, ao mesmo tempo rígida e frágil: rígida, porquanto são finalmente indiscerníveis, frágil, porquanto até o fim permanecem opostos absolutos. Como dizem os psicólogos, sua relação é lábil. Isso se verá toda vez que se trate de compreender como o nada recebe o ser nele, e portanto não apenas, como dizíamos há pouco, quando se trata de compreender minha encarnação, mas também quando se trata de compreender como posso assumir a visão que outro tem de mim ou, enfim, nossa comum pertencença ao mundo. É sempre pela pureza negativa do Para-Si que se procura compreender que ele reconheça semelhantes: porque não sou coisa alguma e porque essa inanição, eu tenho assim mesmo que seda, que realizá-la no mundo, retomo por minha conta meu corpo e minha situação, e o olhar do outro que vejo pousar sobre este exterior que sou eu. Não há para mim atividade ou presença de outrem; de minha parte, há a experiência de uma passividade e de uma alienação que reconheço dizerem-me respeito, já que, não sendo nada, tenho que ser minha situação. No final das contas, portanto, a relação permanece entre eu como nada e eu como homem, não trato com os outros, trato no máximo com um não-eu neutro, negação difusa do meu nada. Sou extraído de mim mesmo pelo olhar do outro, mas seu poder sobre mim mede-se exatamente pelo consentimento que dei a meu corpo, à minha situação; ele só possui força alienante porque eu próprio me alieno. Filosoficamente, não há experiência do outro. O encontro do outro não exige, para ser pensado, transformação alguma da ideia que faço de mim mesmo. Atualiza o que já era possível a partir de mim. O que traz é apenas a força do fato: este consentimento em relação ao meu corpo e à minha situação que eu preparava e de que possuía o princípio, mas apenas o princípio, pois uma passividade que nós mesmos estabelecemos não é efetiva – ei-lo de repente realizado. A relação com o outro, diz Sartre, é [evidentemente?] um fato, sem o qual eu não seria eu mesmo e ele não seria outro; o outro existe de fato e só existe para mim como fato. No entanto, assim como "o ser é" *nada acrescenta* a "o nada não é" e que o reconhecimento do Ser como plenitude e positividade absolutas nada muda na nega-intuição do nada, assim também o olhar do outro que de repente me fita não acrescenta ao meu universo qualquer nova dimensão, só me confirma uma inclusão no ser que eu sabia de dentro; aprendo somente que há, em torno de meu universo, um fora em geral, como aprendo, pela percepção, que as coisas que ela ilumina viviam antes dela na noite da identidade. O outro é uma forma empírica de atolamento no Ser... Por certo, esta análise tem sua verdade: na plena medida em que é verdade que não sou nada, o outro só assim pode aparecer-me, como o ultra mundo de onde parte um olhar de que sinto apenas o impacto sobre meu corpo; na plena medida em que sou um pensamento, uma consciência, estou determinado a somente entrar no mundo através dela, e as outras consciências, os outros pensamentos nunca serão mais do que duplos ou irmãos caçulas do meu. Nunca viverei mais do que minha vida e os outros nunca serão mais do que outros eus. Mas esse solipsismo, esse aspecto dos fenômenos, essa estrutura da relação com o outro, é ela o todo e até mesmo o essencial? Ela é apenas uma variante empírica* – a relação ambivalente ou lábil com o outro – onde a análise, contudo, encontraria a forma normal, canônica, submetida, no caso particular, a uma distorção que faz do outro uma obsessão anônima, sem rosto, um outro em geral.

Suponhamos, mesmo, que o outro seja o titular X desse olhar que sinto pousar em mim e que me fita: não avanço um passo na

---

* *A frase precedente, com a qual se articula o início desta está prejudicada por uma correção aparentemente incompleta. A primeira redação, que foi anulada, era*: – mas a questão é saber se o pensamento negativista ou positivista, desvelando este aspecto dos fenômenos, – uma estrutura da relação com o outro, atinge o todo ou mesmo o essencial. Dizemos que ela não pode, por princípio, obter de outrem senão uma variante empírica...

elucidação do fenômeno dizendo que o preparo de dentro, que me expus a esse olhar, eu, nada, ao arcar com meu corpo, com minha situação, com meu exterior e que, no final das contas, o outro é o caso limite de meu atolar-me no Ser. Pois, enquanto sou eu que me insiro no Ser, o inseridor e o inserido guardam suas distâncias. Ao contrário, o olhar do outro – e é nisso que ele me traz algo de novo – envolve-me por inteiro, ser e nada. Isso é o que, na relação com outro, não depende de nenhuma possibilidade interior, o que obriga a dizer que ela é um fato puro. No entanto, se bem que ela faça parte da minha facticidade, embora seja um encontro que não pode deduzir-se a partir do Para-Si, acontece, porém, que para mim ela tem sentido; não é uma catástrofe sem nome que me deixa "medusado", é a entrada em cena de alguém. Não me sinto apenas transido, sou transido por um olhar, e se, por exemplo, fosse um animal que me olhasse, eu sentiria apenas um eco enfraquecido dessa experiência. É preciso, pois, que alguma coisa no olhar do outro o assinale para mim como olhar de outro, sem que o sentido do olhar do outro se esgote na queimadura que deixa no meu corpo olhado por ele. É preciso que alguma coisa me ensine que estou inteiramente enredado, ser e nada, nessa percepção que toma posse de mim e que o outro me perceba alma e corpo. Ao fazer da relação ambivalente a forma canônica da relação com o outro, e colocando no primeiro plano a objetivação que sofro, não se evita, portanto, o reconhecimento de uma percepção positiva da ipseidade por uma ipseidade exterior: a relação ambivalente reporta-se a si como sua condição. Em outros termos, o pensamento do negativo pode bem fundar toda posição sobre uma negação da negação, toda relação centrípeta sobre uma relação centrífuga: chega um momento, quer se trate do ser em geral ou do ser do outro, em que a negação da negação se cristaliza na simplicidade de um *isto*: aí há uma coisa, eis alguém; esses acontecimentos são mais do que a infraestrutura do Para-Si; doravante, o poder de negação do Para-Si deriva de sua soberana positividade, meu conhecimento nada mais faz do que sancionar o que o ser já era nele mesmo, do que encontrá-lo "tal como é" e, do mesmo modo, ao invés de minha vergonha constituir todo o sentido da existência do outro, a existência do outro é a verdade da minha vergonha. Enfim, se considerarmos minha relação não apenas com o Ser solipsista e com o outro, mas também com o Ser enquanto visado por todos nós, enquanto abocanhado pelos outros que se entrepercebem e percebem o mesmo mundo – e o mesmo que também eu percebo –, ainda outra vez o pensamento negativista se encontra diante da alternativa: ou permanecer fiel à definição de mim como nada e do Ser como positividade pura – neste caso, não temos diante de nós um mundo como todo da natureza, da humanidade e da história, incluindo eu; as negações são apenas um prurido na superfície do ser, o núcleo duro do ser só é encontrado depois de apagar-se dele todo o possível, todo o passado, todo movimento, todos os atributos imaginários ou ilusórios que são meus e não dele. Se não pretendermos recalcar o ser até esse limite da positividade pura, onde não há nada, e vincular ao Para-Si o que constitui todo o conteúdo de nossa experiência, então é preciso, segundo o próprio movimento da negatividade quando vai até o fim de sua própria negação, incorporar ao ser certo número de atributos negativos, as transições, o devir e o possível. Como sempre, o mesmo pensamento negativista oscila entre essas duas imagens sem poder nem sacrificar uma delas nem uni-las, ele é a própria ambivalência, isto é, a contradição absoluta e a identidade do ser e do nada, é o pensamento "ventríloquo" de que fala Platão, o que afirma ou nega sempre em hipótese, o que nega ou afirma em tese, aquele que desmente, como pensamento de sobrevoo, a inerência do ser ao nada e do nada ao ser.

Uma filosofia reflexionante, a menos que se ignore a si própria, é levada a interrogar-se sobre o que a precede, sobre nosso contato com o ser em nós e fora de nós, antes de toda reflexão. No entanto, ela, por princípio, só o pode conceber como reflexão antes da reflexão, porque se desenvolve sob o domínio de conceitos tais como "sujeito", "consciência", "consciência de si", "espírito", todos eles conceitos que envolvem, ainda que sob uma forma refinada, a ideia de uma *res cogitans*, de um ser positivo do pensamento, de onde resulta a imanência ao irrefletido dos resultados da reflexão. Nós nos perguntamos, pois, se uma filosofia do negativo não nos restituiria o ser bruto do irrefletido sem comprometer nosso poder de reflexão: uma subjetividade que não é nada está, ao mesmo tempo, em presença imediata do ser ou em contato com o mundo, e tão perto de si quanto se queira, porquanto nenhuma opacidade nela poderia separá-la dela mesma. No entanto, esta análise do ser e do nada causa constrangimento. Por princípio, ela os opõe absolutamente, define-os como excluindo-se um ao outro, mas se são opostos absolutos não se definem por nada que lhes seja próprio; desde que um seja negado o outro surge, cada um deles nada mais é do que a exclusão do outro e nada impede, em suma, que troquem seus papéis: só permanece o corte entre eles; ambos, por mais alternados que sejam, compõem juntos um único universo de pensamento, já que cada um deles nada mais é do que o recuo diante do outro. Para pensar o ser total – o que é totalmente e portanto também aquilo a que nada falta, o que é todo o ser – é preciso existir fora dele uma margem de não-ser, mas essa margem, excluída do todo, impede-o de ser todo; a verdadeira totalidade deveria também contê-la – o que é inteiramente impossível, já que é uma margem de não-ser. Assim, se o ser e o nada são absolutamente opostos, fundem-se juntamente numa espécie de Super-ser, mítico, porque a força que o exige é a absoluta repulsão deles. Tal é o círculo que percorremos e que conduz da oposição absoluta a uma identidade que é apenas outra figura da oposição – quer sejam pensados em sua oposição entre o que é e o que não é, quer, ao contrário, sejam identificados, fazendo-se do ser seja um desdobramento da negação seja, inversamente, uma positividade tão perfeita que encerra eminentemente o reconhecimento que lhe traz o nada; de uma dessas relações à outra não há progresso, transformação, ordem irreversível; o que nos conduz de uma a outra não é o movimento do que é pensado, são as deslocações de nossa atenção ou a escolha que fazemos deste ou daquele ponto de partida. Mas esta censura por ambivalência não tem força contra uma analítica do Ser e do Nada, que é uma descrição segundo as estruturas fundamentais de nosso contato com o ser: se, verdadeiramente, esse contato é ambivalente, cabe a nós acomodarmo-nos a ele, dificuldades lógicas nada podem contra essa descrição. Na realidade, a definição do ser como aquilo que é sob todos os aspectos e sem restrição, e a do nada como o que não é sob aspecto algum, essa apropriação pelo pensamento de um ser imediato e de um nada imediato, essa intuição e essa nega-intuição formam o retrato abstrato de uma experiência, e é no terreno da experiência que é preciso discuti-las. Exprimem corretamente nosso contato com o ser. Exprimi-lo-ão inteiramente? Exprimem, por certo, a experiência de minha visão: a visão é panorama; pelo buraco dos olhos e do fundo de meu reduto invisível domino o mundo e o encontro lá onde ele está. Há uma espécie de loucura da visão que faz com que, ao mesmo tempo, eu caminhe por ela em direção ao próprio mundo e, entretanto, com toda a evidência, as partes desse mundo não coexistam sem mim: a mesa, em si, nada tem a ver com o leito que está a um metro dela – o mundo é visão do mundo e não poderia ser outra coisa. O ser é contornado em toda a sua extensão por uma visão do ser que não é um ser, que é um não-ser. Para quem coincide verdadeiramente com o olhar e se instala verdadeiramente na posição de vidente, isso é incontestável. Mas estará aí toda a verdade, e podemos, pois, formulá-la dizendo que há o Em-Si como posição e que o Para-Si inexiste como negação? Essa fórmula é evidentemente abstrata: tomá-la ao pé da letra tornaria impossível a experiência da visão, pois se o ser é todo em si, somente é na noite da identidade, e meu olhar que o tira dela o destrói como ser; se o Para-Si é pura negação, não é nem mesmo Para-Si, ignora-se na ausência de algo que *haja* nele para ser sabido. Não tenho nunca o ser como é, tenho-o apenas interiorizado, reduzido a seu sentido de espetá-culo. E, além de tudo, não tenho mais o nada, que está inteira-mente votado ao ser, e que, na verdade, sempre lhe falha: mas este malogro repetido não devolve a pureza ao não-ser. O que tenho, pois? Tenho um nada preenchido pelo ser, um ser esvaziado pelo nada, e se isso não implica na destruição de cada um dos termos pelo outro, de mim pelo mundo e do mundo por mim, é preciso que o aniquilamento do ser e o lento atolamento do nada nele não sejam relações exteriores e duas operações distintas. É o que tentamos obter pensando a visão como *nadificação*. Assim com-preendida, faz com que o próprio Em-Si passe à condição de mundo visto, e também o Para-Si à condição de Para-Si atolado no ser, situado, encarnado. Como nada operante, minha visão é, ao mesmo tempo, presença de ubiquidade no mundo, já que é sem inércia e sem opacidade* e irremediavelmente distinta do que vê, de que está separada pelo próprio vazio que lhe permite ser visão.** Ora, reencontramos aqui, na análise da experiência, o que havíamos constatado acima, na dialética do ser e do nada: se verdadeiramente ficamos na sua oposição – se ver é não ser e se o que é visto é o ser –, compreende-se que a visão seja presen-ça imediata no mundo, não se vê, porém, como o nada que sou poderia, ao mesmo tempo, separar-me do ser. Se o consegue, se o ser é transcendente à visão, é então que deixamos de pensá-la como puro não-ser e, aliás, de pensar o ser como puro Em-Si. Ou a analítica do ser e do nada é um idealismo e não nos dá o ser bruto ou pré-reflexivo que procuramos, ou, se é outra coisa, é

---

* *À margem:* a camada do ser-para-mim do mundo revela: 1° uma PROFUN-DIDADE do ser em si, 2° uma OPACIDADE do ser para si.

** *Estas linhas inseridas aqui, no curso mesmo do texto:*

1° Dizer: estou separado do ser por um regalo de não ser, é verdadeiro. Mas esse regalo de não-ser não é o EU: a visão não é conhecimento, o eu da visão não é *nada*.

2° O "núcleo de ser" duro de que Sartre fala. Não há núcleo com, em torno do [não?] que seria eu (negações, brilho na superfície do ser). O ser é transcendente, quer dizer justamente: é aparências cristalizando-se, é pleno e VAZIO, é GESTALT com horizonte, é duplicidade dos planos, ele é, ele mesmo, VERBORGENHEIT – é ele quem se percebe, como é ele quem em mim fala.

porque ultrapassa e transforma as definições iniciais: então não sou mais o negativo puro, ver não é mais simplesmente nadificar; entre o que vejo e eu que vejo, a relação não é de contradição, imediata ou frontal, as coisas chamam meu olhar, meu olhar acaricia as coisas, sente seus contornos e seus relevos, entre ele e elas vislumbramos uma cumplicidade. Quanto ao ser, não o posso mais definir como núcleo duro de positividade sob as propriedades negativas que proviriam de minha visão: nada resta mais a ver se retirarmos todas e nada me permite colocá-las à conta do Para-Si, que, aliás, também está "atolado" no Ser. As negações, as deformações perspectivas, as possibilidades que eu aprendera a considerar como denominações extrínsecas, cabe-me agora reintegrá-las no Ser, que, portanto, se escalona em profundidade, oculta-se ao mesmo tempo que se desvenda, é abismo e não plenitude. A analítica do Ser e do Nada estendia sobre as próprias coisas uma película impalpável: o *ser para mim* delas que as deixava ver em si mesmas. Ora, enquanto de meu lado aparecia a camada do ser corporal em que minha visão atola, do lado das coisas o que se vê é uma abundância de perspectivas diferentes de nada e que me obrigam a dizer que a própria coisa está sempre mais longe. A visão não é a relação imediata do Para-Si com o Em-Si; somos convidados a redefinir tanto aquele que vê quanto o mundo visto. A analítica do Ser e do Nada é aquele que vê esquecendo-se de que possui um corpo e de que aquilo que vê está sempre sob o que vê, tentando forçar a passagem em direção ao ser puro e ao nada puro, na medida em que se instala na visão pura, que se faz visionário, mas que é remetido à sua opacidade de vidente e à profundidade do ser. Se lograrmos descrever o acesso às próprias coisas, isso acontecerá unicamente através dessa opacidade e dessa profundidade que nunca param: não há coisa plenamente observável, inspeção da coisa sem lacuna e total; não esperamos observar a coisa para dizer que está aí; ao contrário, é seu aspecto de coisa que nos convence desde logo sobre a possibilidade de observá-la. No grânulo do sensível, encontramos a segurança de uma série de desdobramentos que não constituem a ecceidade da coisa mas que dela derivam. Reciprocamente, o imaginário não é um inobservável absoluto: encontra no corpo análogos de si mesmo que o encarnam. Esta distinção, como as outras, deve ser retomada e não se reduz à do pleno e do vazio.

Para uma filosofia que se instala na visão pura, no sobrevoo do panorama, não pode haver encontro com o outro: pois o olhar domina e não pode dominar a não ser coisas, se cai sobre homens, transforma-os em manequins movidos unicamente por molas.

Do alto das torres de Notre-Dame não posso, quando quiser, sentir-me em pé de igualdade com aqueles que, encerrados nestes muros, prosseguem minuciosamente tarefas incompreensíveis. Os lugares altos atraem os que querem lançar sobre o mundo o olhar da águia. Somente de perto a visão deixa de ser solipsista, quando o outro volta contra mim o facho luminoso em que eu o havia captado, precisa essa vinculação corporal que eu pressentia nos movimentos ágeis de seus olhos, amplia desmesuradamente este ponto cego que eu adivinhava no centro da minha visão soberana e, invadindo meu campo por todas as suas fronteiras, lança-me na prisão que eu preparara para ele, tornando-me, enquanto ali permanece, incapaz de solidão. Em todo caso, no solipsismo tal qual na alienação, como encontraríamos um espírito, um invisível, no termo de nosso olhar? Ou se o outro também for visão pura, como veríamos sua visão? Seria preciso ser ele. O outro só pode introduzir-se no universo de quem vê por arrombamento, como dor e catástrofe, surgirá não diante dele, no espetáculo, mas lateralmente, como questionar radical. Já que não é mais do que visão pura, quem vê não pode encontrar um outro que seria coisa vista; só sai de si por meio de um retorno da visão sobre ele, só encontra o outro como seu próprio ser visto. Não há percepção de outrem por mim; bruscamente, minha ubiquidade de vidente é desmentida, sinto-me visto e o outro é aquele X lá que me é preciso pensar para explicar o corpo visível que, de repente, me sinto tendo. Aparentemente, essa maneira de introduzir o outro como incógnita é a única que considera sua alteridade e a explica. Se há um outro, por definição não posso instalar-me nele, coincidir com ele, viver sua própria vida: vivo somente a minha. Se há um outro, ele nunca é para meus olhos um Para-Si, no sentido preciso e dado em que o sou para mim mesmo. Ainda que nossas relações me levem a concordar ou até a experimentar que "também ele" pensa, que "também ele" possui uma paisagem privada, não sou esse pensamento como sou o meu, não tenho essa paisagem privada como tenho a minha, o que digo a respeito é sempre derivado do que sei de mim por mim mesmo: admito que *se habitasse* esse corpo teria outra solidão comparável à que tenho e sempre defasada perspectivamente em relação a ela. Mas se o "se habitasse" não é uma hipótese, é uma ficção ou um mito. A vida do outro, tal como ele a vive, não é para mim que falo uma experiência eventual ou possível: é uma experiência proibida, um impossível e deve ser assim se verdadeiramente o outro é outro. Se verdadeiramente o outro é outro, isto é, um Para-Si no sentido forte em que sou para mim, *é pre-*

ciso que não o seja nunca para meus olhos, é preciso que esse outro Para-Si não caia nunca sob meus olhos, é preciso que não haja percepção do outro, que o outro seja minha negação ou minha destruição. Toda outra interpretação, sob o pretexto de nos colocar, ele e eu, no mesmo universo de pensamento, arruína a alteridade do outro, marcando, portanto, o triunfo de um solipismo disfarçado. Reciprocamente, é tornando o outro não apenas inacessível mas invisível para mim que garanto sua alteridade e que saio do solipsismo. No entanto, não atingimos o termo de nosso penar, e o labirinto é ainda mais difícil do que acreditávamos: pois se formulamos em tese o que acabamos de dizer – a saber, o outro não pode ser para mim e portanto só pode ser meu ser visto; o outro é o titular desconhecido dessa zona não minha, que sou obrigado a traçar pontilhadamente no ser, posto que me sinto visto – esse agnosticismo a respeito do ser para si do outro, que parecia garantir sua alteridade aparece de repente como a pior usurpação em relação a ela. Pois quem o enuncia faz com que seja aplicável a todos os que o escutam: não fala apenas de si, de sua perspectiva e para si mesmo, fala por todos; diz: *o Para Si* (em geral) está só..., ou: *o ser para outrem* é a morte do Para Si, ou coisas desse gênero – sem especificar se se trata do ser para si tal como ele vive ou do ser para si tal qual o vivem aqueles que o escutam, do ser para outrem tal como o experimenta ou do ser para outrem tal como os outros o experimentam. Este "singular" que ele se permite – o Para Si, o Para Outrem – indica que ele pensa falar em nome de todos, sua descrição implica no poder de falar por todos, ao passo que ela lhe contesta esse poder. De modo que só aparentemente me restrinjo à minha experiência – a meu ser para mim e a meu ser para outrem – respeitando a originalidade radical do para si do outro e de seu ser para mim. Pelo simples fato de que abro no muro de meu solipsismo a brecha por onde passa o olhar do outro, não mais me atenho a uma dicotomia – a "do" Para Si e a "do" Para Outrem – mas a um sistema de quatro termos: meu ser para mim, meu ser para outrem, o para si de outro e seu ser para mim. O vazio que pretendia conduzir ao horizonte de meu universo para nele colocar o autor de minha vergonha e a imagem inconcebível que faz de mim não é, pense eu o que pensar, um vazio, não é a negação simples ou imediata de mim mesmo e de meu universo: pelo simples fato de que o circunscrevo, ainda que pontilhadamente, está recortado no meu universo, há interseção dos universos meu e dele. Não temos *o* Para Si em geral com *o* Em Si em geral que ele sustenta, *o* Para Outrem em geral, isto é, a possibilidade para *todo* Para Si de incorporar-se *ao* Em Si em geral, graças a um olhar estrangeiro, não temos, em outras palavras, meu ser para mim e meu ser para outrem, multiplicados virtualmente em n exemplares – temos, face a face, meu ser para mim, esse mesmo ser para mim oferecido em espetáculo ao outro, o olhar do outro como condutor de um ser para si réplica do meu, capaz, porém, de "medusar" o meu, temos, enfim, esse mesmo para si do outro, visado e, de certa maneira, atingido, percebido, por meu olhar nele. Não se trata, por certo, de uma relação recíproca entre mim e o outro, já que sou o único a ser eu, para mim mesmo sou o único original da humanidade e a filosofia da visão tem razão em sublinhar a inevitável dissimetria da relação eu-outro. No entanto, apesar das aparências, é a filosofia da visão que se instala dogmaticamente ao mesmo tempo em todas as situações, declarando-as impenetráveis, tomando todas como negação absoluta uma da outra: não posso nem mesmo ir até esse absoluto da negação, aqui a negação é um dogmatismo, encerra secretamente a afirmação absoluta dos opostos. É mister que haja passagem do outro em mim e de mim no outro, precisamente para que eu e os outros não sejamos considerados dogmaticamente como universos equivalentes por princípio e que o privilégio do Para Si seja para si reconhecido. Fundando a experiência do outro sobre a de minha objetivação diante dele, a filosofia da visão acreditou estabelecer entre ele e mim uma relação que fosse ao mesmo tempo uma relação de ser – já que é no meu próprio ser que sou atingido pela visão que o outro tem de mim – e uma relação de pura negação, esta objetivação que sofro é-me literalmente incompreensível. Constatamos, de novo, que é preciso escolher: ou* a relação é verdadeiramente relação de ser, e então é mister que o outro tenha a meus olhos valor de Para Si, que o exterior de mim mesmo, presa sua, me ponha à sua mercê também como Para Si puro, que meu nada constitutivo "atole" diante de meus olhos em minha situação e que, finalmente, o outro e eu, ao invés de sermos dois Para Si paralelos, cada um atingido por sua conta pelo mesmo mal mortal – a presença do outro que alternadamente nos esmaga no meio de nosso próprio universo de Em Si –, sejamos uns para os outros[10] um sistema de Para Si, sensíveis um para o outro, cada

---

* Não existe outro *ou* enunciado no seguimento do texto. A reflexão sobre o primeiro termo da alternativa decide da sorte da segunda. É a mesma coisa dizer, com efeito, como a seguir vai aparecer, que outrem não me esmaga no meu universo de em si e que não é negação inexplicável do Para si que eu sou. O autor volta, aliás, a esta última ideia na nota abaixo.

10. Uns para os outros, e não somente um para o outro. O problema de outrem é sempre colocado pelas filosofias do negativo sob a forma do problema *do*

um sabendo o outro não apenas no que sofre por sua parte, mas mais geralmente como uma testemunha, ela própria recusável, porque também ela está prevenida, porque, tanto quanto eu, não é puro olhar sobre o ser puro, porque suas visões e as minhas estão previamente inseridas num sistema de perspectivas parciais, referidas a um mesmo mundo onde coexistimos e onde se confirmam. Para que o outro seja verdadeiramente outro não basta e não é preciso que seja um flagelo, a contínua ameaça da reviravolta absoluta do para e do contra, juiz posto acima de toda contestação, sem lugar, sem relatividades, sem rosto, como uma obsessão, e capaz de esmagar-me com um olhar na poeira do meu próprio mundo; é necessário e suficiente que tenha o poder de descentrar-me, opor sua centração à minha, e ele o pode unicamente porque não somos duas nadificações instaladas em dois universos de Em Si incomparáveis, mas duas entradas para o

outro, como se toda a dificuldade consistisse em passar de *um* ao *outro*. Isso é significativo: é que o outro não é *um outro*, é o não eu em geral, o juiz que me condena ou absolve, e a quem nem mesmo penso opor outros juízes. Ora, se se pôde mostrar, como fazia Simone de Beauvoir n'*A Convidada*, que um trio se desfaz em três duos, e supondo que haja, fora de toda reciprocidade abstrata, casais felizes, não pode existir trio que o seja no mesmo sentido, pois que acrescenta às dificuldades *do* casal as do acordo entre os três casais possíveis que o compõem – contudo o problema de outrem não se reduz ao *do* outro, e ainda menos pelo fato de que o mais estrito casal sempre possui terceiras testemunhas. Talvez fosse mesmo necessário inverter a ordem costumeira das filosofias do negativo e dizer que o problema do outro é um caso particular do problema *dos* outros, a relação com alguém é sempre mediatizada pela relação com terceiros, e que estes têm entre si relações que comandam as *do* um e as *do* outro, e isso por mais que se remonte às origens da vida, uma vez que a situação edipiana é ainda triangular. Ora não se trata aqui somente de psicologia mas de filosofia – dos conteúdos da relação com outrem, mas também da sua forma e da sua essência: se o acesso a outrem entrou numa constelação dos outros (onde, naturalmente, existem estrelas de grandezas várias), é difícil sustentar que o outro seja, sem mais, *a* negação absoluta de mim mesmo, porque negação absoluta só existe uma, e absorve em si mesma toda negação rival. Mesmo que tenhamos um *outro principal*, de que derivam muitos outros secundários em nossa vida, o simples fato de ele não ser outro único obriga a compreendê-lo não como negação absoluta mas como negação modelizada, quer dizer, no fim das contas, não como aquilo que contesta minha vida mas como o que a forma, não como outro universo onde eu existiria alienado mas como a variante preferida de uma vida que nunca foi simplesmente a minha. Mesmo que cada um de nós possua seu arquétipo do outro, o próprio fato de que ele seja participável, que seja uma espécie de cifra ou símbolo do outro, obriga a pôr o problema de outrem não como o do acesso a uma outra nadificação, mas como o da iniciação a uma simbólica e a uma típica dos outros cujo *ser para si* e *ser para outrem* são variantes reflexivas e não as formas essenciais.

mesmo Ser, cada uma acessível apenas a um de nós, aparecendo, entretanto, para o outro, como *praticável de direito*, porquanto ambas fazem parte do mesmo Ser. É necessário e suficiente que o corpo do outro que vejo, sua palavra que ouço, ambos dados a mim como imediatamente presentes em meu campo, me presentifiquem *à sua maneira aquilo a que nunca estarei presente*, que me será sempre invisível, de que nunca serei testemunha direta, uma ausência, portanto, não, porém, uma qualquer, uma certa ausência, uma certa diferença segundo as dimensões que nos são de pronto comuns, que predestinam o outro a ser o espelho de mim mesmo, como eu sou dele, que fazem com que nós mesmos não tenhamos, de alguém ou de nós, duas imagens lado a lado, mas uma única imagem, onde ambos estamos implicados, que minha consciência de mim mesmo e o meu mito do outro sejam não duas contraditórias, mas o avesso um da outra. Talvez seja tudo isso que se quer dizer quando se diz que o outro é o responsável X de meu ser-visto. Mas então seria preciso acrescentar que ele o pode ser somente porque vejo que me olha e que ele só pode olhar-me a mim, invisível, porque pertencemos ao mesmo sistema de ser para si e de ser para outrem, somos momentos da mesma sintaxe, contamos com o mesmo mundo, dependemos do mesmo Ser. Ora, isto não tem sentido para o homem como visão pura: este tem perfeitamente a convicção de ir às próprias coisas, mas, surpreendido no ato de ver, torna-se de repente uma delas, não havendo passagem de uma das visões à outra. Vidente puro, torna-se coisa vista por uma catástrofe ontológica, por um acontecimento puro que é para ele o impossível. Ou, caso possa compreendê-la, só o conseguirá retomando a pretensa ubiquidade da visão, renunciando a ser tudo, isto é, a ser nada, aprendendo a conhecer, na própria visão, uma espécie de palpação das coisas, e no próprio sobrevoo, uma inerência. Não há dúvida de que nosso mundo é principal e essencialmente visual, não faríamos um mundo com perfumes e sons. Mas o privilégio da visão não é o abrir *ex-nihilo* sobre um ser puro ao infinito: também ela possui um campo, um alcance, as coisas que nos dá não são coisas puras, idênticas a si mesmas e inteiramente positivas a não ser de distâncias muito grandes, como as estrelas, e este horizonte de Em Si é apenas visível como fundo de uma zona de coisas próximas, estas sim, abertas e inesgotáveis.

Quer se trate de minhas relações com as coisas ou de minhas relações com o outro (os dois problemas são um só, já que a insularidade dos Para Si é apenas franqueada graças à abertura às "mesmas" coisas), a questão é saber se nossa vida, em última análise, se passa entre um nada absolutamente individual e absolutamente universal por trás de nós, e um ser absolutamente individual e absolutamente universal diante de nós, com a tarefa para nós incompreensível e impossível de devolver ao Ser, sob forma de pensamentos e de ações, tudo o que dele tomamos, isto é, tudo o que somos – ou se toda relação minha com o Ser até na visão, até na fala, não é uma relação carnal, com a carne do mundo, onde o ser "puro" só transparece no horizonte, numa distância que não é nada, que não é desdobrada por mim, que é alguma coisa que, portanto, lhe pertence, que é, entre o ser "puro" e mim, a espessura de seu ser para mim, de seu ser para os outros, e que finalmente faz com que o que merece o nome de ser não seja o horizonte de ser "puro" mas o sistema das perspectivas que me introduzem nele, que o ser integral não esteja diante de mim mas na interseção de minhas visões e na interseção delas com as dos outros, na interseção de meus atos e na interseção de meus atos e os dos outros, que o mundo sensível e o mundo histórico sejam sempre intermundos, pois são o que, além de nossas vistas, as tornam solidárias entre elas e solidárias com as dos outros, instâncias a que nos dirigimos desde que vivemos, registros onde se inscrevem o que vemos, o que fazemos, para aí vir a ser coisa, mundo, história. Longe de abrir-se para a luz ofuscante do Ser puro ou do Objeto, nossa vida possui, no sentido astronômico da palavra, uma atmosfera; está constantemente envolvida por essas brumas que chamamos mundo sensível ou história, o sujeito indeterminado (*on*) da vida corporal e o sujeito indeterminado da vida humana, o presente e o passado, como conjunto misturado dos corpos e espíritos, promiscuidade de rostos, palavras, ações, e com essa coesão entre todos, que não podemos recusar-lhes já que todos são diferenças, distâncias extremas de um mesmo algo. A respeito dessa implicação inextricável podemos enganar-nos de duas maneiras: ou negando-a sob pretexto de que pode ser dilacerada pelos acidentes do meu corpo, pela morte, ou simplesmente por minha liberdade; isso não quer dizer que, quando ela acontece, seja apenas a soma de processos parciais sem os quais não existe. O princípio dos princípios consiste aqui em não ser possível julgar poderes da vida pelos da morte, nem definir sem arbitrário a vida, a soma das forças que resistem à morte, como se a definição necessária e suficiente do Ser fosse ser supressão do não-ser. A implicação dos homens no mundo e dos homens uns nos outros, ainda que se possa fazer apenas graças a *percepções* e *atos*, é transversal em relação à multiplicidade espacial e temporal do atual. O que não nos deve conduzir ao erro inverso que consistiria em tratar esta ordem de implicação como uma ordem transcendental, intemporal, como um sistema de condições *a priori*: seria ainda uma vez postular que a vida nada mais é do que a morte anulada, já que se acredita ser obrigado a explicar por um princípio estranho tudo o que nela ultrapassa a simples soma de suas condições necessárias. A abertura a um mundo natural e histórico não é uma ilusão e não é um *a priori*, é nossa implicação no Ser. Sartre o exprimia dizendo que o Para Si é necessariamente perseguido por Em-Si-para-si imaginário. Dizemos somente que o Em-Si-para-si é mais do que um imaginário. O imaginário é sem consistência, inobservável, desaparece quando se passa à visão. Assim o Em-Si-para-si, diante da consciência filosófica, separa-se para dar lugar ao Ser que é e ao Nada que não é, ao pensamento rigoroso de um Nada que precisa do Ser, que o atinge sendo negação de si, cumprindo, assim, a afirmação silenciosa de si imanente ao Ser. A verdade do Em-Si--para-si sartreano é a intuição do Ser puro e a nega-intuição do Nada. Parece-nos que é preciso, ao contrário, reconhecer-lhe a solidez do mito, isto é, de um imaginário operante, parte de nossa instituição e indispensável à definição do próprio Ser. Excluindo esse aspecto, falamos da mesma coisa, e o próprio Sartre apontou com o dedo o que se intromete entre o Ser e o Nada.

Uma filosofia de negatividade, que coloca no princípio de sua investigação o nada enquanto nada (e, por consequência, o ser enquanto ser), pensa esses invisíveis em sua pureza, admitindo, ao mesmo tempo, que o saber do nada é um nada de saber, que o nada somente é acessível sob formas bastardas, incorporado ao ser. A filosofia é indissoluvelmente lógica e experiência: nela, a dialética do ser e do nada é apenas uma preparação para a experiência e, em compensação, a experiência, tal como foi por ela descrita, sustenta-se e elabora-se pela pura entidade do ser, a pura negatividade do nada. O negativo puro, negando-se a si mesmo, sacrifica-se ao positivo; o positivo puro, enquanto se afirma sem restrição, sanciona esse sacrifício – esse movimento das significações, que é apenas o ser do ser e a inexistência do nada seguidos em suas consequências, o princípio de não-contradição posto em prática, dão o esquema de uma visão pura com a qual o filósofo coincide. Se me confundo com minha visão do mundo, se a considero em ato e sem qualquer recuo reflexionante, ela é bem a concentração num ponto do nada em que este se transforma em ser-visto, ser mesmo, ser tal como é em si. O que há de comum às duas descrições concretas e à análise lógica – mais ainda: o que numa filosofia do negativo identifica a distinção absoluta do ser e do nada e a descrição do nada atolado no ser – é que são duas formas de pensamento imediato: de um lado, procuramos o ser e o nada em estado puro, pretendemos chegar ao máximo de aproximação com eles, visamos ao próprio ser em sua plenitude e ao próprio nada em sua vacuidade, pressionamos a experiência confusa até fazer com que dela saia a entidade e a negatividade, apertamo-la entre estas como entre pinças, confiamos inteiramente além do visível *naquilo que* pensamos sob os termos de ser e de nada, praticamos um pensamento "essencialista" que se refere a significações além da experiência, e assim construímos nossas relações com o mundo. Ao mesmo tempo nos instalamos em nossa condição de quem vê, coincidimos com ela, nós mesmos exercemos a visão de que se fala, nada dizemos que não venha da própria visão vivida por dentro. O esclarecimento das significações e o exercício da vida identificam-se, pois subentende-se que viver ou pensar é sempre, diga-se do modo que se quiser, identificar-se ou nadificar. Se uma filosofia do negativo é ao mesmo tempo fixação de essências e coincidência com o vivido, não o é por acaso, inconsequência ou ecletismo, mas porque a espontaneidade consiste em ser no modo do não-ser, e a crítica reflexiva em não ser no modo do ser, formando, essas duas relações, um circuito que somos nós. Nesta ambivalência universal, dizíamos que a filosofia do negativo é inalcançável : com efeito, ela aceita tudo o que se lhe opõe. Que o nada não é? Que a ideia do nada é uma pseudoideia? Que o ser é transcendente ou que a "realidade humana" é acesso a um ser? Que não é o homem que tem o ser mas o ser que possui o homem? Ela é a primeira a convir, esses são os seus próprios princípios. Simplesmente, nela, identificam-se aos princípios opostos: justamente porque o *nichtiges Nichts* não é, o "há" reserva-se a um ser sem mistura, positivo, pleno, justamente porque não há ideia do nada, o nada nadifica livremente enquanto o ser é. Justamente porque a transcendência é acesso a um Ser e fuga de Si, essa força centrífuga e impalpável que somos nós preside a toda aparição do Ser, sendo a partir do Si, por *ek-stase* ou alienação, que se produz o "há". O ser possui o homem mas porque o homem a ele se dá. Daí essa espécie de mal-estar que deixa uma filosofia do negativo: ela descreve nossa situação de fato com uma acuidade jamais levada a cabo – e, no entanto, nos fica a impressão de que nossa situação foi "sobrevoada" e o é de fato: quanto mais se descreve a experiência como mistura do ser e do nada, mais se confirma sua distinção absoluta, quanto mais o pensamento adere à experiência, mais ele a mantém à distância. Tal é o sortilégio do pensamento do negativo. Mas isto quer dizer também que não pode ser circunscrito ou discernido pelo que afirma – ele afirma tudo – mas unicamente pelo que deixa de lado justamente nessa sua vontade de ser tudo: isto é, a situação do filósofo que fala como distinta daquilo de que fala, enquanto imprime ao que ele diz certo conteúdo latente que não é seu conteúdo manifesto, enquanto implica uma distância entre as essências fixadas por ele e o vivido ao qual ela se aplica, entre a operação de viver o mundo e as entidades e as negatividades por que ele se exprime. Se levarmos em consideração esse resíduo, não há mais identidade entre o vivido e o princípio de não-contradição; o pensamento, justamente como pensamento, não pode mais gabar-se de restituir todo o vivido; guarda tudo, salvo sua espessura e seu peso. O vivido não pode mais encontrar-se nas idealizações que dele fazemos. Entre o pensamento ou fixação das essências, que é sobrevoo, e a vida, que é inerência ao mundo ou visão, reaparece uma distância que impede o pensamento de projetar-se de antemão na experiência e o convida a retomar a descrição de mais perto. Para uma filosofia consciente de si mesma como conhecimento, como fixação segunda de uma experiência prévia, a fórmula: *o ser é e o nada não é*; é uma idealização, uma aproximação da situação total que comporta, além *do que* dizemos, a experiência muda onde o haurimos. Do mesmo modo que somos convidados a reencontrar atrás da visão, como presença imediata ao ser, a carne do ser e a de quem vê, assim devemos reencontrar o meio comum onde o ser e o nada, que são apenas λέκτα trabalham um contra o outro. Nosso ponto de partida não será: *o ser é e o nada não é* – nem mesmo: *só há o ser* – fórmula de um pensamento totalizante, de um pensamento de sobrevoo – mas há o ser, há o mundo, há *alguma coisa*, no sentido forte em que o grego fala de τό λέγειν, há coesão, há sentido. Não se faz surgir o ser a partir do nada *ex nihilo*, parte-se de um relevo ontológico onde nunca se pode dizer que o fundo não seja nada. O que é primeiro não é o ser pleno e positivo sobre o fundo do nada, é um campo de aparências em que uma delas, tomada à parte, talvez se estilhace ou seja riscada a seguir (é o papel do nada), mas de que somente sei que será substituída por outra, a verdade da primeira, porque há mundo, porque há alguma coisa, que, para ser, não precisam, antes, anular o nada. É ainda muito dizer do nada que *não é*, que é pura negação: é fixá-lo em sua negatividade, é tratar essa negatividade como uma espécie de essência, é trazer para ela a positividade das palavras, quando só pode valer como o que não tem nome, nem repouso ou natureza. Por princípio, uma filosofia do negativo não pode partir da negação "pura" nem fazer dela o agente de sua própria negação. Invertendo as posições da filosofia reflexionante, que colocava todo o positivo no interior e tratava o exterior como simples negativo, definindo, ao contrário, o espírito como negativo puro, que apenas vive graças a seu contato com o ser exterior, a filosofia do negativo vai além da meta:

uma vez mais, não obstante agora por razões opostas, torna impossível essa *abertura* ao ser que é a fé perceptiva. A filosofia reflexionante não a explicava, por deixar de conservar uma distância entre a ideia e a ideia da ideia, entre o reflexionante e o irrefletido. É ainda essa distância que falta agora, pois quem pensa, não sendo nada, não pode ser separado por nada de quem percebia ingenuamente, nem este do que ele percebia. Não há abertura para o ser numa filosofia do pensamento e de nossos pensamentos imanentes – nem tampouco numa filosofia do nada e do ser, pois, tanto num quanto noutro caso, o ser não é, de fato, longínquo, à distância. O pensamento fecha-se demasiado sobre si mesmo, mas o nada posta-se demasiadamente fora de si para que se possa falar de abertura ao ser e, sob esse aspecto, imanência e transcendência não se distinguem. Talvez se diga: seja. Partamos, pois, da abertura para o ser. Não é necessário, entretanto, para que haja verdadeiramente abertura, que saiamos do pleno metafísico, que *aquele* que está aberto para o ser, e que vê, seja lacuna absoluta no ser, sendo, enfim, negativo puro? De outro modo, não seríamos remetidos, como o relativismo vulgar, de aparência em aparência, sem que nunca ocorram nem aparência absoluta ou consciência, nem ser em si? Sem negatividade absoluta não nos encontramos num universo de imagens físicas ou psíquicas flutuantes sem que ninguém tenha consciência delas? A objeção postula o que é posto em questão, a saber, que só se pode pensar os seres (físicos, fisiológicos, "psíquicos") ou "consciências", absolutamente estranhos à existência como coisa. Anuncia o retorno às dicotomias reflexionantes de um pensamento que as ultrapassou muito menos do que as incorporou de antemão à vida espontânea.

Não pensamos, portanto, que a dicotomia do Ser e do Nada subsista quando chegamos às descrições do nada atolado no ser; parece-nos que ela é uma introdução abstrata a essas descrições e que de uma às outras há movimento, progresso, superação. Não poderíamos exprimir tudo isso dizendo que é preciso substituir a intuição do ser e a nega-intuição do nada por uma *dialética*? Do mais superficial ao mais profundo, o pensamento dialético é o que admite ações recíprocas ou interações – que admite, portanto, que a relação global entre um termo A e um termo B não pode exprimir-se numa única proposição, que recobre várias outras não sobreponíveis, mesmo opostas, definindo outros tantos pontos de vista logicamente incompossíveis e realmente nele reunidos, ainda mais: de que cada um destes conduz a seu oposto ou à sua própria inversão, chegando aí por seu próprio movimento. De sorte que o Ser, pela própria exigência de cada uma das perspectivas do ponto de vista exclusivo que o define, torna-se um sistema com várias entradas; não pode, portanto, ser contemplado de fora e na simultaneidade, devendo ser efetivamente percorrido; nessa transição, as etapas passadas não são simplesmente passadas, como trecho da estrada percorrido, mas chamaram ou exigiram as etapas presentes exatamente no que têm de novo e desconcertante, continuam, pois, a ser nelas, o que quer dizer também que retroativamente são por elas modificadas; aqui não se trata, pois, de um pensamento que segue uma rota preestabelecida, mas de um pensamento que abre seu próprio caminho, que se encontra a si próprio avançando, provando a viabilidade do caminho, percorrendo-o – esse pensamento inteiramente subordinado a seu conteúdo, de quem recebe incentivo, não poderia conceber-se como reflexo ou cópia de um processo exterior, é engendramento de uma relação a partir de outra. De forma que, não sendo testemunha estranha e muito menos agente puro, está implicado no movimento e não o sobrevoa; em particular, não se formula em enunciados sucessivos que haveriam de ser tomados literalmente, e cada enunciado, para ser verdadeiro, deve ser reportado, no conjunto do movimento, à etapa de onde procede, e só atinge sentido pleno quando se considera não apenas o que diz expressamente mas ainda seu lugar no todo que lhe constitui o conteúdo latente; assim, quem fala (e o que subentende) sempre codetermina o sentido do que diz, o filósofo sempre está implicado nos problemas que levanta e não existe verdade se não se considera, para apreciar todo enunciado, a presença do filósofo que enuncia. Entre o conteúdo manifesto e o conteúdo latente pode não somente haver diferenças mas ainda contradição e, no entanto, esse duplo sentido lhe pertence – como quando queremos atentar para uma coisa *em si* e, por isso mesmo, concentrando-nos nela, chegamos a determiná-la tal como é *para nós*; de sorte que, para o pensamento dialético, a ideia do Em Si e a ideia do Para Si possuem cada uma sua verdade fora dela mesma, não pertencem ao pensamento total ou pleno que se definiria por uma explicitação sem limites. No total, portanto, o pensamento dialético é o que, seja em suas relações interiores ao ser, seja nas relações do ser comigo, admite que cada termo só é ele mesmo voltando-se para o termo oposto, torna-se o que é pelo movimento, sendo a mesma coisa para cada um passar para o outro ou vir a ser si mesmo, sair de si ou entrar em si. O movimento centrífugo e o centrípeto são um único movimento porque cada termo é sua própria mediação, a exigência de um devir e até mesmo de uma autodestruição que produz o outro. Se tal é o pensamento dialético, não foi ele que tentamos aplicar à dicotomia do Ser e do Nada? Não consistiu nossa discussão em mostrar que a relação dos dois termos (quer os tomemos num sentido relativo no interior do mundo ou, num sentido absoluto, como índice do pensador e do que ele pensa) recobre um pulular de relações com duplo sentido, incompatíveis e no entanto necessárias uma à outra (complementares, como dizem hoje os físicos), e mostrar que essa totalidade complexa é a verdade da dicotomia abstrata donde se partiu? A dialética, através de suas metamorfoses, não é, em todo o caso, a inversão das relações, sua solidariedade por meio da inversão, o movimento inteligível que não ê soma de posições ou enunciados tais como o *ser é, o nada não é*, mas que os distribui em vários planos, integrando-os num ser em profundidade? Particularmente no que concerne às relações do pensamento com o Ser, a dialética não é a recusa do pensamento de sobrevoo, tanto do ser todo exterior como da reflexidade, do pensamento que opera no Ser, em contato com o Ser, para o qual abre um espaço de manifestação, onde, porém, todas as suas iniciativas se inscrevem, são registradas ou sedimentadas, ainda que somente como erros ultrapassados, e tomam a forma de uma história que possui seu sentido, mesmo se gira em círculo ou marcha em ziguezague? No total, exatamente o pensamento que buscamos, não ambivalente, "ventríloquo", mas capaz de diferenciar e integrar num único universo os duplos ou até mesmo múltiplos sentidos, como já Heráclito mostrava as direções opostas coincidindo no movimento circular – e finalmente capaz dessa integração, porque o movimento circular não é nem a simples soma dos movimentos opostos nem um terceiro movimento acrescentado a eles, mas seu *sentido comum*, os dois movimentos componentes visíveis como um único, tornados totalidade, isto é, espetáculo: porque o pensamento dialético é o pensamento do Ser-visto, de um Ser que não é positividade simples, Em Si, nem o Ser-posto de um pensamento, mas *manifestação de Si*, desvendamento fazendo-se...

A dialética é tudo isso e, nesse sentido, é ela quem procuramos. Se, todavia, até agora não pronunciamos a palavra, é porque, na história da filosofia, ela nunca foi tudo isso em estado puro; a dialética é instável, no sentido que os químicos dão à palavra; assim o é essencialmente e por definição, e de tal modo que nunca pôde formular-se em tese sem desnaturar-se e, se pretendemos conservar-lhe o espírito, talvez seja mesmo preciso não nomeá-la. O gênero de ser ao qual ela se refere e que tentávamos há pouco indicar não é, com efeito, suscetível de designação positiva. Abunda no mundo sensível sob a condição de que o mundo sensível seja despojado de tudo o que as ontologias a ele acrescentaram.

Uma das tarefas da dialética, como pensamento de situação, pensamento em contato com o ser, é sacudir as falsas evidências, denunciar as significações cortadas da experiência do ser, esvaziadas, e criticar-se a si mesma na medida em que se venha a tornar uma delas. Ora, esse o perigo que corre desde que se enuncia em teses, em significações unívocas, desde que se separe de seu contexto antepredicativo. É-lhe essencial ser autocrítica – e lhe é também essencial esquecê-lo desde que se torne aquilo que chamamos *uma filosofia*. As próprias fórmulas pelas quais descreve o movimento do ser expõem-na a falsificá-lo. Seja a fórmula profunda da *mediação por si*, de um movimento pelo qual cada termo deixa de ser ele mesmo para vir a ser ele próprio, quebra-se, abre-se, nega-se para realizar-se. Ela só pode permanecer pura se o termo mediador e o termo mediado – que são "o mesmo" – não o forem, entretanto, no sentido da identidade: pois então, na ausência de toda diferença, não haveria mediação, movimento, transformação, permaneceríamos em plena positividade. Não há, ademais, mediação por si, se o mediador for negação simples ou absoluta do mediado: a negação absoluta simplesmente o aniquilaria e, voltando-se contra si mesma, também se aniquilaria, de sorte que nunca haveria mediação mas puro e simples recuo em direção à positividade. Excluiu-se, portanto, que a mediação que tenha sua origem no termo positivo, como se fosse uma de suas *propriedades* – mas também se exclui que provenha de um abismo de negatividade exterior, que não teria poder sobre ele e o deixaria intacto. É, entretanto, dessa segunda maneira que a dialética se traduz, quando cessa de ser uma maneira de decifrar o ser com o qual estamos em contato, o ser manifestando-se, o ser de situação, e passa a querer formular-se de uma vez por todas, sem resto, enunciar-se uma doutrina, fazer o seu próprio total. Então, para terminar, a negação é levada ao absoluto, transforma-se em negação de si mesma; simultaneamente, o ser recai no positivo puro, a negação concentra-se além dele como subjetividade absoluta, e o movimento dialético transforma-se na identidade pura dos opostos, em ambivalência. É assim que em Hegel, Deus, definido como abismo ou subjetividade absoluta, nega-se a si mesmo para que o mundo seja, isto é, para que haja uma visão dele que não seja a sua e para a qual apareça como posterior ao Ser; noutros termos, Deus se faz homem, de tal modo que a filosofia de Hegel é uma ambivalência do teológico e do antropológico. Não é diferente o modo pelo qual, em Sartre, a oposição absoluta entre o Ser e o Nada dá lugar ao retorno ao positivo, a um sacrifício do Para Si – com a diferença que Sartre mantém em seu rigor a consciência do negativo como margem do ser, e que a negação da negação não é para ele operação especulativa, desdobramento de Deus, e que o Em-si-para-si, por conseguinte, permanece para ele ilusão natural do Para Si. Mas, feitas essas ressalvas, a mesma metamorfose da dialética, a mesma recaída na ambivalência se produz aqui e lá, e pela mesma razão: a saber, o pensamento deixa de acompanhar ou de ser o movimento dialético, converte-o em significação, tese ou coisa dita e, concomitantemente, recai na imagem ambivalente do nada que se sacrifica para que o Ser seja e do Ser que, do fundo de sua primazia, tolera ser reconhecido pelo Nada. Há, na dialética, uma armadilha: ao ser o próprio movimento do conteúdo, tal como ele se realiza pela autoconstituição ou pela arte de retraçar ou seguir as relações do apelo e da resposta, do problema e da solução, ao ser, por princípio, epíteto, ela se transforma, desde que a tomemos como divisa, desde que se fale dela ao invés de praticá-la, numa potência de ser, num princípio explicativo. O que era a maneira de ser do Ser torna-se um gênio maldoso. Ó Dialética, diz o filósofo, quando se apercebe de que talvez a verdadeira filosofia zombe da filosofia. Aqui a dialética é quase alguém, como a ironia das coisas, é uma sorte lançada sobre o mundo que faz com que nossas esperas se transformem em escárnio, potência astuciosa, atrás de nossas costas, que nos desconcerta e que, ainda por cima, possui sua ordem e sua racionalidade; portanto, não apenas o risco de um não-senso, mas muito pior: a certeza de que as coisas têm *outro sentido* além daquele que estamos em condições de reconhecer. Já estamos no caminho da má dialética, daquela que, contra seus princípios, impõe uma lei e um quadro exterior ao conteúdo, restaurando em seu proveito o pensamento pré-dialético. Por princípio, o pensamento dialético exclui toda *extrapolação*, porquanto ensina que sempre pode haver um suplemento de ser no ser, que diferenças quantitativas tornam-se qualitativas, que a consciência como consciência do exterior, parcial, abstrata, sempre se decepciona com o acontecimento: entretanto, este escapar da vida e da história que resolve os problemas diferentemente do modo pelo qual o teria feito a consciência do exterior (às vezes melhor, às vezes menos bom) é compreendido como um vetor, uma polaridade do movimento dialético, uma força preponderante que sempre trabalha no mesmo sentido, que franqueia o processo em nome do processo e autoriza, pois, a determinação do inelutável. E assim é, desde que o *sentido* do movimento dialético é definido fora da constelação concreta. A má dialética quase começa com a dialética, só é boa dialética aquela que se critica a si mesma e se ultrapassa como enunciado separado; a boa dialética é hiperdialética. A má dialética é a que não quer perder sua alma para salvá-la, que quer ser dialética imediatamente, torna-se autônoma e termina no cinismo, no formalismo, por ter evitado seu próprio duplo sentido. O que chamamos hiperdialética é um pensamento que, ao contrário, é capaz de verdade, pois encara sem restrição a pluralidade das relações e o que chamamos ambiguidade. A má dialética é a que acredita recompor o ser usando um pensamento tético, com um conjunto de enunciados, com tese, antítese e síntese; a boa dialética é a que tem consciência de que toda tese é idealização, de que o Ser não é feito de idealização ou coisas ditas, como acreditava a velha lógica, mas de conjuntos ligados onde a significação aparece apenas como tendência, onde a inércia do conteúdo nunca permite definir um termo como positivo, outro termo como negativo e ainda menos um terceiro termo como supressão absoluta dele por ele mesmo. O que se deve aqui apontar é que a dialética sem síntese de que falamos não é o ceticismo, o relativismo vulgar ou o reino do inefável. O que rejeitamos ou negamos não é a ideia da superação que reúne, é a ideia de que ela redunde num novo positivo, numa nova posição. No pensamento e na história, como na vida, conhecemos apenas superações concretas, parciais, atravancadas de sobrevivências, sobrecarregadas de deficits; não há superação de todos os aspectos que conserve tudo o que as fases precedentes tenham adquirido, ela acrescenta a elas, mecanicamente algo a mais e permite arrumá-las numa ordem hierárquica do menos ao mais real, do menos ao mais válido. Mas, numa parte definida do caminho, pode haver progressos e, sobretudo, soluções excluídas durante o percurso. Em outros termos, o que excluímos da dialética é a ideia do negativo puro, o que procuramos é uma definição dialética do ser, que não pode ser nem o ser para si nem o ser em si – definições rápidas, frágeis, lábeis e que, como disse Hegel muito bem, nos levam uma à outra – nem o Em-Si-para-si, que leva a ambivalência ao máximo [uma definição]*, que deve reencontrar o ser antes da clivagem reflexiva, em torno dele, no seu horizonte, não fora de nós e não em nós, mas onde os dois movimentos se cruzam, onde "há" alguma coisa.

Fé perceptiva e interrogação

Estas observações sobre a negatividade já nos permitem precisar o sentido de nossa pergunta diante do mundo, pois o

---

* Reintroduzimos este termo entre colchetes para evitarmos equívoco.

mais difícil é não nos enganarmos sobre o que ela é, sobre o que pode ser, sobre seu sentido justo e próprio, sobre o que pergunta. Já sabemos que ela não pretende saber se o mundo existe verdadeiramente ou se é apenas um sonho bem articulado: essa questão recobre outras, supõe conhecidos, e melhor conhecidos, o sonho, a imagem, ela interroga o mundo em nome de uma pretensa positividade do psíquico, lança sobre ele a sombra de uma inexistência possível, mas não ilumina a existência mental que põe em seu lugar, concebendo-a, na verdade, como uma existência real enfraquecida ou degradada, e se a dúvida assim compreendida fosse superada por algum argumento, a existência "real" que seria atribuída a nossos sonhos seria a mesma, obscura e incompreensível, de onde partíramos, e tudo recomeçaria. Não nos perguntamos se o mundo existe, perguntamos o que é, para ele, existir. No entanto, mesmo assim transformada, a questão não é ainda radical. Pois é possível ainda entendê-la num sentido superficial que esconde sua verdadeira motivação. Quando nos perguntamos o que é, para as coisas e para o mundo, existir, seria de crer que se trata apenas de definir uma palavra. Afinal, as questões acontecem na linguagem. Ainda que nos pareça que um pensamento afirmativo possa separar-se das palavras e repousar em sua adequação interna, a negação e, sobretudo, a interrogação, que não enunciam qualquer propriedade intrínseca das coisas, somente podem sustentar-se graças ao aparelho da linguagem. Somos, portanto, tentados a colocar como fato de linguagem a questão filosófica sobre o mundo, e, no que diz respeito à resposta, parece que não pode ser procurada a não ser nas significações das palavras, já que é com palavras que se responderá à questão. Nossas reflexões precedentes, porém, já nos ensinaram que isso equivaleria a evitá-la: a questão a respeito do sentido de ser do mundo é tão dificilmente solucionável através de uma definição de palavras que obteríamos através do estudo da linguagem, de seus poderes e das condições efetivas de seu funcionamento, como, ao contrário, reaparece no estudo da linguagem, o qual é apenas uma sua forma particular; não se pode reconduzir a filosofia a uma análise linguística a não ser que se suponha que a linguagem tenha sua evidência nela mesma, que a significação da palavra "mundo" ou "coisa", em princípio, não ofereça dificuldade alguma, que as regras do legítimo emprego da palavra sejam legíveis com toda a clareza numa significação unívoca. Ora, os linguistas precisamente nos ensinam que isso não acontece, que a significação unívoca é apenas uma parte da significação da palavra, que há sempre, além, uma auréola de significação que se manifesta em modos de emprego novos e inesperados, que há uma operação da linguagem sobre a linguagem que, ainda na ausência de outros incentivos, remeteria a linguagem a uma nova história, fazendo da própria significação da palavra um enigma. Longe de deter o segredo do ser do mundo, a linguagem é, ela mesma, um mundo, ela mesma, um ser – um mundo e um ser de segunda potência, já que não fala no vazio, fala *do* ser e *do* mundo, redobrando, pois, seu enigma, em vez de fazê-lo desaparecer. A interrogação filosófica sobre o mundo não consiste, portanto, em reportar-se do próprio mundo àquilo que dele dizemos, porquanto ela se reitera no interior da linguagem. Filosofar não é contestar as coisas em nome das palavras, como se o universo das coisas ditas fosse mais claro que o das coisas brutas, como se o mundo efetivo fosse um cantão da linguagem, a percepção, uma palavra confusa e mutilada, a significação das palavras, uma esfera de positividade perfeitamente segura. Ora, a observação não se dirige apenas contra um positivismo da linguagem: atinge toda tentativa para procurar a fonte do sentido nas puras significações, ainda quando não se faz menção alguma à linguagem. A interrogação filosófica sobre o mundo não pode, por exemplo, consistir em contestar o mundo em si ou as coisas em si em proveito de uma ordem dos "fenômenos humanos", isto é, do sistema coerente das aparências tal como podemos construí-lo, nós os homens, sob condições de fato que são as nossas, segundo nossa constituição psicofísica e os tipos de ligações que nos tornam possível a relação com um "objeto". Que essa construção do objeto seja compreendida segundo o método das ciências e por intermédio do algoritmo, ou que se confronte os *constructa* com o concreto, pois a ciência, no final das contas, quer ser *scientia intuitiva*, inteligência do mundo mesmo, ou que enfim se pretenda explicitar mais geralmente os atos e as atitudes de toda espécie – emocionais, práticos, axiológicos – pelos quais uma consciência se refere a objetos ou quase-objetos, remete uns aos outros e efetua a passagem de uma atitude à outra; em todos esses casos, a questão levantada ainda não é radical, última, porquanto nos damos, no que respeita às coisas e ao mundo obscuros, o campo das operações da consciência e das significações construídas de que supomos que o mundo e as coisas sejam o produto terminal – deste campo como do campo da linguagem que pressupõe de fato o filósofo deve perguntar se é fechado, se se basta a si mesmo, se não se abre, como *artefato*, sobre uma perspectiva original de ser natural, se, ainda supondo-o decisivo no que concerne ao ser-verificado, ao ser-asseverado, ao ser convertido em *objeto*, não tem um horizonte de ser bruto e de espí-

100

rito bruto de que os objetos construídos e as significações emergem e que não explicam.

Assim se precisou o sentido de nossa admiração diante do mundo percebido. Não é a dúvida pirroniana, nem mesmo o apelo a um domínio imanente de pensamento positivo de que o mundo percebido não seria mais do que a sombra: a sombra está em nós antes de estar fora, colocando em suspenso a evidência do mundo, recorrendo ao nosso pensamento ou à nossa consciência do mundo, às suas operações e às suas teses, nada encontraríamos que ultrapasse ou apenas iguale ou explique a solidez do mundo sob nossos olhos e a coesão de nossa vida nele. Esta inversão do para ao contra, graças à qual chegamos não apenas a reabilitar o pensamento negativo como maneira de pensar original, mas também a formular negativamente – como aquilo cuja falta impede a representação – o princípio de causalidade e, enfim, a considerar como negatividade o pensamento que, para Espinosa, era o próprio positivo, seria necessário terminar agora essa inversão, ou melhor, ultrapassá-la dizendo que não sou capaz de ser para mim a não ser que, no centro de mim mesmo, não seja absolutamente nada, dizendo que este vazio central deve ser conduzido pelo ser, por uma situação, por um mundo, nunca sendo concebível a não ser como foco que indica suas perspectivas, de sorte que, nesse sentido, haja uma prioridade do ser sobre o pensamento? Assim se fecharia o ciclo aberto por Descartes ao mostrar que o pensamento de ver é mais seguro que a coisa vista ou que a visão – que o pensamento, precisamente porque é apenas aparência absoluta, é absolutamente indubitável e que, meio entre o ser e o nada, é mais sólido diante da dúvida do que as coisas positivas e plenas. Por certo, esta coisa pensante que o é apenas pela metade, Descartes e os cartesianos a tinham conduzido finalmente para o lado do Ser: já que, em última instância, ela não é nada e que o nada não possui propriedades, chegara a ser o signo e o vestígio de um Ser infinito, de uma positividade espiritual. Mas o recuo do mundo, o retorno ao homem interior, o *não reflexivo* tinham sido assim mesmo instalados pelo *cogito* na filosofia e deveriam produzir nela todas as suas consequências no dia em que o pensamento não mais acreditasse poder apreender nele mesmo a gênese espontânea de um Ser causa de si: então a negatividade, que não é visível ou não possui propriedades, somente poderia ser transportada pelo próprio mundo, não sendo mais do que uma lacuna no Ser. Entre ela e ele não haveria nem mesmo lugar para a suspensão da dúvida, a negatividade em ato seria a própria existência ou, ao menos, o "há" do mundo, a filosofia deixaria de ser indagação para ser a consciência deste ato de dupla face, deste não que é um sim, deste sim que é um não. A longa evolução que, do mundo, fizera passar o positivo para o lado da consciência, transformada em seu correlativo e seu princípio de ligação – mas que ao mesmo tempo preparava a filosofia para instalar o não-ser como pivô do ser – terminaria bruscamente na extremidade do idealismo pela reabilitação e primado do em Si...

É o que finalmente nos pareceu impossível. Acreditamos que essa metamorfose final supercompensaria o idealismo ao invés de superá-lo, que minha presença imediata no Em Si, feita e desfeita ao mesmo tempo pela distância infinita do que não é nada àquilo que é, era, mais que uma solução, um vaivém entre o realismo e o idealismo. A filosofia não é ruptura com o mundo, não é coincidência com ele, mas também não é a alternância da ruptura e da coincidência. Esse duplo relacionamento, que a filosofia *do Ser e do Nada* exprime tão bem, nela permanece incompreensível porque ainda é uma consciência – um ser que é todo aparecer – a encarregada de transmiti-lo. Pareceu-nos que a tarefa era descrever estritamente nosso relacionamento com o mundo, não como abertura do nada ao ser, mas como abertura, simplesmente: é pela abertura que poderemos compreender o ser e o nada, não é pelo ser e pelo nada que compreenderemos a abertura. Do ponto de vista *do Ser e do Nada*, a abertura para o ser significa que o visito nele próprio: se permanece afastado é porque o nada, o anônimo em mim que vê, leva adiante de si uma zona de vazio onde o ser não é apenas, mas *é visto*. É, portanto, o meu nada constitutivo quem faz a distância do ser e também sua proximidade, a perspectiva como distinta da própria coisa, que constitui em limites os limites do meu campo; ele franqueia estes limites, este afastamento, na medida que os faz; só faz surgir as perspectivas fazendo surgir o geometral, vai ao *todo* porque não é *nada* – então, não há mais *alguma coisa*, não há mais abertura, pois não há mais trabalho do olhar contra esses limites, não há mais essa inércia da visão que faz com que se diga que temos abertura para o mundo. Esta espécie de diafragma de visão que, por compromisso com o todo a ver, fornece meu ponto de vista sobre o mundo, certamente não é fixa: nada nos impede, pelos movimentos do olhar, de transpor os limites, mas essa liberdade permanece secretamente presa; podemos apenas deslocar o olhar, isto é, conduzir alhures os seus limites. Mas é preciso que sempre haja limite; o que se ganha de um lado perde-se do outro. Uma necessidade indireta e surda pesa sobre minha visão. Não a de uma fronteira objetiva, para sempre intransponível: os contornos de meu campo não são linhas, ele não se recorta em negro; quando dele me aproximo, logo as coisas se dissociam, meu olhar se desdiferencia e a visão cessa, na falta de vidente e de coisas articuladas. Mesmo sem falar de meu poder motor não estou encerrado num setor do mundo visível. Mas, assim mesmo, estou confinado, como esses animais nos jardins zoológicos, sem gaiolas e sem grades, cuja liberdade termina docemente diante de algum fosso pouco maior do que o que poderiam transpor com um salto. A abertura para o mundo supõe que o mundo seja e permaneça horizonte, não porque minha visão o faça recuar além dela mesma, mas porque, de alguma maneira, aquele que vê pertence-lhe e está nele instalado. A filosofia não procura, pois, analisar nossa relação com o mundo, *desfazê-la* como se tivesse sido feita por ajuntamento; não termina, porém, por uma constatação imediata e global do Ser, de que nada mais sobraria para dizer. A filosofia não pode gabar-se, explicitando-o, de encontrar nela o que já aí teríamos posto, não pode reconstruir a coisa e o mundo comprimido neles, sob forma de implicação, tudo o que poderíamos ulteriormente pensar e dizer a respeito, mas permanece questão, interroga o mundo e a coisa, retoma, repete ou imita sua cristalização diante de nós. Porque essa cristalização que, de uma parte, nos é dada inteiramente feita, de outra não está nunca acabada, e podemos ver por aí como o mundo se faz. Faz-se sob a dominação de certas leis estruturais: os acontecimentos deixam transparecer poderes muito gerais, tais como o olhar ou a palavra, que operam segundo um estilo identificável, segundo relações de "se... então...", segundo uma lógica em ação e de que se precisa definir o estatuto filosófico se quisermos sair dos embaraços aonde nos lançam as noções inteiramente feitas de pensamento, de sujeito e de objeto e, enfim, saber o que é o mundo e o que é o ser. A filosofia não decompõe nossa relação com o mundo em elementos reais ou mesmo em referências ideais que dele fariam um objeto ideal, mas discerne nele articulações, despertando relações reguladas de "pré-posse", de recapitulação, de franqueamento, que estão como adormecidos em nossa paisagem ontológica, que subsistem apenas como vestígios e que, entretanto, aí continuam a funcionar, instituindo o novo.

A maneira de questionar do filósofo não é, portanto, a do *conhecimento*: para ele o ser e o mundo não são incógnitas que se trata de determinar por suas relações com os termos conhecidos, uns e outros pertencendo de antemão à mesma ordem de *variáveis*, de que um pensamento conquistador procuraria aproximar-se cada vez mais. A filosofia não é, ademais, tomada de *consciência*: para ela não se trata de reencontrar numa consciência legisladora a significação que teria dado ao mundo e ao ser graças a uma definição nominal. Do mesmo modo que não falamos por falar, que falamos a alguém *de* alguma coisa ou *de* alguém e que, nessa iniciativa da palavra, está implícita uma visão do mundo e dos outros da qual tudo *o que* dizemos está suspenso, também a significação léxica, e até mesmo as significações puras, reconstruídas intencionalmente, como as da geometria, visam a um universo de ser bruto e de coexistência no qual já estávamos lançados quando falamos e pensamos; este, por princípio, não admite os passos de uma *aproximação* objetivante ou reflexionante, porquanto se coloca à distância, no horizonte latente ou dissimulado. É a ele que a filosofia visa, que é, como se diz, *o objeto* da filosofia – aqui, porém, a lacuna jamais será preenchida, a incógnita transformada em conhecimento, o "objeto" da filosofia nunca virá encher a questão filosófica, porquanto essa obturação lhe retiraria a profundidade e a distância que lhe são essenciais. O ser efetivo presente, último e primeiro, a própria coisa por princípio são apanhados por transparência através de suas perspectivas, oferecem-se, por conseguinte, apenas a quem quer, não possuí-los (*avoir*), mas vê-los (*voir*), não tê-los como entre pinças ou imobilizá-los como sob a objetiva de um microscópio, mas deixá-los ser e assistir a seu ser contínuo, que, portanto, limita-se a devolver-lhes o vazio, o espaço livre que voltam a pedir, a ressonância que exigem, que segue o próprio movimento deles que, portanto, não é um nada que o ser pleno viria obturar, mas questão atribuída ao ser poroso que ela questiona e do qual não obtém *resposta* mas confirmação de seu espanto. Cumpre compreender a percepção como esse pensamento interrogativo que deixa ser o mundo percebido em vez de pô-lo, diante do qual as coisas se fazem e se desfazem como uma espécie de deslizar aquém do sim e do não.

Nossa discussão sobre o negativo anuncia-nos outro paradoxo da filosofia que a distingue de todo problema de conhecimento e proíbe que se fale em filosofia de *solução*: aproximação do longínquo como longínquo, a filosofia também é questão levantada àquilo que não fala. Pergunta à nossa experiência do mundo o que é o mundo antes que seja coisa de que se fale e evidente antes que seja reduzido a um conjunto de significações manejáveis, disponíveis: levanta essa questão à nossa vida muda, endereça-se a essa mistura do mundo e de nós que precede a reflexão, porque o exame das significações em si mesmas nos daria o mundo reduzido às nossas idealizações e à nossa sintaxe. No entanto, o que a filosofia encontra regressando às fontes, ela o diz. Ela própria é uma construção humana de que o filósofo sabe muito bem, seja qual for seu esforço, que, no melhor dos

104

casos, tomará lugar, a título de amostra, entre os *artefatos* e produtos da cultura. Se este paradoxo não é uma impossibilidade e se a filosofia pode falar, é porque a linguagem não é apenas a conservatória das significações fixas adquiridas, porque seu poder cumulativo resulta de um poder de antecipação e de pré-posse, porque não se fala apenas do que se sabe, por exibição – mas também do que não se sabe, para sabê-lo –, e a linguagem, fazendo-se, exprime, pelo menos lateralmente, uma ontogênese à qual pertence. Resulta, porém, daí, que as palavras mais carregadas de filosofia não são necessariamente as que encerram o que dizem, são antes as que se abrem mais energicamente para o Ser, porquanto revelam mais estreitamente a vida do todo e fazem vibrar as nossas evidências habituais até desjuntá-las. É, portanto, uma questão saber se a filosofia, como reconquista do ser bruto ou selvagem, pode realizar-se pelos meios da linguagem eloquente ou se não lhe seria preciso fazer dessa linguagem um uso que lhe tire o poder de significação imediata ou direta para igualá-la ao que a filosofia quer, assim mesmo, dizer.

No final das contas, a filosofia interroga a fé perceptiva – não espera, porém, nem recebe uma resposta no sentido ordinário, porquanto não é o desvendamento de uma variável ou de um invariante desconhecido que satisfará à questão proposta e porquanto o mundo existente existe sob a forma de interrogativa. A filosofia é a fé perceptiva interrogando-se sobre si mesma. Pode-se dizer dela, como de toda fé, que é fé *porque* é possibilidade de dúvida e esse infatigável percurso das coisas, que é nossa vida, também é uma interrogação contínua. Não é só a filosofia, no início é o olhar que interroga as coisas. Não temos uma consciência constituinte das coisas, como acredita o idealismo ou uma pré-ordenação das coisas à consciência como acredita o realismo (eles são indiscerníveis no que aqui nos interessa, pois ambos afirmam a adequação da coisa e do espírito) – temos com nosso corpo, nossos sentidos, nosso olhar, nosso poder de compreender a fala e de falar, *mensuradores* para o Ser, dimensões a que podemos remetê-lo; não, porém, uma relação de adequação ou de imanência. A percepção do mundo e da história é a prática dessa medida, a determinação de sua distância ou de sua diferença perante nossas normas. Se estamos nós mesmos em questão no próprio desenrolar de nossa vida não é porque um não-ser central ameaça a cada instante revogar seu consentimento no ser, e sim porque nós mesmos somos uma única questão contínua, uma empresa perpétua de marcação de nós mesmos sobre as constelações do mundo e das coisas, sobre nossas dimensões. As próprias questões da curiosidade ou da ciência são animadas interiormente pela interrogação fundamental que aparece a nu na filosofia. "De um momento para o outro, um homem ergue a cabeça, respira fortemente, espreita, considera e reconhece sua posição: pensa/suspira e, tirando seu relógio do bolso que se aloja de encontro à costela, olha as horas. *Onde estou?* e *Que horas são?* essa a questão inesgotável que propomos ao mundo[11]..." O relógio e o mapa dão apenas um simulacro de resposta: indicam-nos como o que estamos vivendo se situa em relação ao curso dos astros ou ao curso de uma jornada humana, ou ainda em relação a lugares que possuem um nome. Mas esses acontecimentos-referências e esses lugares-ditos, onde estão eles próprios? Remetem-nos a outros, e a resposta nos satisfaz apenas porque não lhe prestamos atenção, porque nos cremos "em casa". Renasceria e, de fato, seria inesgotável, quase insensata, se quiséssemos, por sua vez, situar nossos níveis, medir nossas escalas, se perguntássemos: mas o próprio mundo, onde está ele? E por que eu sou eu?[12] Que idade tenho verdadeiramente? Sou eu verdadeiramente o único a ser eu? Não tenho em algum lugar um duplo, um gêmeo? Estas questões que se coloca o doente num momento de acalmia, ou simplesmente este olhar o relógio, como se muito importasse que o suplício ocorresse sob tal inclinação do sol, a tal hora da vida do mundo, põem a nu, no momento em que a vida está ameaçada, o profundo movimento pelo qual nos instalamos no mundo e que recomeça logo mais. Os antigos liam nos céus a hora de entrar em combate. Nós não acreditamos que ela esteja escrita em alguma parte. Mas acreditamos e sempre acreditaremos que o que se passa aqui e agora constitui uma unidade com o simultâneo; o que se passa não seria para nós inteiramente real se não soubéssemos a que hora se passa. A hora não está mais destinada de antemão ao acontecimento, mas o acontecimento, seja ela qual for, dela se apropria; não seria ele mesmo inteiramente, se não o colocássemos na imensa simultaneidade do mundo e no seu impulso indiviso. Toda questão, até mesmo a que diz respeito ao simples conhecimento, faz parte da questão central que somos nós mesmos, deste apelo à totalidade ao qual nenhum ser objetivo dá resposta e que nos cabe examinar agora mais precisamente.

---

11. Claudel. *Art poétique*. Mercure de France, p. 9.
12. É, diz Alain, a questão que surge em *Manon Lescaut* no auge da desgraça. Estranha lenda: não a encontramos em *Manon Lescaut*. Cabe perguntar do fundo de que devaneio veio ter à cabeça de Alain e por que disfarçada em citação.

INTERROGAÇÃO E INTUIÇÃO

A filosofia não propõe questões e não traz as respostas que preencheriam paulatinamente as lacunas. As questões são interiores à nossa vida, à nossa história: nascem aí, aí morrem, se encontraram resposta, o mais das vezes aí se transformam; em todo o caso, é um passado de experiência e de saber que termina um dia nesse abismo. A filosofia não toma por dado o contexto, debruça-se sobre ele para procurar a origem e o sentido das perguntas e respostas, a identidade daquele que questiona, e por aí tem acesso à interrogação que anima todas as questões do conhecimento e que é de outra espécie.

Nossas perguntas rotineiras – "onde estou?", "que horas são?" – constituem a falta e a ausência provisória de um fato ou de um enunciado positivo, buracos num tecido de coisas ou de indicadores, de cuja continuidade estamos certos, já que há um tempo, um espaço, tratando-se apenas de saber em que ponto desse espaço e desse tempo estamos. À primeira vista, a filosofia apenas generaliza esse gênero de questões. Quando pergunta se o espaço, o tempo, o movimento, o mundo existem, o campo da questão é mais amplo mas trata-se ainda, como a questão natural, de uma semiquestão, incluída numa fé fundamental: existe alguma coisa, e cabe somente saber se é verdadeiramente este espaço, este tempo, este movimento, este mundo que acreditamos ver e sentir. A destruição das crenças, o assassínio simbólico dos outros e do mundo, a ruptura da visão e do visível, do pensamento e do ser não nos estabelecem, como o pretendem, no negativo; quando se tirou tudo isso, instalamo-nos no que resta, sensações, opiniões; e o que resta não é nada, nem de outro gênero diferente do que se suprimiu: são fragmentos mutilados da vaga *omnitudo realitatis* contra quem a dúvida se exercia e, sob outros nomes, eles a regeneram – aparência, sonho, *Psyché*, representação. É em nome e em proveito dessas realidades flutuantes que se põe em dúvida a realidade sólida. Não se sai do algo e a dúvida como destruição das certezas não é dúvida. Não se dá de modo diferente quando a dúvida se faz metódica, quando não é mais fluidificação de certezas mas retirada deliberada, recusa de juntar-se a elas. Desta vez não mais se contesta a existência de evidências e que, neste instante, sejam irresistíveis; e se são suspensas é somente porque são nossas, tomadas no fluxo de nossa vida, e porque, para conservá-las por mais tempo, seria preciso confiar no obscuro aparelho temporal da nossa fábrica interna, que talvez não nos dê mais do que ilusões coerentes. Esta natureza enganadora, este algo opaco que nos encerraria nas nossas clarezas, é apenas um fantasma do nosso rigorismo, um talvez. Se esse possível basta para manter em respeito nossas evidências é porque lhe damos peso decidindo nada supor tacitamente. Se em seu nome fingimos anular luzes que não poderíamos anular realmente, reputamos falso o que é apenas condicional, transformamos uma separação eventual entre o evidente e o verdadeiro numa distância infinita e uma dúvida especulativa no equivalente de uma condenação é que, como seres passivos, sentimo-nos presos numa massa do Ser que nos escapa ou até mesmo manobrados por um agente maligno, e a essa adversidade opomos o voto de uma evidência absoluta e liberada de toda facticidade. Assim, a dúvida metódica, a que é conduzida em nossa própria zona da vontade, refere-se ao Ser, já que resiste a uma evidência de fato, recalca uma verdade involuntária de que a própria dúvida confessa a existência e de que se inspira o próprio projeto de uma evidência absoluta. Se permanece dúvida é talvez porque se renovam os equívocos do ceticismo, omitindo os empréstimos que faz ao ser, ou evocando uma falsidade do próprio Ser, um Grande Enganador, um Ser que ativamente se esconde e põe diante de si o anteparo de nosso pensamento e de suas evidências como se esse ser elusivo nada fosse. A interrogação filosófica não iria, pois, ao término dela mesma, se se limitasse a generalizar a dúvida, a questão comum do *an sit*, a estendê-las ao mundo e ao Ser; se apenas se definisse como dúvida, não-saber e não-crença. Não é tão simples. Estendendo-se a tudo, a questão comum muda de sentido. Para separar-se de todo o ser a filosofia elege certos seres – as "sensações", a "representação", o "pensamento", a "consciência" ou até mesmo um ser enganador. Precisamente para cumprir seu voto de radicalismo, ser-lhe-ia preciso tomar por tema este vínculo umbilical que sempre a liga ao Ser, este horizonte inalienável, pelo qual ela já está circunscrita, essa iniciação prévia à qual tenta em vão regressar, não mais negar, nem mesmo duvidar, apenas recuar para ver o mundo e o Ser, ou ainda colocá-los entre aspas como fazemos com os enunciados de um outro, deixá-los falar, pôr-se à escuta... Então, se a questão não pode mais ser a do *an sit*, ela se transforma na do *quid sit*, e nada mais resta senão procurar o que é o mundo, a verdade e o ser, nos termos da cumplicidade que temos com eles. Ao mesmo tempo que se renuncia à dúvida, também se renuncia à afirmação de uma exterioridade absoluta, de um mundo ou de um Ser que fossem um indivíduo maciço, voltamo-nos para esse Ser que duplica, em toda a sua extensão, nossos pensamentos, já que são pensamentos de alguma coisa e que eles próprios não são nada, sendo, portanto, sentido e sentido do sentido. Não somente este sentido que se vincula às palavras e pertence à ordem dos enunciados e das coisas ditas, a uma região circunscrita do mundo, a certo gênero do Ser – mas sentido universal, capaz de sustentar tanto as operações lógicas e a linguagem como o desdobramento do mundo. Ele será *aquilo sem o que* não haveria nem mundo nem linguagem, nem o que quer que seja, será a essência. Quando se reporta do mundo àquilo que o faz mundo, dos seres àquilo que os faz ser, o puro olhar, que não subentende nada, que não tem atrás de si, como o de nossos olhos, as trevas de um corpo e de um passado, não poderia aplicar-se a algo que esteja diante de si sem restrição nem condição: àquilo que faz com que o mundo seja mundo, a uma gramática imperiosa do ser, a núcleos de sentido indecomponíveis, redes de propriedades inseparáveis. As essências são este sentido intrínseco, estas necessidades de princípio, seja qual for a realidade em que se misturam e se confundem (sem que, aliás, suas implicações deixem de fazer-se valer), único ser legítimo ou autêntico que tem a pretensão e direito a ser, e que é afirmativo por si próprio, já que é o sistema de tudo o que é possível para o olhar de um espectador puro, traçado ou

109

desenho daquilo que, em todos os níveis, é *alguma coisa* – alguma coisa em geral, ou alguma coisa material, ou alguma coisa espiritual, ou alguma coisa viva.

É muito mais pela questão *quid sit* do que pela dúvida que a filosofia logra separar-se de todos os seres, pois os muda em sentido deles mesmos – procedimento que já é da ciência quando, para responder às questões da vida que não são mais do que hesitação entre o sim e o não, discute as categorias recebidas, inventa novos gêneros do Ser, um novo céu de essências. Mas não termina esse trabalho: não separa essas essências inteiramente do mundo, mas mantém-nas sob a jurisdição dos fatos que amanhã podem demandar outra elaboração. Galileu dá apenas um esboço da coisa material, e a física clássica inteira vive de uma essência da *Physis* que talvez não seja a sua essência verdadeira: é preciso manter os seus princípios e, graças a alguma hipótese auxiliar, levar até eles a mecânica ondulatória? Ou, pelo contrário, defrontamo-nos com uma nova essência do mundo material? É preciso conservar a essência marxista da história e tratar como variáveis empíricas e confusas os fatos que parecem pô-la em questão ou, pelo contrário, estamos num ponto de inflexão onde, *sob* a essência marxista da história, transparece uma essência mais autêntica e mais plena? A questão permanece indecisa no saber científico porque nele verdades de fato e verdades de razão se imbricam umas nas outras, sendo a circunscrição dos fatos, como a elaboração das essências, conduzidas por pressupostos que cabe interrogar, se se pretende saber plenamente o que a ciência quer dizer. A filosofia seria também essa leitura do sentido levado a cabo, ciência exata, a única exata, pois é a única que esgota o esforço de saber o que *é* a Natureza, a História, o Mundo e o Ser, quando tomamos com eles, não somente o contato parcial e abstrato da experiência e do cálculo físicos ou da análise histórica, mas o contato total de quem, vivendo no mundo e no Ser, pretende ver plenamente sua vida, em particular a vida do conhecimento, e, habitante do mundo, tenta pensar-se no mundo, pensar o mundo nele mesmo, separar suas essências confundidas e formar, enfim, a significação "Ser"*.

Quando a filosofia encontra sob a dúvida um "saber" prévio, em torno das coisas e do mundo como fatos e como fatos duvidosos, um horizonte que engloba tanto nossas negações como nossas afirmações quando mergulha nesse horizonte, é certo que

---

* *À margem*: O que há de verdadeiro: o que não é nada é ALGO, contudo: este algo não é duro como diamante, não é incondicionado, ERFAHRUNG (experiência).

deve definir de novo este novo algo. Define-o perfeita ou suficientemente dizendo que é *a essência?* A questão da essência é a questão última? Com a essência e o puro espectador que a vê chegamos verdadeiramente à origem? A essência é, por certo, dependente. Sempre se faz o inventário das necessidades da essência na base de uma suposição (a mesma que retorna tão frequentemente em Kant): se este mundo deve existir para nós, ou se deve haver um mundo, ou se deve haver alguma coisa, é preciso então que obedeçam a tal e tal lei de estrutura. Mas de onde tiramos a hipótese, mas de onde sabemos que há alguma coisa, que há um mundo? Este saber está sotoposto à essência, é a experiência de que a essência faz parte e que ela não envolve. O ser da essência não é primeiro, não repousa sobre si mesmo, não sendo ele que nos pode ensinar o que seja o Ser. A essência não é a resposta à questão filosófica, esta não é posta em nós por um espectador puro: consiste antes em saber como e sobre que fundo se estabelece o espectador puro, de que fonte mais profunda ele se alimenta. Sem as necessidades de essência, as conexões inabaláveis, as implicações irresistíveis, as estruturas resistentes e estáveis não haveria nem mundo, nem algo em geral, nem Ser; mas sua autoridade de essências, seu poder afirmativo, sua dignidade de princípios não são evidentes. Das essências que encontramos, não temos o direito de dizer que revelam o sentido primitivo do Ser, que são o possível em si, todo o possível, reputando impossível tudo o que não obedece a suas leis, nem tratar o Ser e o mundo como consequências suas: elas são apenas a maneira ou o estilo, são o *Sosein* mas não o *Sein*. E se dizemos com fundamento que todo pensamento, o nosso e o alheio, as respeita, se possuem valor universal, é na medida em que outro pensamento fundado em outros princípios deveria, para ser reconhecido por nós, entrar em comunicação conosco, prestar-se às condições do nosso, de nossa experiência, tomar lugar em nosso mundo e, finalmente, na medida em que todos os pensadores e todas as essências possíveis se abrem a uma única experiência e ao mesmo mundo. Não há dúvida de que, para estabelecermos e enunciarmos isso mesmo, usamos essências, a necessidade dessa conclusão é uma necessidade de essência, mas não ultrapassa os limites de um pensamento, não se impõe a todos, nem mesmo sobrevive à minha intuição de momento, só valendo para mim como verdade duradoura porque minha experiência se liga a ela e à dos outros, abrindo-se para um único mundo, inscrevendo-se num único Ser. É, portanto, à experiência que pertence o poder ontológico último, e as essências, as necessidades de essência, a possibilidade interna ou lógica, não obstante a solidez e a incontestabilidade que possuem aos olhos do espírito, apenas têm força e eloquência porque todos os meus pensamentos e os pensamentos alheios são tomados no tecido de um único Ser. O puro espectador em mim, que ergue toda coisa à essência, que produz suas ideias, somente tem garantias de com elas tocar o Ser porque emerge numa experiência atual rodeada por experiências atuais, pelo mundo atual, pelo Ser atual que é o solo do Ser predicativo. As possibilidades de essência podem bem envolver e dominar *os fatos*, derivam, todavia, de outra possibilidade mais fundamental: a que trabalha minha experiência, que a abre para o mundo e para o Ser e que, por certo, não os encontra diante dela *como fatos* mas anima e organiza sua *facticidade*. Quando a filosofia deixa de ser dúvida para fazer-se desvendamento, explicitação, já que se separou dos fatos e dos seres, o campo que abre é decerto feito de significações ou de essências, mas que não se bastam, reportando-se abertamente aos nossos atos de ideação, e são por eles colhidos de um ser bruto onde se trata de encontrar em estado selvagem os responsáveis por nossas essências e significações.

Quando me pergunto o que é o algo, ou o mundo, ou a coisa material, não sou ainda o puro espectador que, pelo ato de ideação, virei a ser; sou um campo de experiências onde se desenham somente a família das coisas materiais e outras famílias, e o mundo como seu estilo comum; a família das coisas ditas e o mundo da palavra como seu estilo comum e, enfim, o estilo abstrato e desencarnado do algo em geral. Para daí passar às essências, devo intervir ativamente, fazer variar as coisas e o campo, não por alguma manipulação, mas sem tocá-lo, supondo mudado ou pondo fora de circuito tal relação ou tal estrutura, observando o que resulta para as outras de modo a detectar aquelas separáveis da coisa e aquelas que, pelo contrário, não se poderiam suprimir ou alterar sem que a coisa deixe de ser ela mesma. A essência emerge desta prova – não é, pois, um ser positivo. É um invariante; exatamente: aquilo cujo movimento ou ausência alteraria ou destruiria a coisa; e a solidez e essenciabilidade da essência é exatamente medida pelo poder que possuímos de variar a coisa. Uma essência pura, que não fosse de modo algum contaminada e baralhada pelos fatos, só poderia resultar de uma tentativa de variação total. Exigiria também um espectador sem segredos, sem latência, para termos certeza de que nada teria sido introduzido subrepticiamente. Para reduzir verdadeiramente uma experiência à sua essência, seria preciso tomar em relação a ela uma distância que a pusesse inteiramente sob nosso olhar com todos os subentendidos de sensoriabilidade ou de pensamento operando nela, fazendo-a e fazendo-nos passar inteiramente para a transparência do imaginário, pensá-la sem o apoio de nenhum solo. Em suma, recuar para o fundo do nada. Só então poderíamos saber quais os momentos que constituem positivamente o ser dessa experiência. Mas seria ela uma experiência, já que eu a sobrevoaria? E se tentasse mantê-la como uma adesão em pensamento, seria precisamente uma essência que eu veria? Toda ideação, porque é uma ideação, se faz num espaço de existência, sob a garantia de minha duração que deve retornar a si mesma para encontrar aí a ideia que pensava há um instante, passando para os outros a fim de encontrá-la também neles. Toda ideação se sustenta nesta árvore de minha duração e das durações; essa seiva ignorada nutre a transparência da ideia; atrás da ideia há a unidade, a simultaneidade de todas as durações reais e possíveis, a coesão total de um único Ser. Sob a solidez da essência e da ideia há o tecido da experiência, essa carne do tempo, e é por isso que não estou certo de ter perfurado até o núcleo duro do ser: meu incontestável poder de tomar terreno, de extrair o possível do real não vai até dominar todas as implicações do espetáculo e fazer do real uma simples variante do possível; ao contrário, os mundos e os seres possíveis é que são variantes, duplos do mundo e do Ser atuais. Tenho campo bastante para substituir por outros tais momentos de minha experiência, constatando, assim, que isso não a suprime, e determinar, por conseguinte, o inessencial. Mas o que resta depois dessas eliminações pertence necessariamente ao Ser de que se trata? Seria preciso, para afirmá-lo, sobrevoar meu campo, suspender ou, pelo menos, reativar todos os pensamentos sedimentados de que está cercado, e, em primeiro lugar, o meu tempo, o meu corpo – o que não é apenas impossível de fato mas me privaria precisamente dessa coesão espessa do mundo e do Ser sem a qual a essência é loucura subjetiva e arrogância. Há, portanto, para mim, o inessencial, e há uma zona, um oco, onde se reúne o que não é inessencial, impossível; não há visão positiva que me dê definitivamente a essencialidade da essência.

Diremos, então, que *a perdemos*, que somente a temos em princípio, que se situa no limite de uma idealização sempre imperfeita? Este pensamento duplo que opõe o princípio e o fato apenas salva, sob o nome de "princípio", um preconceito da essência, quando é o momento de decidir se é fundado. Para salvar o preconceito, acantona-nos no relativismo, quando, ao contrário, renunciando à essência intemporal e sem localização, talvez obtivéssemos um verdadeiro pensamento da essência. É por termos começado pela antítese do fato e da essência, daquilo que existe individualizado num ponto do espaço e do tempo e daquilo que é para sempre e em parte alguma, que finalmente fomos conduzidos a tratar a essência como uma ideia-limite, isto é, torná-la inacessível. Pois está aí o que nos obrigaria a procurar o ser da essência como uma segunda positividade além da ordem dos "fatos", a sonhar com uma variação da coisa que elimina tudo o que não é autenticamente ela, fazendo-a aparecer inteiramente nua quando está sempre vestida – um trabalho impossível da experiência sobre a experiência que a desprovida de sua facticidade como se fosse uma impureza. Talvez, ao contrário, se reexaminássemos a antítese do fato e da essência, pudéssemos redefini-la de uma maneira que a ela nos desse acesso, pois que não estaria além, mas no âmago desse enovelamento da experiência sobre a experiência que há pouco se constituía era dificuldade.

A bifurcação da essência e do fato impõe-se apenas para um pensamento que contempla o ser de alhures e, por assim dizer, frontalmente. Se sou *kosmotheoros*, meu olhar soberano encontra as coisas cada uma em seu tempo, em seu lugar, como indivíduos absolutos numa única localização espacial e temporal. Já que participam de seus lugares das mesmas significações, somos levados a conceber, transversal a essa multiplicidade plana, uma outra dimensão, o sistema de significações sem localização nem temporalidade. Depois do que, sendo necessário recoser e compreender como as duas ordens se ligam através de nós, chegamos ao inextricável problema da intuição das essências. Mas sou *kosmotheoros*? Mais exatamente: sou-o em última instância? Sou eu, primitivamente, poder de contemplar, puro olhar que fixa as coisas em seu lugar temporal e espacial, e as essências, num céu invisível, esse raio do saber que deveria surgir de nenhuma parte? Ora, enquanto me instalo nesse ponto zero do Ser, bem sei que ele possui com a localidade e a temporalidade um vínculo misterioso: amanhã, dentro em pouco, esta visão mergulhante, com tudo o que envolve, vai cair numa certa data do calendário, determinar-lhe-ei um certo ponto de aparição na terra e na minha vida. É de crer que o tempo continuou a correr por baixo e a terra a existir. Dado que, entretanto, passei para o outro lado, em vez de dizer que estou no tempo e no espaço ou que não estou em parte alguma, por que antes não dizer que estou em toda a parte, sempre, ao estar neste momento e neste local?

Porquanto o presente visível não está *no* tempo e *no* espaço nem, é claro *fora* deles: nada há antes dele, depois dele, em torno dele que possa rivalizar com sua visibilidade. E, no entanto, ele não está só, não é tudo. Exatamente: tapa minha vista, isto é, concomitantemente o tempo e o espaço se estendem para além, e estão *atrás* dele, em profundeza, às ocultas. O visível pode assim preencher-me e ocupar-me só porque, eu que o vejo não o vejo do fundo do nada mas do meio dele mesmo, eu, o vidente, também sou visível; o que faz o peso, a espessura, a carne de cada cor, de cada som, de cada textura tátil, do presente e do mundo, é que aquele que os apreende sente-se emergir deles por uma espécie de enrolamento ou redobramento, profundamente homogêneo em relação a eles, sendo o próprio sensível vindo a si e, em compensação, o sensível está perante seus olhos como seu duplo ou extensão de sua carne. O espaço, o tempo das coisas são farrapos dele próprio, de sua espacialização, de sua temporalização, não mais uma multiplicidade de indivíduos distribuídos sincrônica e diacronicamente, mas um relevo do simultâneo e do sucessivo, polpa espacial e temporal onde os indivíduos se formam por diferenciação. As coisas, aqui, ali, agora, então, não existem mais em si, em seu lugar, em seu tempo, só existem no término destes raios de espacialidade e temporalidade, emitidos no segredo da minha carne, e sua solidez não é a de um objeto puro que o espírito sobrevoa, mas é experimentada por mim do interior enquanto estou entre elas, e elas se comunicam por meu intermédio como coisa que sente. Como a lembrança-anteparo dos psicanalistas, o presente, o visível não conta tanto para mim, só tem para mim prestígio absoluto por causa deste imenso conteúdo latente de passado, de futuro e de alhures, que anuncia e esconde. Não se faz, pois, mister acrescentar à multiplicidade dos átomos espaciotemporais uma dimensão transversal das essências: o que existe é toda uma arquitetura, toda uma "disposição em andares" de fenômenos, toda uma série de "níveis de ser"[1] que se diferenciam pelo enovelamento do visível e do universal com um certo visível onde se duplica e se inscreve. Fato e essência não podem mais ser distinguidos, não porque, misturados em nossa experiência, sejam, em sua pureza, inacessíveis e subsistam como ideias limites para além dela, mas porque o ser, não estando mais *diante de mim*, mas envolvendo-me e, em certo sentido, me atravessando, minha visão do Ser não se fazendo de alhures mas do meio do Ser, os pretensos fatos, os indivíduos espaciotemporais são de repente montados nos eixos, nos pivôs, nas dimensões, na

1. Jean Wahl – "Sein, Wahreit, Welt, por E. Fink". *Revue de Métaphysique et de Morale*, 1960 n⁰ 2.

generalidade do meu corpo, e as ideias estão, portanto, já incrustadas nas suas junturas. Não há um ponto do espaço e do tempo que não se relacione com os outros, que não seja uma variante dos outros assim como estes o são dele; não há um indivíduo que não seja representativo de uma espécie ou de uma família de seres, que não tenha, que não seja um certo estilo, uma certa maneira de gerir o domínio do espaço e do tempo sobre o qual tem competência, de pronunciá-lo, de articulá-lo, de irradiar à volta de um centro inteiramente virtual, em suma, uma certa maneira de ser, no sentido ativo, um certo *Wesen* no sentido, diz Heidegger, que tem a palavra quando empregada como verbo[2].

Resumidamente, não há uma essência, uma ideia que não se atenha a um domínio de história e geografia, não que esteja nele *encerrada*, e inacessível para os outros, mas porque o espaço ou o tempo da cultura, como o da natureza, não são sobrevoáveis, e a comunicação de uma cultura constituída com outra se faz por meio da região selvagem onde todas nasceram. Em tudo isso, onde está a essência? Onde está a existência? Onde, o *Sosein* e o *Sein*? Nunca temos diante de nós puros indivíduos, geleiras de seres inseçáveis, nem essências sem lugar e sem data, não que existam alhures, para além de nosso alcance, mas porque somos experiências, isto é, pensamentos que experimentam, atrás deles, o peso do espaço, do tempo, do próprio Ser que eles pensam, que, portanto, não têm sob seu olhar um espaço e um tempo serial, nem a pura ideia das séries, tendo, entretanto, em torno de si mesmos um tempo e um espaço de empilhamento, de proliferação, de imbricação, de promiscuidade – perpétua pregnância, parto perpétuo, geratividade e generalidade, essência bruta e existência bruta que são os ventres e os nós da mesma vibração ontológica.

E se perguntarmos qual é este meio indeciso em que nos encontramos, uma vez rejeitada a distinção do fato e da essência, é preciso responder que é o próprio meio de nossa vida, e de nossa vida de conhecimento. Seria tempo de rejeitar os mitos da indutividade e da *Wesenschau*, transmitidos como pontos de honra de geração em geração. No entanto, está claro que nem

---

2. O Liceu para nós que aí voltamos após trinta anos, como para aqueles que hoje nele habitam, não é tanto um objeto que seja útil ou possível de descrever por suas características quanto certo odor, textura afetiva com poder sobre certa vizinhança do espaço. Este veludo, esta seda sob meus dedos são certa maneira de resistir-lhes e ceder, força rugosa, lisa, rangente, que respondem de um lugar X à minha carne, prestam-se ao seu movimento de carne musculada ou a tentam em sua inércia. [*Einführung in die Metaphysik* (*Introdução à Metafísica*) – Niemeyer, Tubingen, 1963, p. 26.]

mesmo Husserl obteve uma única *Wesenschau* que não tenha, em seguida, retomado e retrabalhado, não para desmenti-la mas para obrigá-la a dizer o que ela de início não dissera inteiramente, de sorte que seria ingênuo procurar a solidez num céu de ideias ou num *fundo* do sentido: ela não está nem acima nem abaixo das aparências mas na sua juntura, sendo o elo que liga secretamente uma experiência às suas variantes. Está claro, também, que a indutividade pura é um mito. Deixemos o domínio da física, deixemos para mais tarde mostrar que a psicanálise do conhecimento objetivo é interminável, ou melhor, que, como toda psicanálise, está destinada não a suprimir o passado, os fantasmas, mas a transformá-los de potências de morte em produtividade poética, e que a própria ideia do conhecimento objetivo e a do algoritmo como autômato espiritual, e finalmente a de um objeto que se informa e se conhece a si mesmo está, tanto como qualquer outra, ou ainda mais do que outra, apoiada em nossos sonhos. Deixemos por ora tudo isso. Em todo caso, desde que se trata do ser vivo e do corpo e, com razões ainda mais fortes, do homem, é bem claro que nenhuma investigação fecunda é pura indutividade, puro recenseamento das constantes em si, que a psicologia, a etnologia, a sociologia só nos ensinaram alguma coisa colocando a experiência mórbida ou arcaica, ou simplesmente outra, em contato com nossa experiência, esclarecendo uma pela outra, criticando uma pela outra, organizando o *Ineinander* e, finalmente, praticando essa variação eidética em que Husserl só errou ao reservá-la para a imaginação e para a visão solitárias do filósofo, quando é o suporte e o lugar desta *opinio communis* que chamamos ciência. Neste caminho, ao menos, é certo que se chega à objetividade, não mergulhando num Em si mas desvelando, retificando, um pelo outro, o dado exterior e o dúplice interno que temos, enquanto sentientes-sensíveis, arquétipos e variantes da humanidade e da vida, isto é, enquanto somos internos à vida, ao ser-humano e ao Ser, assim como ele o é a nós, e que vivemos e conhecemos não a meio caminho de fatos opacos e de ideias límpidas, mas no cruzamento em que famílias de fatos inscrevem sua generalidade, seu parentesco, agrupando-se em torno das dimensões e do lugar de nossa própria existência. Este meio da essência e da existência brutas não é misterioso: não saímos dele, não temos outro. Os fatos e as essências são abstrações: o que há são os mundos, e um mundo e um Ser, não soma de fatos ou sistema de ideias mas a impossibilidade do não-senso ou do vazio ontológico, como o espaço e o tempo não são a soma de indivíduos locais e temporais, mas a presença e a latência atrás de cada um deles, de todos os outros, e atrás destes, de outros ainda, que não sabemos o que são, mas ao menos sabemos que são determináveis em princípio. Este mundo, este Ser, facticidade e idealidade indivisas, que não são um no sentido dos indivíduos que contêm, e ainda menos dois ou vários nesse mesmo sentido, este mundo como tal nada tem de misterioso: é nele que habitam, diga-se o que se disser, nossa vida, nossa ciência e nossa filosofia*.

Explicitaremos a coesão do tempo, a do espaço, a do espaço e do tempo, a "simultaneidade" de suas partes (simultaneidade literal no espaço, simultaneidade, no sentido figurado, no tempo) e o entrelaçamento do espaço e do tempo, e a coesão do direito e do avesso de meu corpo, o que faz que, visível, tangível como uma coisa, seja ele quem opera esta visão de si mesmo, este contato consigo em que se desdobra, se unifica, de sorte que o corpo objetivo e o corpo fenomenal giram um em volta do outro ou se imbricam um no outro. Basta mostrar, por ora, que o Ser único, a dimensionalidade à qual pertencem estes momentos, estas folhas e dimensões, está além da essência e da existência clássicas, tornando compreensível suas relações.

No que respeita tanto à essência como ao fato, basta que nos coloquemos no ser de que se trata em vez de olhá-lo de fora, ou, ainda, *o que vem a ser a mesma coisa*, cabe recolocá-lo no tecido de nossa vida, assistir por dentro à deiscência, análoga à de meu corpo, que o abre para si mesmo e nos abre para ele, e que, tratando-se da essência, é a do falar e a do pensar. Como meu corpo, que é um dos visíveis, vê-se também a si mesmo e, por isso, torna-se luz natural abrindo para o visível seu interior, a fim de que venha a ser paisagem minha, realizando, como se diz, a miraculosa promoção do Ser à "consciência", ou, como dizemos de preferência, a segregação do "interior" e do "exterior" – do mesmo modo, a fala, sustentada pelas mil relações ideais da língua e que, para a ciência, como linguagem constituída, é, pois, certa região no universo das significações, é também órgão ou amplificador de todas as demais e, por conseguinte, coextensiva ao pensável. A fala é parte total das significações, como a carne do visível, como esta, relação com o Ser através de um ser e, também, narcísica, erotizada, dotada de uma magia natural que atrai para sua teia as outras significações assim como o corpo sente o mundo ao sentir-se. Há aí, na realidade, ao invés de paralelismo ou

---

* *Estas linhas inseridas, aqui, no próprio curso do texto*: neste trabalho da experiência sobre a experiência que é o contexto carnal da essência, é preciso notadamente assinalar o da palavra (retomar § sobre discussão e obtenção da essência como afastamento das palavras).

de analogia, solidariedade e entrelaçamento: se a fala, de simples região que é, poda ser também asilo do mundo inteligível, é porque prolonga no invisível, estende às operações semânticas a pertencença do corpo ao ser e a pertinência corporal de todo ser que me é de uma vez por todas atestada pelo visível, e cuja ideia cada evidência intelectual faz repercutir um pouco mais longe. Numa filosofia que leva em consideração o mundo operante, em funcionamento, presente e coerente, tal como é, a essência não constitui de forma alguma um escolho: possui seu lugar como essência operante, em funcionamento. Não há mais essências acima de nós, objetos positivos, oferecidos a um olho espiritual, há, porém, uma essência sob nós, nervura comum do significante e do significado, aderência e reversibilidade de um a outro, como as coisas visíveis são as dobras secretas de nossa carne e de nosso corpo, embora este também seja uma das coisas visíveis. Assim como o mundo está atrás de meu corpo, a essência operante também está atrás da fala operante, isto é, aquela que possui a significação em menor grau do que é por ela possuída, que não fala *dela* mas a *fala*, ou fala *segundo* ela ou a deixa falar e falar-se em mim, que perfura meu presente. Se há uma idealidade, um pensamento que possui em mim um futuro, que até mesmo perfura meu espaço de consciência e possui um futuro entre os outros e, por fim, transformada em escrita, possui um futuro em todo leitor possível, só pode ser este pensamento que não sacia nem a mim nem a eles, indicando uma deformação geral de minha paisagem, abrindo-a para o universal, precisamente porque é antes de tudo um *impensado*. As ideias demasiadamente possuídas não são mais ideias, nada penso quando as falo, como se fosse essencial à essência ser para o amanhã, como se fosse apenas uma seda no tecido das palavras. Uma discussão não é uma troca ou um confronto de ideias, como se cada um formasse as suas, mostrasse-as aos outros, olhasse as deles, retornando para corrigir as suas... Quando alguém fala, os outros nada mais são do que certas distâncias em relação a suas palavras, e ele próprio precisa sua distância em relação a eles. Alto ou baixo, cada um fala por inteiro, com suas "ideias", mas também com suas obsessões, sua história secreta que os outros de repente desnudam, formulando-as como ideias. A vida torna-se ideias e as ideias voltam à vida, cada um é preso pelo torvelinho no qual, de início, se engajara comedidamente, levado pelo que já disse e pelo que lhe responderam, levado por seu pensamento que já não é apenas pensado por ele. Ninguém mais pensa, todos falam, vivem e gesticulam no Ser, assim como me movo em minha paisagem, guiado pelas graduações de diferenças que cabe observar ou reduzir se pretendo permanecer aqui ou ir até lá. Seja na discussão ou no monólogo, a essência no estado vivo e ativo consiste sempre em certo ponto de fuga indicado pelo arranjo das palavras, seu "outro lado" inacessível, salvo para aquele que aceita nelas viver de começo e para sempre.

Do mesmo modo que a nervura sustem a folha por dentro, do fundo de sua carne, as ideias são a textura da experiência; seu estilo, primeiramente mudo, em seguida proferido. Como todo estilo, elas se elaboram na espessura do ser, e não apenas de fato mas de direito não poderiam ser separadas para serem expostas ao olhar.

A interrogação filosófica não é, pois, a simples espera de uma significação que viria preenchê-la. "O que é o mundo?", ou melhor, "o que é o Ser?", estas questões só se tornam filosóficas se, por uma espécie de diplopia, visarem, ao mesmo tempo que a um estado de coisas, a si mesmas como questões – ao mesmo tempo que à significação "ser", ao ser da significação e ao lugar da significação no Ser. É próprio da interrogação filosófica voltar-se sobre si mesma, perguntar também o que é questionar e o que é responder. Essa pergunta, elevada à segunda potência, desde que feita, não poderia ser apagada. Nada mais poderá ser doravante como se nunca tivesse havido pergunta. O esquecimento da pergunta, o retorno ao positivo só seriam possíveis se a interrogação fosse apenas ausência de sentido, recuo diante do nada que não é nada. Mas quem questiona não é nada, é – coisa inteiramente diversa – um ser que se interroga; o que possui de negativo assenta numa estrutura de ser, não sendo, pois, um nada que se elimina do cálculo. Dizíamos que a dúvida é um positivismo clandestino, e que é preciso ultrapassá-la em direção a algo que ela nega e afirma ainda. Mas, reciprocamente, se quisermos ultrapassá-la para nos situarmos na esfera de certeza absoluta que seria a das significações ou das essências, este positivismo absoluto significaria que aquele que questiona afastou de tal modo de si o Ser e o mundo que não mais está nele. Como o negativismo da dúvida, o positivismo das essências diz secretamente o contrário do que diz abertamente. A resolução de chegar ao ser absolutamente duro da essência esconde a pretensão mentirosa de não ser nada. Nenhuma questão é endereçada ao Ser: ainda que apenas através do seu ser de questão, ela já o frequentou, e dele retorna. Assim como se exclui que a questão seja ruptura real com o Ser, nada vivido, exclui-se também que seja ruptura ideal, olhar absolutamente puro sobre uma experiência reduzida à sua significação ou à sua essência. Assim como se exclui que a questão seja sem resposta, puro abismo abrindo-se em direção a um Ser transcendente, exclui-se também que a resposta seja imanente à questão e que, como dizia Marx, a humanidade apenas se proponha questões que pode resolver; ambas as perspectivas são excluídas pela mesma razão: nas duas hipóteses finalmente não haveria questão e, em ambas as perspectivas, ignora-se o ponto de partida, quer porque cortados do Ser, não possuímos positivo suficiente para fazermos uma pergunta, quer porque, já presos nele, já nos situamos além de toda questão. As questões de essência a que se quer reduzir a filosofia não são por si mais filosóficas que as questões de fato, e estas, eventualmente, não menos filosóficas do que aquelas. A dimensão da filosofia cruza a da essência e do [fato]*. Interrogar-se sobre a essência do tempo e do espaço não é ainda fazer filosofia, se logo em seguida não se interroga sobre as relações do próprio tempo e do próprio espaço com sua essência. E, em certo sentido, as questões de fato vão mais longe que as verdades de razão. "De um momento para o outro, um homem ergue a cabeça, respira fortemente, espreita, considera e reconhece sua posição: pensa, suspira e, tirando seu relógio de bolso que se aloja de encontro à costela, olha as horas. *Onde estou?* e *Que horas são?* essa a questão inesgotável que propomos ao mundo³**"... Inesgotável porque a hora e o lugar mudam sem cessar, mas sobretudo porque a questão que surge não se resume, no fundo, em perguntar em que lugar do espaço tomado como um dado, em que hora do tempo tomado como um dado estamos, mas primeiramente qual é o vínculo indestrutível que nos liga às horas e aos lugares, este soerguimento perpétuo sobre as coisas, instalação contínua entre elas pela qual, antes de tudo, é preciso que eu esteja num tempo e num lugar, quaisquer que sejam estes. Uma informação positiva, um enunciado seja ele qual for, nada mais fazem do que postergar essa questão e enganar nossa fome. Remetem-nos a não sei que lei de nosso ser, segundo a qual, depois de um espaço há outro espaço, depois de um tempo, outro tempo. No entanto, é a esta mesma lei que visam as nossas questões de fato. Se pudéssemos perscrutar seu motivo último, encontraríamos sob as questões *onde estou* e *que horas são* um secreto conhecimento do espaço e do tempo como seres a serem

---

* *Reintroduzimos entre colchetes* fato *riscado por engano.*
3. Claudel, *Arte poética*, p. 9 op. cit.
** O leitor notará que a mesma frase de Claudel já foi citada e comentada (supra p. 104). Esta repetição testemunha o estado de inacabamento do manuscrito.

interrogados, da interrogação como relação última com o Ser e como órgão ontológico. Não mais do que os fatos, as necessidades de essência não constituirão a "resposta" invocada pela filosofia. A "resposta" está mais alta do que os "fatos" e mais baixa do que as "essências", no Ser selvagem onde estavam indivisos e onde, atrás ou abaixo das clivagens de nossa cultura adquirida, continuam assim.

O que propomos aqui e opomos à procura da essência não é um retorno ao imediato, a coincidência, a fusão efetiva com o existente, a procura de uma integridade original, de um segredo perdido a reencontrar, que anule nossas questões e até mesmo levante acusações à nossa linguagem. Se se perdeu a coincidência, não é por acaso, se o Ser está escondido, isso mesmo é um traço do Ser, e nenhum desvendamento no-lo fará compreender. Um imediato perdido, dificilmente reconstituível, trará em si mesmo, se o reconstituirmos, os sedimentos dos procedimentos críticos pelos quais o teríamos encontrado, e não será, por conseguinte, o imediato. Se deve sê-lo, se não deve guardar traço algum de nossas operações de aproximação, se é o próprio Ser, é porque não existe entre nós e ele caminho algum, sendo, por princípio, inacessível. As coisas visíveis à nossa volta repousam em si mesmas e seu ser natural é tão pleno que parece envolver seu ser percebido, como se a percepção que temos delas se fizesse nelas. Se, porém, exprimo essa experiência dizendo que as coisas estão em seus lugares e que nós nos fundimos com elas, logo a torno impossível, pois, à medida que nos aproximamos das coisas, paro de ser, à medida que sou, não há a coisa, mas somente seu dúplice no meu "quarto escuro". No momento em que minha percepção vai tornar-se percepção pura, coisa, Ser, ela se apaga; no momento em que se acende, não sou mais a coisa. Do mesmo modo, com o ser do passado, não há coincidência real: se a lembrança pura é o antigo presente conservado e se, na rememoração, volto a ser verdadeiramente o que fora, não se vê como poderia abrir-me à dimensão do passado; se, inscrevendo-se em mim, cada presente perde sua carne, se a pura lembrança em que se transmuda é um invisível, há então um passado, mas não coincidência com ele, estou separado dele por toda a espessura de meu presente, o passado só é meu se aí encontra lugar de alguma maneira, fazendo-se de novo presente. Como nunca há, concomitantemente, coisa e consciência da coisa, nunca há, concomitantemente, passado e consciência do passado, e pela mesma razão: numa intuição por coincidência e fusão, tudo o que se dá ao Ser se retira da experiência, tudo o que se dá à experiência se retira do Ser. A verdade é que a experiência de uma coincidência só pode ser, como diz Bergson frequentemente, "coincidência parcial". Mas o que é uma coincidência que é apenas parcial? É uma coincidência sempre superada ou sempre futura, uma experiência que se lembra de um passado impossível, antecipa um futuro impossível, que emerge do Ser ou que vai incorporar-se nele, que "está nele" mas não é ele, não sendo, pois, coincidência, fusão real, como a de dois termos positivos ou dois elementos de um amálgama, mas recobrimento, como o de um sulco e um relevo que permanecem distintos. Vindo depois do mundo, depois da natureza, depois da vida, depois do pensamento, encontrando-os constituídos antes dela, a filosofia interroga este ser prévio interrogando-se também sobre sua relação com ele. É retorno sobre si e sobre todas as coisas, mas não retorno a um imediato que se distancia na medida em que ela se quer dele aproximar e nele fundir-se. O imediato está no horizonte, e deve ser pensado desse modo, somente permanecendo a distância é que permanece igual a si próprio. Há uma experiência da coisa visível como preexistindo à minha visão, mas não é fusão, coincidência: já que meus olhos que veem, minhas mãos que tocam também podem ser vistos e tocados, já que, em consequência, neste sentido, eles veem e tocam o visível, o tangível, pelo interior, já que nossa carne atapeta e até mesmo envolve todas as coisas visíveis e tangíveis por que está envolvida, o mundo e eu somos um no outro, e do *percipere* ao *percipi* não há anterioridade, mas simultaneidade ou mesmo atraso. Porquanto o peso do mundo natural já é peso do passado. Cada paisagem de minha vida, por ser não, um rebanho errante de sensações ou um sistema de juízos efêmeros, mas segmento da carne durável do mundo, está prenhe, como visível, de muitas outras visões além da minha, e o visível que vejo, de que falo, mesmo que não seja o monte Himeto ou os plátanos de Delfos, é o mesmo, numericamente, que viam ou de que falavam Platão e Aristóteles. Quando encontro o mundo atual tal como é, sob minhas mãos, sob meus olhos, contra meu corpo, encontro muito mais do que um objeto: Ser de que minha visão faz parte, uma visibilidade mais velha que minhas operações ou atos. Isso, porém, não quer dizer que haja, de mim para ele, fusão, coincidência: ao contrário, isso se faz porque uma espécie de deiscência fende meu corpo em dois e, entre ele olhando e ele olhado, ele tocando e ele tocado, há recobrimento e imbricação, sendo, pois, mister dizer que as coisas passam por dentro de nós, assim como nós por dentro das coisas. Nossa intuição, dizia Bergson, é reflexão; e tinha razão; sua intuição compartilha com as filosofias reflexionantes uma espécie de preconceito supralapsário: o segredo do Ser possui uma integridade que está atrás de nós. O que lhe falta, como às filosofias reflexionantes, é a dupla referência, a identidade do entrar em si e do sair de si, da vivência e da distância. O retorno aos dados imediatos, o aprofundamento local da experiência são, seguramente, a divisa da filosofia por oposição aos conhecimentos ingênuos. Mas o passado e o presente, a essência e o fato, o espaço e o tempo não são *dados* no mesmo sentido, e nenhum deles o é no sentido da coincidência. O "originário" não é de um único tipo, não se coloca totalmente atrás de nós; a restituição do passado verdadeiro, da preexistência, não é toda a filosofia; a vivência não é plana, sem profundidade, sem dimensão, não é uma camada opaca com a qual chegaríamos a confundir-nos; o apelo ao originário caminha em várias direções: o originário se cliva, e a filosofia deve acompanhar essa clivagem, essa não-coincidência, essa diferenciação. As dificuldades da coincidência não são apenas as dificuldades de fato que deixam intacto o princípio. Já encontramos a propósito da intuição das essências, esse sistema da dupla verdade que é também um sistema da dupla falsidade: pois se o que é verdadeiro *em princípio* nunca o é *de fato* e, reciprocamente, se a situação de fato nunca atinge os princípios, cada uma das duas instâncias condena a outra e a condena com *sursis*, deixando-lhe competência na sua dimensão. Se a coincidência é apenas parcial, não é preciso definir a verdade pela coincidência total e efetiva. E se possuímos a ideia da própria coisa e do próprio passado é preciso que ela possua alguma garantia sobre o fato. É mister, portanto, que a distância, sem a qual a experiência da coisa e do passado iria a zero, também seja abertura à própria coisa, ao próprio passado, que entre na sua definição. O que é dado, por conseguinte, não é a coisa nua, o passado como foi em seu tempo, mas a coisa prestes a ser vista, prenhe, tanto de princípio como de fato, de todas as visões que se pode tomar deles, o passado tal como foi um dia *mais* uma alteração inexplicável, uma estranha distância – vinculada, de princípio e de fato, a uma rememoração que a transpõe sem a anular. Não há, pois, uma coincidência de princípio ou presuntiva ou uma não-coincidência de fato, uma verdade má ou fracassada, mas uma não coincidência privativa, uma coincidência de longe, uma distância, e alguma coisa como um "erro bom".

A propósito da linguagem é que veremos melhor como é e como não é preciso voltar às próprias coisas. Se sonhamos reencontrar o mundo natural ou o tempo por coincidência, sermos identicamente o ponto O, que vemos ali, ou a lembrança pura que, do fundo de nós mesmos, rege nossas rememorações, a linguagem é uma potência de erro, já que corta o tecido contínuo que nos liga vitalmente às coisas e ao passado, instalando-se entre ele e nós como um anteparo. O filósofo fala, isto, porém, é nele uma fraqueza e uma fraqueza inexplicável: devia calar-se, coincidir em silêncio e encontrar no Ser uma filosofia já feita. Tudo se passa, ao contrário, como se quisesse colocar em palavras certo silêncio que escuta nele. A sua "obra" inteira consiste neste esforço absurdo. Escrevia para dizer seu contato com o ser; não o disse nem saberia dizê-lo, pois que é silêncio. Então, recomeça...

É preciso, pois, acreditar que a linguagem não é simplesmente o contrário da verdade, da coincidência, que existe ou poderia existir – e é isto que o filósofo procura – uma linguagem da coincidência, uma maneira de fazer falar as próprias coisas. Seria uma linguagem não organizada por ele, seriam palavras que ele não ajuntaria, que se uniriam através dele pelo entrelaçamento natural do sentido delas, pelo tráfico oculto da metáfora – o que conta não seria mais o sentido manifesto de cada palavra e de cada imagem, mas as relações laterais, os parentescos, que se implicam em suas reviravoltas e mudanças. Foi uma linguagem dessa espécie que Bergson reivindicou para a filosofia. É preciso, porém, ver claramente a consequência: se a linguagem não é necessariamente enganadora, a verdade não é coincidência, não é muda.

Basta tomá-la também no estado vivo ou nascente, com todas as suas referências, as que estão atrás dela, que a vinculam às coisas mudas que interpela, e as que envia diante dela e que constituem o mundo das coisas ditas – com seu movimento, suas sutilezas, suas inversões, sua vida – que exprime e decuplica a vida das coisas nuas. A linguagem é uma vida, a nossa e a delas. Não que a *linguagem* dela se apodere e a guarde como reserva: que teria ela a dizer se apenas houvesse coisas ditas? Erram as filosofias semânticas ao fecharem a linguagem como se ela não falasse mais do que de si: ela vive apenas do silêncio; tudo que lançamos aos outros germinou neste grande país mudo que não nos abandona. No entanto, tendo experimentado nele mesmo a necessidade de falar, o nascimento da fala subindo como bolha do fundo de sua experiência muda, sabe o filósofo, melhor do que ninguém, que a vivência é uma vivência-falada, que, nascida nessas profundezas, a linguagem não é uma máscara sobre o Ser mas, se soubermos apreendê-la com todas as suas raízes e com toda a sua floração, o mais válido testemunho do Ser; sabe que a linguagem não interrompe uma imediação que sem ela seria perfeita, que a própria visão, o próprio pensamento são, como já se disse, "estruturados como uma linguagem"[4], são *articulação* prévia, aparição de alguma coisa onde não havia nada ou qualquer outra coisa. De sorte que o problema da linguagem é um problema regional, se se quiser – isto é: se se considerar a linguagem já feita, a operação secundária e empírica de tradução, de codificação e decodificação, as linguagens artificiais, a relação técnica entre um som e um sentido que se ligam apenas por convenção expressa, sendo, pois, idealmente isoláveis – mas se, ao contrário, considerarmos a palavra falante, se aceitarmos como natural a assunção das convenções da língua por aquele que nela vive, o envolvimento, nele, do visível e do vivido com a linguagem, da linguagem como o visível e o vivido, as trocas entre as articulações de sua paisagem muda e as de sua fala, enfim esta linguagem operante que não precisa ser traduzida em significações e em pensamentos, esta linguagem-coisa que vale como arma, ação, como ofensa e sedução, porque faz com que aflorem todas as relações profundas da vivência em que se formou, a vivência da vida e da ação mas também a da literatura e da poesia, então este logos é um tema absolutamente universal, é o tema da filosofia. A filosofia é, ela própria, linguagem, repousa sobre a linguagem; isto, porém, não a desqualifica nem para falar da linguagem, nem para falar da pré-linguagem e do mundo mudo que as duplica. Ao contrário, é linguagem operante, linguagem que não pode saber-se a não ser por dentro, pela prática, abre-se para as coisas, chamada pela voz do silêncio, continuando uma tentativa de articulação que é o Ser de todo ser.

Estaríamos cometendo um erro tanto ao definir a filosofia como procura das essências, quanto ao defini-la como a fusão com as coisas, e os dois erros não são tão diferentes. Quer nos orientemos em relação a essências tanto mais puras quanto menos participe do mundo aquele que as vê, quer olhemos, portanto, do fundo do nada, ou procuremos confundir-nos com as coisas existentes, no ponto e instante em que elas estão, essa distância infinita, essa proximidade absoluta exprimem de duas maneiras, sobrevoo ou fusão, a mesma relação com a própria coisa. São dois positivismos. Quer nos instalemos no nível dos enunciados, que são a ordem própria das essências, ou no silêncio das coisas; quer nos fiemos absolutamente na palavra ou, ao contrário, dela desconfiemos de modo absoluto – a ignorância do problema da palavra é, aqui, a ignorância de toda mediação.

4. J. Lacan.

A filosofia está rebatida no plano único da idealidade ou no da existência. Dos dois lados queremos que alguma coisa – adequação interna da ideia ou identidade em relação a si mesma da coisa – venha obturar o olhar, e excluímos ou subordinamos o pensamento do longínquo, o pensamento do horizonte. Que todo ser se apresente a uma distância que não seja empecilho ao saber, sendo, ao contrário, sua garantia, isso nunca se examina. Que justamente a presença do mundo seja presença de sua carne na minha, que eu "seja ele" e que não seja ele, é o que logo ao ser dito é esquecido: a metafísica permanece coincidência. Que haja esta espessura de carne entre nós e o "núcleo duro" do Ser, é o que não intervém na definição: esta espessura me é imputada, é o regalo agasalhante de não ser que a subjetividade sempre carrega consigo. Ora, distância infinita ou proximidade absoluta, negação ou identificação, a nossa relação com o Ser é do mesmo modo ignorada em ambos os casos. Nos dois casos, nós não o alcançamos porque acreditamos que o temos mais seguro, aproximando-nos o mais possível da essência ou da coisa. Esquecemos que este ser frontal, diante de nós, quer nós o coloquemos, quer ele se ponha em nós como ser-posto, está, por princípio segundo, recortado sobre um horizonte que não é nada, e que ele, Ser, não é por composição. Esquecemos que nossa abertura, nossa relação fundamental com o Ser, relação que faz com que não possamos fingir não ser, não poderia realizar-se ao nível do ser-posto, porquanto é ela justamente que nos ensina que, verdadeiros ou falsos, os seres-postos não são nada, que, esta ou outra, uma experiência é sempre contígua a outra experiência, que nossas percepções, juízos, todo o nosso conhecimento do mundo podem ser mudados, cortados, como diz Husserl, mas não anulados, e que, sob a dúvida que os atinge, aparecem outras percepções, outros juízos mais verdadeiros, porque estamos no Ser e há alguma coisa. Bergson dissera muito bem que o saber fundamental não é o que quer pegar o tempo como que com pinças, fixá-lo, determiná-lo por relações entre suas partes, medi-lo, mas é, pelo contrário, ele mesmo que se oferece a quem deseja apenas "vê-lo"[5] e, precisamente porque renunciou a apreendê-lo, alcança-lhe, por visão, o impulso interior: a ideia de fusão ou de coincidência substitui frequentemente estas indicações que recorriam a uma teoria da perspectiva ou da visão filosófica como o máximo de proximidade em relação a um Ser em deiscência... Seria preciso retornar a esta ideia da proximidade pela distância, da intuição como ausculta-

---

5. *La Pensée et le Mouvant*. Paris: Alcan, 1934, p. 10.

ção ou palpação em espessura, de uma vista que é vista de si, torção de si sobre si e que põe em causa a "coincidência".

Este é o caminho pelo qual se veria, enfim, o que seja a interrogação filosófica. Não o *an sit* e a dúvida, onde o Ser está subentendido, não o "sei que não sei nada", onde já aflora a certeza absoluta das ideias, mas um "que sei eu?" verdadeiro, que não é inteiramente o de Montaigne. Pois o "que sei eu?" poderia ser simples apelo à elucidação das coisas que sabemos, sem qualquer exame da ideia de saber. Seria então uma dessas questões de conhecimento, como também pode sê-lo o "onde estou?", onde apenas hesitamos em como chamar as entidades – o espaço, o saber – tomadas como evidentes em si mesmas. Quando, porém, digo, no curso de uma frase: "que sei eu?" já nasce outra sorte de questão, pois ela extravasa além da ideia do próprio saber, invoca não sei que lugar inteligível onde deveriam encontrar-se os fatos, exemplos, ideias, que me faltam, insinua que o interrogativo não é um modo derivado por inversão ou troca do indicativo e do positivo, nem afirmação nem negação veladas ou esperadas, mas maneira original de visar alguma coisa, por assim dizer, uma *questão-saber*, que, por princípio, não pode ser ultrapassada por qualquer enunciado ou "resposta", talvez, por conseguinte, o modo próprio de nossa relação com o Ser, como se fosse o interlocutor mudo ou reticente de nossas questões. "Que sei eu?" não é apenas "o que é saber?", nem apenas "quem sou?", mas finalmente "o que há?" e ainda "o que é o há?" – e essas perguntas não pedem a exibição de alguma coisa dita que lhes poria fim, mas o desvendamento de um Ser que não é posto, porque não carece sê-lo, porque está silenciosamente atrás de todas as nossas afirmações, negações e até mesmo atrás de todas as questões formuladas, não que se trate de esquecê-las em seu silêncio, não que se trate de aprisioná-lo na nossa falação, mas porque a filosofia é a reconversão do silêncio e da palavra um no outro: "É a experiência [...] ainda muda que cabe trazer à expressão pura de seu próprio sentido*."

---

* Husserl, *Méditations Cartésiennes* (trad. ft. Vrin, Paris, 1947).

O ENTRELAÇAMENTO – O QUIASMA

Se é verdade que a filosofia, desde que se declara reflexão ou coincidência, prejulga o que encontrará, torna-se-lhe necessário então recomeçar tudo de novo, rejeitar os instrumentos adotados pela reflexão e pela intuição, instalar-se num local em que estas ainda não se distinguem, em experiências que não foram ainda "trabalhadas", que nos ofereçam concomitante e confusamente o "sujeito" e o "objeto", a existência e a essência, e lhe dão, portanto, os meios de redefini-los. Ver, falar, até mesmo pensar – sob certas reservas, pois desde que se distinga absolutamente o pensar do falar já estamos em regime de reflexão – são experiências desse gênero, ao mesmo tempo irrecusáveis e enigmáticas. Possuem um nome em todas as línguas mas, em todas, esse nome carrega tufos de significações, arborização de sentidos próprios e figurados, de sorte que não é um desses nomes, como os da ciência, que iluminam, atribuindo ao que é nomeado uma significação circunscrita, mas antes o índice repetido, o apelo renovado e insistente, de um mistério familiar e inexplicado, de uma luz que, aclarando o resto, conserva sua origem na obscuridade. Se pudéssemos reencontrar no exercício do ver e do falar algumas das referências vivas que lhe designam na língua tal destino, talvez elas nos ensinassem a formar nossos novos instrumentos e a compreender de início nossa investigação e nossa interrogação.

O visível à nossa volta parece repousar em si mesmo. É como se a visão se formasse em seu âmago ou como se houvesse entre ele e nós uma familiaridade tão estreita como a do mar e da praia. No entanto, não é possível que nos fundemos nele nem que ele penetre em nós, pois então a visão sumiria no momento de formar-se, com o desaparecimento ou do vidente ou do visível. Não há, portanto, coisas idênticas a si mesmas, que, em seguida, se oferecem a quem vê, não há um vidente, primeiramente vazio, que em seguida se abre para elas, mas sim algo de que não poderíamos aproximar-nos mais a não ser apalpando-o com o olhar, coisas que não poderíamos sonhar ver "inteiramente nuas", porquanto o próprio olhar as envolve e as veste com sua carne. Qual a razão por que, assim fazendo, o olhar as deixa em seu lugar, a visão que delas captamos parece vir delas e que o ser visto não seja para elas senão uma degradação de seu ser eminente? Qual é este talismã da cor, esta virtude singular do visível que faz com que, mantido no término do olhar, ele seja, todavia, muito mais do que o correlato de minha visão, sendo ele que ma impõe como a sequência de sua existência soberana? Qual a razão por que, envolvendo-os, meu olhar não os esconde e, enfim, velando-os, os desvela?*

É preciso compreender, antes de tudo, que este vermelho sob meus olhos não é, como se diz sempre, um *quale*, uma película de ser sem espessura, mensagem ao mesmo tempo indecifrável e evidente, que se recebeu ou que não se recebeu, mas de que se sabe, caso tenha sido recebida, tudo o que se tem a saber e de que, em suma, nada há a dizer. Exige constatação, ainda que breve, emerge de uma vermelhidão menos precisa e menos geral onde meu olhar estava preso e mergulhava antes de *fixá-lo*, como se

---

* *Inseridas aqui, entre colchetes, no curso mesmo do texto estas linhas:* é que o próprio olhar é incorporação do vidente no visível, busca dele próprio, que LÁ ESTÁ, no visível – é que o visível do mundo não é invólucro do QUALE, mas aquilo que está entre os quale, tecido conjuntivo dos horizontes exteriores e interiores – é como carne oferecida à carne que o visível possui asseidade ("aséité"), e que é meu – A carne como SICHTIGKEIT é generalidade – daí a visão é pergunta e resposta... Abertura pela carne: os dois lados da folha de meu corpo e os dois lados da folha do mundo visível... É entre esse avesso e esse direito intercalados que há visibilidade. Meu corpo modelo das coisas e as coisas modelo do meu corpo: o corpo ligado por todas suas partes ao mundo, contra ele – tudo isso quer dizer: o mundo, a carne não como fato ou soma de fatos, mas como lugar de uma inscrição de verdade: o falso riscado, não anulado.

diz tão bem. Se agora que o fixei, meus olhos penetram nele, em sua estrutura fixa, ou se recomeçam a errar em volta, o *quale* retoma sua existência atmosférica. Sua forma precisa é solidária com certa configuração ou textura lanosa, metálica ou porosa [?], e ele pouco é diante dessas participações. Claudel diz aproximadamente que certo azul do mar é tão azul que somente o sangue é mais vermelho. A cor é, aliás, variante em outra dimensão de variação, a de suas relações com a vizinhança: este vermelho é o que é ligando-se, do seu lugar, com outros vermelhos em volta dele, com os quais forma uma constelação, ou com outras cores que domina ou que o dominam, que atrai ou que o atraem, que afasta ou que o afastam. Em suma, é uma espécie de nó na trama do simultâneo e do sucessivo. É uma concreção da visibilidade, não um átomo. Com mais razão, a roupa vermelha liga-se com todas as suas fibras ao tecido do visível e, por ele, a um tecido de ser invisível. Pontuação no campo das coisas vermelhas, que compreende as telhas dos tetos, a bandeirola dos guardas das estradas de ferro, a bandeira da Revolução, alguns terrenos perto de Aix ou de Madagascar, ela também o é no campo das roupas vermelhas, que compreende, além dos vestidos das mulheres, as becas dos professores e dos advogados-gerais, os mantos dos bispos, como também no dos adornos e dos uniformes. E seu vermelho não é, precisamente, o mesmo, conforme apareça numa constelação ou noutra, conforme nele participa a pura essência da Revolução de 1917, ou a do eterno feminino, ou do promotor público ou das ciganas vestidas à hussarda que, há vinte e cinco anos, reinavam num restaurante dos Campos Elísios. Certo vermelho também é um fóssil retirado do fundo de mundos imaginários. Se exibíssemos todas as suas participações, perceberíamos que uma cor nua e, em geral, um visível, não é um pedaço de ser absolutamente duro, indivisível, oferecido inteiramente nu a uma visão que só poderia ser total ou nula, mas antes uma espécie de estreito entre horizontes exteriores e horizontes interiores sempre abertos, algo que vem tocar docemente, fazendo ressoar, à distância, diversas regiões do mundo colorido ou visível, certa diferenciação, uma modulação efêmera desse mundo, sendo, portanto, menos cor ou coisa do que diferença entre as coisas e as cores, cristalização momentânea do ser colorido ou da visibilidade. Entre as cores e os pretensos visíveis, encontra-se o tecido que os duplica, sustenta, alimenta, e que não é coisa mas possibilidade, latência e *carne* das coisas.

Se nos voltarmos para o vidente, constataremos que este não é analogia ou vaga comparação, devendo ser aceito ao pé da letra.

O olhar, dizíamos, envolve, apalpa, esposa as coisas visíveis. Como se estivesse com elas numa relação de harmonia preestabelecida, como se as soubesse antes de sabê-las, move-se à sua maneira, em seu estilo sincopado e imperioso. No entanto, as vistas tomadas não são quaisquer, não olho um caos mas coisas, de sorte que não se pode dizer, enfim, se é ele ou se são elas quem comanda. O que é esta pré-posse do visível, esta arte de interrogá-lo segundo seus desejos, esta exegese inspirada? Nós encontraríamos, talvez, a resposta na palpação táctil, onde aquele que interroga e o que é interrogado estão mais próximos e de que, em última instância, a exegese do olho é uma variante notável? Donde vem que eu dê às minhas mãos, particularmente, este grau, esta velocidade e direção de movimento que são capazes de me fazer sentir as texturas do liso e do rugoso? É preciso que, entre a exploração e o que ela me ensinará, entre meus movimentos e o que toco, exista alguma relação de princípio, algum parentesco, segundo o qual não sejam somente, como os pseudópodos da ameba, vagas e efêmeras deformações do espaço corporal, mas iniciação e abertura a um mundo táctil. Isso só poderá acontecer se, ao mesmo tempo que sentida do interior, minha mão também for acessível por fora, ela própria tangível, por exemplo, pela outra mão, se tomar lugar entre as coisas que toca, sendo, em certo sentido, uma dentre elas, abrindo-se enfim, para um ser tangível de que também ela faz parte. Por meio desse cruzamento reteirado de quem toca e do tangível, seus próprios movimentos se incorporam ao universo que interrogam, são reportados ao mesmo mapa que ele; os dois sistemas se aplicam um sobre o outro como as duas metades de uma laranja. O mesmo acontece, dizem, aproximadamente, com a visão, embora aqui a exploração e as informações que recolhe não pertençam "ao mesmo sentido". Mas é grosseira essa delimitação dos sentidos. Já no "tocar" acabamos de encontrar três experiências distintas que se subtendem, três dimensões que se recortam, e que todavia são distintas: um tocar o liso e o rugoso, um tocar as coisas – um sentimento passivo do corpo e de seu espaço – e enfim um verdadeiro tocar o tocar, quando minha mão direita toca minha mão esquerda apalpando as coisas, pelo qual o "sujeito que toca" passa ao nível do tocado, descendo às coisas, de sorte que o tocar se faz no meio do mundo e como nelas. Entre o sentimento maciço que tenho da bolsa em que estou metido e o controle de fora que minha mão exerce sobre minha mão, há tanta diferença quanto entre os movimentos de meus olhos e as mudanças que produzem no visível. Como, inversamente, toda experiência do visível sempre me foi dada no contexto dos movimentos do olhar, o espetáculo visível pertence ao tocar nem mais nem menos do que as "qualidades tácteis". É preciso que nos habituemos a pensar que todo visível é moldado no sensível, todo ser táctil está votado de alguma maneira à visibilidade, havendo, assim, imbricação e cruzamento, não apenas entre o que é tocado e quem toca, mas também entre o tangível e o visível que está nele incrustado, do mesmo modo que, inversamente, este não é uma visibilidade nula, não é sem uma existência visual. Já que o mesmo corpo vê e toca, o visível e o tangível pertencem ao mesmo mundo. Maravilha muito pouco notada é que todo movimento de meus olhos – ainda mais, toda deslocação de meu corpo – tem seu lugar no mesmo universo visível, que por meio deles pormenorizo e exploro, como, inversamente, toda visão tem lugar em alguma parte do espaço táctil. Há topografia dupla e cruzada do visível no tangível e do tangível no visível, os dois mapas são completos e, no entanto, não se confundem. As duas partes são partes totais, e no entanto, não passíveis de superposição.

Sem, portanto, entrarmos nas implicações próprias do vidente e do visível, sabemos que, sendo a visão palpação pelo olhar, é preciso que também ela se inscreva na ordem do ser que nos desvela, é preciso que aquele que olha não seja, ele próprio, estranho ao mundo que olha. Uma vez que vejo, é preciso (como tão bem indica o duplo sentido da palavra) que a visão seja redobrada por uma visão complementar ou por outra visão: eu mesmo visto de fora, tal como se outro me visse, instalado no meio do visível, no ato de considerá-lo de certo lugar. Não examinemos, por ora, até onde vai essa identidade do vidente e do visível, se temos dela uma experiência plena ou se falta alguma coisa ou o que falta. Basta-nos apenas constatar que quem vê não pode possuir o visível a não ser que seja por ele possuído, que *seja dele**, que, por princípio, conforme o que prescreve a articulação do olhar e das coisas, seja um dos visíveis, capaz, graças a uma reviravolta singular, de vê-los, ele que é um deles**. Compreende-se então por que, ao mesmo tempo, vemos as próprias coisas no lugar em que estão, segundo o ser delas, que é bem mais do que o ser-percebido, e estamos afastados delas por toda a espessura do olhar e do corpo: é que essa distância não é o contrário dessa proximidade, mas está profundamente de acordo

---

* *À margem*: o UERPRÆSENTIERBARKEIT é a carne.
** *À margem*: o visível não é um zero de tangível, o tangível não é um zero de visibilidade (relação de imbricação).

com ela, é sinônima dela. É que a espessura da carne entre o vidente e a coisa é constitutiva de sua visibilidade para ela, como de sua corporeidade para ele; não é um obstáculo entre ambos, mas o meio de se comunicarem. Pelo mesmo motivo, estou no âmago do visível e dele me afasto: é que ele é espesso, e, por isso, naturalmente destinado a ser visto por um corpo. O que há de indefinível no *quale*, na cor, nada mais é que uma maneira breve, peremptória, de produzir num único algo, num único tom de ser, visões passadas, visões vindouras, e aos cachos. Eu, que vejo, também possuo minha profundidade, apoiado neste mesmo visível que vejo e, bem o sei, se fecha atrás de mim. Em vez de rivalizar com a espessura do mundo, a de meu corpo é, ao contrário, o único meio que possuo para chegar ao âmago das coisas, fazendo-me mundo e fazendo-as carne.

O corpo interposto não é propriamente coisa, matéria intersticial, tecido conjuntivo, mas *sensível para si*, o que quer dizer não este absurdo: cor que se vê, superfície que se apalpa, mas este paradoxo [?]: conjunto de cores e superfícies habitadas por um tato, uma visão, portanto, *sensível exemplar*, que capacita a quem o habita e o sente de sentir tudo o que de fora se assemelha, de sorte que, preso no tecido das coisas, o atrai inteiramente, o incorpora e, pelo mesmo movimento, comunica às coisas sobre as quais se fecha, essa identidade sem superposição, essa diferença sem contradição, essa distância do interior e do exterior, que constituem seu segredo natal*. O corpo nos une diretamente às coisas por sua própria ontogênese, soldando um a outro os dois esboços de que é feito, seus dois lábios: a massa sensível que ele é e a massa do sensível de onde nasce por segregação, e à qual, como vidente, permanece aberto. E ele é unicamente ele, porque é um ser em duas dimensões, que nos pode levar às próprias coisas, que não são seres planos mas seres em profundidade, inacessíveis a um sujeito que os sobrevoe, só abertas, se possível, para aquele que com elas coexista no mesmo mundo. Ao falarmos da carne do visível, não pretendemos fazer antropologia, descrever um mundo recoberto por todas as nossas projeções, salvo o que possa estar sob a máscara humana. Queremos dizer, ao contrário, que o ser carnal, como ser das profundidades, em várias

---

* *Inseridas, aqui, entre colchetes, no curso mesmo do texto, estas linhas:* pode-se dizer que percebemos as próprias coisas, que somos o mundo que se pensa – ou que o mundo está no âmago de nossa carne. Em todo o caso, reconhece-se uma relação corpo-mundo, há ramificação de meu corpo e ramificação do mundo e correspondência do seu dentro e do meu fora, do meu dentro e do seu fora.

camadas ou de várias faces, ser de latência e apresentação de certa ausência, é um protótipo do Ser, de que nosso corpo, o sensível sentiente, é uma variante extraordinária, cujo paradoxo constitutivo, porém, já está em todo visível: já o cubo reúne em si *visibilia* incompossíveis, como meu corpo é, concomitantemente, corpo fenomenal e corpo objetivo, e se, enfim, existe, existe como ele, por um golpe de força. O que se chama um visível é, dizíamos, uma qualidade prenhe de uma textura, a superfície de uma profundidade, corte de um ser maciço, grão ou corpúsculo levado por uma onda do Ser. Já que o visível total está sempre atrás, ou depois, ou entre os aspectos que dele se veem, só há acesso até ele graças a uma experiência que, como ele, esteja inteiramente fora de si mesma: é a esse título e não como suporte de um sujeito cognoscente que nosso corpo domina o visível para nós; mas não o explica, não o ilumina, apenas concentra o mistério de sua visibilidade esparsa; e aqui não se trata de um paradoxo do homem mas de um paradoxo do Ser. Por certo, entre os dois "lados" de nosso corpo, o corpo como sensível e o corpo como sentiente – o que outrora chamamos de corpo objetivo e corpo fenomenal – podemos dizer que há, ao invés de uma distância, o abismo que separa o Em Si do Para Si. A questão, e nós não a evitaremos, é saber como o sentiente sensível pode também ser pensado. Mas aqui, procurando formar nossos primeiros conceitos de modo a evitar os clássicos impasses, não nos cabe dar preferência às dificuldades que podem oferecer quando os confronto com um *cogito*, que também deve ser revisto. Temos ou não temos um corpo, isto é, não um objeto de pensamento permanente, mas uma carne que sofre quando ferida, e mãos que apalpam? Sabemos que as mãos não bastam para apalpar, mas só por isso decidir que nossas mãos não apalpam, pondo-as no mundo dos objetos e dos instrumentos, seria, aceitando a bifurcação do sujeito e do objeto, renunciar de antemão a compreender o sensível, e privar-nos de suas luzes. Propomo-nos, ao contrário, para começar, levá-lo a sério. Dizemos, assim, que nosso corpo, como uma folha de papel, é um ser de duas faces, de um lado, coisa entre as coisas e, de outro, aquilo que as vê e toca; dizemos, porque é evidente, que nele reúne essas duas propriedades, e sua dupla pertencença à ordem do "objeto" e à ordem do "sujeito" nos revela entre as duas ordens relações muito inesperadas. Se o corpo possui essa dupla referência, isso não pode advir de um acaso incompreensível. Ele nos ensina que uma referência chama a outra. Pois, se o corpo é coisa entre as coisas, é num sentido mais forte e mais profundo do que elas; é, dizíamos, que é *delas*, e isso quer dizer que se salienta em relação a elas (e, nessa medida, delas se separa). Não é simplesmente coisa *vista* de fato (não vejo minhas costas), é visível de direito, cai sob uma visão ao mesmo tempo inelutável e diferida. Se, reciprocamente, apalpa e vê, não é porque tenha diante de si os visíveis, como objetos: eles estão em torno dele, até penetram em seu recinto, estão nele, atapetam por fora e por dentro seus olhares e suas mãos. Se os apalpa e vê, é unicamente porque, pertencendo à mesma família, sendo, ele próprio, visível e tangível, utiliza seu ser como meio para participar do deles, é porque cada um dos dois seres é para o outro o arquétipo, e os corpos pertencem à ordem das coisas assim como o mundo é a carne universal. Não cabe mesmo dizer, como o fizemos há pouco, que o corpo é feito de duas faces, sendo uma, a do "sensível", solidária com o resto do mundo: nele não há duas camadas ou duas faces, e ele não é, fundamentalmente, nem apenas coisa vista nem apenas vidente, é a Visibilidade ora errante ora reunida e, sob esse aspecto, não está no mundo, não retém, como num recinto privado, sua visão do mundo: vê o próprio mundo, o mundo de todos, e sem ter que sair de "si", porque não é inteiro, porque suas mãos, seus olhos nada mais são do que essa referência de um visível, de um tangível-medida a todos os semelhantes, dos quais recolhe o testemunho, por um passe de mágica que é a própria visão e o próprio tato. Falar de camadas ou faces é, ainda, achatar e justapor, sob o olhar reflexivo, o que coexiste no corpo vivo e ereto. Se o que se quer são metáforas, seria melhor dizer que o corpo sentido e o corpo que sente são como o direito e o avesso, ou ainda, como dois segmentos de um único percurso circular que, do alto, vai da esquerda para a direita e, de baixo, da direita para a esquerda, constituindo, todavia, um único movimento em suas duas fases. Ora, tudo o que se diz do corpo sentido repercute sobre todo o sensível de que faz parte e sobre o mundo. Se o corpo é um único corpo em suas duas fases, incorpora todo o sensível e, graças ao mesmo movimento, incorpora-se a si mesmo num "Sensível em si". Cabe-nos rejeitar os preconceitos seculares que colocam o corpo no mundo e o vidente no corpo ou, inversamente, o mundo e o corpo do vidente, como numa caixa. Onde colocar o limite do corpo e do mundo, já que o mundo é carne? Onde colocar no corpo o vidente, já que evidentemente no corpo há apenas "trevas repletas de órgãos", isto é, ainda o visível? O mundo visto não está "em" meu corpo e meu corpo não está "no" mundo visível em última instância: carne aplicada a outra carne, o mundo não a envolve nem é por ela envolvido. Participação, aparentamento no visível, a visão não o envolve nem é nele envolvida definitivamente. A película superficial do visível é apenas para minha visão e para meu corpo. Mas a profundidade sob essa superfície contém meu corpo e, por conseguinte, contém minha visão. Meu corpo como coisa visível está contido no grande espetáculo. Mas meu corpo vidente subtende esse corpo visível e todos os visíveis com ele. Há recíproca inserção e entrelaçamento de um no outro. Ou melhor, se renunciarmos, como é preciso ainda uma vez, ao pensamento por planos e perspectivas, há dois círculos, ou dois turbilhões, ou duas esferas concêntricas quando vivo ingenuamente e, desde que me interrogue, levemente descentrados um em relação ao outro...

Cabe perguntar o que encontramos de fato com essa estranha aderência do vidente e do visível. Há visão, tato, quando certo visível, certo tangível se volta sobre todo o visível, todo o tangível de que faz parte, ou quando de repente se encontra por ele *envolvido*, ou quando, entre ele e eles, e por seu intercâmbio, se forma uma Visibilidade, uma Tangibilidade em si, que propriamente não pertence nem ao corpo como fato nem ao mundo como fato – tal como dois espelhos postos um diante do outro criam duas séries indefinidas de imagens encaixadas, que verdadeiramente não pertencem a nenhuma das duas superfícies, já que cada uma é apenas a réplica da outra, constituindo ambas, portanto, um par mais real do que cada uma delas. De sorte que o vidente, estando preso no que vê, continua a ver-se a si mesmo: há um narcisismo fundamental de toda visão; daí por que, também ele sofre, por parte das coisas, a visão por ele exercida sobre elas; daí, como disseram muitos pintores, o sentir-me olhado pelas coisas, daí, minha atividade ser identicamente passividade – o que constitui o sentido segundo e mais profundo do narcismo: não ver de fora, como os outros veem, o contorno de um corpo habitado, mas sobretudo ser visto por ele, existir nele, emigrar para ele, ser seduzido, captado, alienado pelo fantasma, de sorte que vidente e visível se mutuem reciprocamente, e não mais se saiba quem vê e quem é visto. É a essa Visibilidade, a essa generalidade do Sensível em si, a esse anonimato inato do Eu-mesmo que há pouco chamávamos carne, e sabemos que não há nome na filosofia tradicional para designá-lo. A carne não é matéria, no sentido de corpúsculos de ser que se adicionariam ou se continuariam para formar os seres. O visível (as coisas como meu corpo) também não é não sei que material "psíquico" que seria, só Deus sabe como, levado ao ser por coisas que existem como fato e agem sobre meu corpo de fato. De modo geral, ele não é fato nem soma de fatos "materiais" ou "espirituais". Não é, tampouco, representação para um espírito: um espírito não poderia ser captado por suas representações, recusaria essa inserção no visível que é essencial para o vidente. A carne não é matéria, não é espírito, não é substância. Seria preciso, para designá-la, o velho termo "elemento", no sentido em que era empregado para falar-se da água, do ar, da terra e do fogo, isto é, no sentido de uma *coisa geral*, meio caminho entre o indivíduo espaciotemporal e a ideia, espécie de princípio encarnado que importa um estilo de ser em todos os lugares onde se encontra uma parcela sua. Neste sentido, a carne é um "elemento" do Ser. Não fato ou soma de fatos e, no entanto, aderência ao *lugar* e ao *agora*. Ainda mais: inauguração do *onde* e do *quando*, possibilidade e exigência do fato, numa palavra, facticidade, o que faz com que o fato seja fato. E também simultaneamente, o que faz com que tenham sentido, que os fatos parcelados se disponham em torno de "alguma coisa". Pois, se há carne, isto é, se a face escondida do cubo irradia em algum lugar tão bem como a que tenho sob os olhos, e coexiste com ela, e se eu que vejo o cubo também participo do visível, sou visível de alhures; se ele e eu, juntos, estamos presos num mesmo "elemento" – deve-se dizer do vidente ou do visível? – essa coesão, essa visibilidade de princípio prevalece sobre toda discordância momentânea. Toda visão ou todo visível parcial que fracassasse definitivamente seria, de antemão, não anulado, o que deixaria uma lacuna, mas, o que é melhor, substituído por uma visão e um visível mais exatos, segundo o princípio da visibilidade que, como por uma espécie de horror ao vácuo, já chama a visão e o visível verdadeiros, não somente como substitutos de seus erros mas ainda como sua explicação, sua relativa justificação, de tal sorte que são, como diz tão bem Husserl, não apagadas mas "riscadas"... Tais são as consequências extravagantes a que somos conduzidos quando se leva a sério, quando se interroga a visão. Por certo podemos abster-nos disso tudo e passar adiante, mas seria para reencontrarmos confusos, indistintos, não esclarecidos, os farrapos desta ontologia do visível, mesclada a todas as nossas teorias do conhecimento, nomeadamente àquelas que aos trancos e barrancos as ciências veiculam. Não terminamos, certamente, de ruminá-las. Neste primeiro esboço tratava-se apenas de deixar entrever este domínio estranho a que dá acesso a interrogação propriamente dita...

Percebe-se rapidamente, todavia, que o domínio é ilimitado. Se pudermos mostrar que a carne é uma noção última, que não é união ou composição de duas substâncias, mas pensável de per si, se há uma relação do visível consigo mesmo que me atravessa e me transforma em vidente, este círculo que não faço mas que me faz, este enrolamento do visível no visível pode atravessar e animar tanto os outros corpos como o meu. Se pude compreender como nasce em mim esta vaga, como o visível que está acolá é simultaneamente minha paisagem, com mais razão posso compreender que alhures ele também se fecha sobre si mesmo, e que haja outras paisagens além da minha. Se se deixou captar por um de seus fragmentos, o princípio da captação está assimilado, e o campo aberto para outros Narcisos, para uma "intercorporeidade". Se minha mão esquerda pode tocar minha mão direita enquanto ela apalpa os tangíveis, tocá-la tocando, voltar para ela sua palpação, por que, tocando a mão do outro, nela também não tocaria o mesmo poder de esposar as coisas que toquei na minha? É verdade que "as coisas" de que se trata são minhas, que toda a operação se passa, como se diz, "em mim", em minha paisagem, ao passo que agora se trata de nela instaurar um outro. Quando uma de minhas mãos toca a outra, ao contrário, o mundo de cada uma se abre para o da outra, já que a operação é reversível à vontade, pertencendo ambas, como se diz, a um único espaço d: consciência, pois um só homem toca uma única coisa por intermédio das duas. Mas para que minhas duas mãos se abram para um único mundo, não basta que sejam dadas a uma única *consciência*: ou então também desapareceria a dificuldade em pauta; sendo os outros corpos conhecidos por mim do mesmo modo que o meu, seria ainda ao mesmo mundo que eu e eles nos reportaríamos. Não, minhas duas mãos tocam as mesmas coisas porque são as mãos de um mesmo corpo; ora, cada uma delas possui sua experiência tátil; se, entretanto, tratam de um único tangível é que existe de uma a outra, através do espaço corporal, como, aliás, entre meus dois olhos, uma relação muito especial que as transforma num único órgão de experiência, do mesmo modo que meus dois olhos constituem os canais de uma única visão ciclópica. Reação difícil de ser pensada, já que o olho, a mão são capazes de visão, de tato, de modo que o que falta compreender é que essas visões, esses tatos, essas pequenas subjetividades, essas "consciências de... "possam reunir-se como flores num buquê, quando cada uma sendo "consciência de...", sendo Para Si, reduz as outras a objetos. Só sairemos desse impasse quando renunciarmos à bifurcação entre a "consciência de ..." e o objeto, admitindo que meu corpo sinérgico não é objeto, que reúne um feixe de "consciência" aderente a minhas mãos, a meus olhos, por meio de uma operação que lhes é lateral, transversal, admitindo que "minha consciência", não é a unidade sintética, incriada, centrífuga, de uma multidão de "consciência de...", também centrífugas, mas que é sustentada, subtendida pela unidade pré-reflexiva e pré-objetiva do corpo. O que significa que cada visão monocular, cada palpação de uma única mão, embora tenha seu visível e seu tangível, está ligada à outra visão, à outra palpação, de modo a realizar com elas a experiência de um único corpo diante de um único mundo, graças a uma possibilidade de reversão, de reconversão de sua linguagem na delas, possibilidade de reportar e de revirar segundo a qual o pequeno mundo privado de cada um não se justapõe àquele de todos os outros mas é por ele envolvido, colhido dele, constituindo, todos juntos, um Sentiente em geral, diante de um Sensível em geral. Ora, essa generalidade que faz a unidade de meu corpo, por que não se abriria ela a outros corpos? O aperto de mãos também é reversível, posso sentir-me tocado ao mesmo tempo que toco e, por certo, não existe um grande animal de que nossos corpos sejam os órgãos, como as mãos, os olhos o são cada um deles. Por que não existiria a sinergia entre diferentes organismos, já que é possível no interior de cada um? Suas paisagens se cruzam, suas ações e suas paixões se ajustam exatamente: isto é possível desde que se pare de definir primordialmente o sentir pela pertencença à mesma "consciência", compreendendo-o, ao contrário, como retorno sobre si no visível, aderência carnal do sentiente ao sentido e do sentido ao sentiente. Porquanto recobrimento e fissão, identidade e diferença, essa aderência faz brotar um raio de luz natural que ilumina toda a carne, não apenas a minha. Diz-se que as cores, os relevos tácteis de outrem são para mim um mistério absoluto, sendo-me inacessíveis para sempre. Isso não é totalmente verdadeiro, pois para que eu deles tenha, não uma ideia, uma imagem ou uma representação, mas como que a experiência iminente, basta que eu contemple uma paisagem, que fale dela com alguém: então, graças à operação concordante de seu corpo com o meu, o que vejo passa para ele, este verde individual da pradaria sob meus olhos invade-lhe a visão sem abandonar a minha; reconheço em meu verde o seu verde como, de repente, o guarda alfandegário reconhece no passageiro o homem cujos sinais lhe foram fornecidos. Não se coloca aqui o problema do *alter ego* porquanto não sou *eu* que vejo, nem é *ele* que vê, ambos somos habitados por uma visibilidade anônima, visão geral, em virtude dessa propriedade primordial que pertence à carne de, estando aqui e agora, irradiar por toda parte e para sempre, de, sendo indivíduo, também ser dimensão e universal.

Com a reversibilidade do visível e do tangível abre-se, pois, se não ainda o incorporal, ao menos um ser intercorporal, um domínio presuntivo do visível e do tangível, que se estende além das coisas que toco e vejo atualmente.

Há um círculo do palpado e do palpante, o palpado apreende o palpante; há um círculo do visível e do vidente, o vidente não existe sem existência visível*; há até mesmo inscrição do palpante no visível, do vidente no tangível e reciprocamente; há, enfim, propagação dessas trocas para todos os corpos do mesmo tipo e do mesmo estilo que vejo e toco – e isso pela fundamental fissão ou segregação do sentiente e do sensível, que, lateralmente, faz os órgãos de meu corpo entrarem em comunicação, fundando a transitividade de um corpo a outro.

Uma vez que vemos outros videntes, não temos apenas diante de nós o olhar sem pupila, espelho sem estanho das coisas, este pálido reflexo, fantasma de nós mesmos, que elas evocam ao designar um lugar entre elas de onde as vemos: doravante somos plenamente visíveis para nós mesmos, graças a outros olhos. Essa lacuna onde se encontram nossos olhos, nosso dorso, é de fato preenchida, mas preenchida por um visível de que não somos titulares; por certo, para acreditarmos numa visão que não é a nossa, para a levarmos em conta, é sempre, inevitável e unicamente, ao tesouro da nossa visão que recorremos e, portanto, tudo quanto a experiência nos pode ensinar já está, nela, previamente esboçado. Mas é próprio do visível, dizíamos, ser a superfície de uma profundidade inesgotável: é o que torna possível sua abertura a outras visões além da minha. Quando, portanto, essas se realizam, acusam os limites de nossa visão de fato, salientam a ilusão solipsista que acredita que toda superação é auto superação. Pela primeira vez, o vidente que sou me é verdadeiramente visível; pela primeira vez, me apareço até o fundo debruçado sobre mim mesmo debaixo de meus próprios olhos. Também pela primeira vez meus movimentos não se encaminham para as coisas a serem vistas, a serem tocadas, ou em direção a meu corpo, no ato de vê-las e palpá-las, mas dirigem-se ao corpo em geral e por ele mesmo (seja o meu ou o de outrem), pois, pela primeira vez, no seu acoplamento com a carne do mundo, o corpo traz mais do que recebe, acrescentando ao mundo que vejo o tesouro necessário do que ele próprio vê. Pela primeira vez o corpo não mais se acopla com o mundo, enlaça outro corpo, aplicando-[se a ele]** cuidadosamente em toda sua extensão,

---

* *Inserida, aqui, entre colchetes no curso do texto, esta nota:* "que são aquelas aderências ao lado das da voz e do ouvido?"

** *Reintroduzimos, entre colchetes* "se a ele", *aparentemente riscado, no texto, por engano.*

desenhando incansavelmente com suas mãos a estranha estátua que dá, por sua vez, tudo o que recebo, perdido fora do mundo e dos objetivos, fascinado pela única ocupação de flutuar no Ser com outra vida, de fazer-se o exterior de seu interior e o interior de seu exterior. Movimento, tato, visão aplicam-se, a partir de então, ao outro e a eles próprios, remontam à fonte e, no trabalho paciente e silencioso do desejo, começa o paradoxo da expressão.

Ora, essa carne que se vê e se toca não é toda a carne, nem essa corporeidade maciça, todo o corpo. A reversibilidade que define a carne existe em outros campos, é mesmo incomparavelmente mais ágil, e capaz de estabelecer entre os corpos relações que desta vez, além de alargarem, irão definitivamente ultrapassar o campo do visível. Entre meus movimentos, existem alguns que não conduzem a parte alguma, que não vão nem mesmo procurar no outro corpo sua semelhança ou seu arquétipo: são os movimentos do rosto, muitos gestos e, sobretudo, estes estranhos movimentos de garganta e da boca que constituem o grito e a voz. Tais movimentos terminam em sons e eu os ouço. Como o cristal, o metal e muitas outras substâncias, sou um ser sonoro, mas a minha vibração, essa é de dentro que a ouço; como disse Malraux, ouço-me com minha garganta. E nisto, disse ele também, sou incomparável, minha voz está ligada à massa de minha vida como nenhuma outra voz. Mas se estou bastante próximo do outro para ouvir-lhe o alento, sentir-lhe a efervescência e a fadiga, assisto quase, nele como em mim, ao terrível nascimento da vociferação. Assim como há uma reflexibilidade do tocar, da vista e do sistema tocar-visão, há uma reflexibilidade dos movimentos da fonação e do ouvido, eles possuem sua inscrição sonora, as vociferações têm em mim seu eco motor. Esta nova reversibilidade e a emergência da carne como expressão constituem o ponto de intersecção do falar e do pensar no mundo do silêncio*.

---

* *Inseridas aqui, entre colchetes, estas linhas*: em que sentido não introduzimos ainda o pensar: certamente não estamos no em si. Desde o instante que dizíamos VER, VISÍVEL e que descrevíamos a deiscência do sensível, estávamos, se se quiser, na ordem do pensamento. Não no sentido em que o pensar que introduzimos era HÁ e não, PARECE-ME A MIM QUE... (parecer que faria todo o ser parecer a si). Nossa tese é que é preciso este HÁ de inerência, e o nosso problema é mostrar que pensamento, no sentido restritivo (significação pura, pensamento de ver e sentir), não se compreende senão como realização por outros meios do voto do HÁ, por sublimação do HÁ e realização de um invisível que é exatamente o avesso do visível, o poder do visível. De forma que entre som e sentido, entre a palavra e aquilo que ela quer dizer, existe ainda relação de reversibilidade e nenhuma discussão de prioridade, sendo o comércio de palavras exatamente diferenciação da qual o pensamento é a integral.

Na fronteira do mundo mudo e solipsista, lá, onde em presença de outros videntes meu visível se confirma como exemplar de uma visibilidade universal, tocamos num sentido segundo ou figurado da visão, que será a *intuitus mentis* ou a ideia, numa sublimação da carne, que será espírito ou pensamento. Mas a presença de fato de outros corpos não poderia produzir o pensamento ou a ideia se a semente deles não estivesse também no meu. O pensamento é relação consigo e com o mundo tanto como relação com outrem; estabelece-se, portanto, concomitantemente, nas três dimensões. E é diretamente na infraestrutura da visão que é preciso fazê-lo aparecer. Fazê-lo aparecer, dizemos, e não fazê-lo nascer: pois deixamos em suspenso, de momento, a questão de saber se já não está implícito nela. Tanto é patente que o sentir está disperso em meu corpo, que minha mão apalpa por exemplo, e, que, por conseguinte, não nos cabe reportar de antemão o sentir a um pensamento de que ele apenas seria um modo – quanto seria absurdo concebermos o tacto como uma colônia de experiências tácteis reunidas. Não propomos, aqui, qualquer gênese empirista do pensamento: perguntamo-nos, precisamente, qual é esta visão central que reúne as visões esparsas, este tato único que governa globalmente toda a vida táctil de meu corpo, este *eu penso*, que deve poder acompanhar todas as nossas experiências. Caminhamos em direção ao centro, procuramos compreender como há um centro, em que consiste a unidade, não dizemos que ela seja soma ou resultado e, se fazemos o pensamento aparecer sobre uma infraestrutura de visão, é só em virtude desta evidência incontestada que é preciso ver ou sentir de alguma maneira para poder pensar, que todo pensamento que conhecemos advém de uma carne.

Ainda uma vez: a carne de que falamos não é a matéria. Consiste no enovelamento do visível sobre o corpo vidente, do tangível sobre o corpo tangente, atestado sobretudo quando o corpo se vê, se toca vendo e tocando as coisas, de forma que, simultaneamente, *como* tangível, desce entre elas, *como* tangente, domina-as todas, extraindo de si próprio essa relação, e mesmo essa dupla relação, por deiscência ou fissão de sua massa. Essa concentração dos visíveis em torno de um deles, ou esta explosão da massa do corpo em direção às coisas, que faz com que uma vibração de minha pele venha a ser o liso ou o rugoso, que *eu seja olhos*, os movimentos e os contornos das próprias coisas, esta relação mágica, este pacto entre elas e mim, pelo qual lhes empresto meu corpo a fim de que nele possam inscrever e dar-me, à semelhança delas, esta prega, esta cavidade central do visível que é minha visão, estas duas filas especulares do vidente e do visível, do palpador e do palpado, formam um sistema perfeitamente ligado no qual me baseio, definem uma visão em geral e um estilo constante da visibilidade de que não poderei desfazer-me, ainda que tal visão particular se revele ilusória, pois fico certo, então, de que, olhando melhor, teria tido a verdadeira visão, e que em todo o caso, aquela ou outra, sempre *existe uma*. A carne (a do mundo ou a minha) não é contingência, caos, mas textura que regressa a si e convém a si mesma. Nunca verei minhas retinas, mas estou absolutamente certo de que *alguém* encontrará no fundo de meus globos oculares essas membranas embaciadas e secretas. E finalmente eu creio – creio que possuo os sentidos de homem, um corpo de homem – pois o espetáculo do mundo que é meu e que, a julgar por nossas confrontações não difere particularmente do dos outros, tanto em mim como nos outros se reporta com evidência a dimensões da visibilidade típicas e, finalmente, a um foco virtual de visão, a um detector também ele típico, de sorte que, na juntura do corpo e do mundo opacos, há um raio de generalidade e de luz. Quando, inversamente, partindo do corpo, me pergunto como ele se faz vidente, quando examino a região crítica de meu corpo estesiológico, tudo se passa, já o mostramos anteriormente[1], como se o corpo visível permanecesse inacabado, aberto, como se a fisiologia da visão não lograsse fechar o funcionamento nervoso sobre si mesmo estando os movimentos de fixação, de convergência, na dependência do advento para o corpo, de um mundo visível que eles poderão, segundo se julga, explicar; como se, portanto, a visão viesse, de repente, dar aos meios e aos instrumentos deixados aqui e ali, no campo de trabalho, a convergência que esperavam; como se, por todos esses canais, por todos esses circuitos preparados mas inexplorados, chegasse a ser provável, e, a longo prazo, inevitável, a corrente que os atravessará, fazendo de um embrião um recém-nascido, do visível, um vidente, e de um corpo, um espírito, ou, pelo menos, uma carne. Apesar de todas as nossas ideias substancialistas, o vidente se premedita no contraponto do desenvolvimento embrionário, o corpo visível, graças a um trabalho sobre si mesmo, arruma o nicho de onde elaborará uma visão sua, desencadeia a longa maturação ao fim da qual, de repente, ele verá, isto é, será visível para si mesmo; instituirá a interminável gravitação, a infatigável metamorfose do vidente e do visível, cujo princípio está estabelecido, e que é posta em

1. *La Structure du Comportement.*

andamento com a primeira visão. O que chamamos carne, essa massa interiormente trabalhada, não tem, portanto, nome em filosofia alguma. Meio formador do objeto e do sujeito, não é o átomo de ser, o em si duro que reside num lugar e num momento únicos: pode-se perfeitamente dizer do meu corpo que ele não está *alhures*, mas não dizer que ele esteja *aqui* e *agora*, no sentido dos objetos; no entanto, minha visão não os sobrevoa, ela não é o ser que é todo saber, pois tem sua inércia e seus vínculos, dela. É preciso pensar a carne, não a partir das substâncias, corpo e espírito, pois seria então a união dos contraditórios, mas, dizíamos, como elemento, emblema concreto de uma maneira de ser geral. Para começar, falamos sumariamente de uma reversibilidade do vidente e do visível, do tacto e do tangível. É tempo de sublinhar que se trata de uma reversibilidade sempre iminente e nunca realizada de fato. Minha mão esquerda está sempre em vias de tocar a direita no ato de tocar as coisas, mas nunca chego à coincidência; eclipsa-se no momento de produzir-se, cabendo sempre a seguinte alternativa: ou verdadeiramente minha mão direita passa para o lado do que é palpado mas então interrompe sua apreensão do mundo – ou ela a conserva mas então não a toco verdadeiramente, *dela* apenas apalpo, com minha mão esquerda, o invólucro exterior. Do mesmo modo, não me ouço como ouço os outros, a existência sonora de minha voz é, por assim dizer, mal desdobrada; é antes um eco de sua existência articular, vibra mais através de minha cabeça do que lá fora. Estou sempre do mesmo lado de meu corpo, este se oferece a mim sob uma perspectiva invariável. Ora, essa subtração incessante, essa impotência em que me encontro de sobrepor exatamente um ao outro, o palpar as coisas com minha mão direita e o palpar minha mão esquerda por essa mesma mão direita, ou ainda, nos movimentos exploradores de minha mão, a experiência táctil de um ponto e a do "mesmo" ponto no momento seguinte – ou ainda a experiência auditiva de minha voz e a das outras vozes – nada disso é fracasso, pois se tais experiências nunca se recobrem exatamente, se escapam no momento em que se encontram, se sempre há entre elas "algo que se mexeu", uma "distância", é precisamente porque minhas duas mãos fazem parte do mesmo corpo, porque este se move no mundo, porque me ouço por fora e por dentro; sinto, quantas vezes quiser, a transição e metamorfose de uma das experiências na outra, tudo se passa como se a dobradiça entre elas, sólida e inabalável, permanecesse irremediavelmente oculta para mim. Este hiato entre minha mão direita apalpada e a mão esquerda palpante, entre minha voz ouvida e minha voz articulada, entre um momento de minha vida táctil e o seguinte, não é, porém, um vazio ontológico, um não-ser: está dominado pelo ser total de meu corpo e do mundo, e é o zero de pressão entre dois sólidos que faz com que ambos adiram um ao outro. Minha carne e a do mundo comportam, portanto, zonas claras, focos de luzes em torno dos quais giram suas zonas opacas; a visibilidade primeira, a dos *quale* e das coisas não subsiste sem uma visibilidade segunda, a das linhas de força e das dimensões, a carne maciça, sem uma carne sutil, o corpo momentâneo, sem um corpo glorioso. Quando Husserl falou do horizonte das coisas – de seu horizonte exterior, aquele que todos conhecem e de seu "horizonte interior", esta treva plena de visibilidade cuja superfície é apenas o seu limite – é preciso tomar a palavra rigorosamente; o horizonte, tanto como o céu ou a terra, não é uma coleção de coisas tênues, ou título de uma classe, ou possibilidade lógica de concepção, ou sistema de "potencialidade da consciência": constitui um novo tipo de ser, um ser de porosidade, de pregnância ou de generalidade, e aquele, diante do qual o horizonte se abre, aí é preso e englobado. Seu corpo e suas distâncias participam da mesma corporeidade ou visibilidade em geral que reina entre eles e ele, e mesmo além do horizonte, aquém de sua pele, até o fundo do ser.

Tocamos aqui no ponto mais difícil, a saber, no vínculo da carne e da ideia, do visível e da armadura interior que o vínculo manifesta e esconde. Ninguém foi mais longe de que Proust ao fixar as relações entre o visível e o invisível na descrição de uma ideia que não é o contrário do sensível, mas que é seu dúplice e sua profundidade. Porque o que Proust diz das ideias musicais, di-lo de todos os seres de cultura, como a *Princesa de Clèves* e como *René*, e também sua essência do amor que a "pequena frase" torna presente não somente para Swann, mas comunicável a todos os que a ouvem, mesmo a contragosto, e mesmo que não sabiam, depois, reconhecê-la nos amores de que são apenas testemunhas – o mesmo diz Proust, em geral, de muitas outras noções que são, como a música, "sem equivalentes", "as noções da luz, do som, do relevo, da voluptuosidade física, que constituem as ricas possessões com que se diversifica e se adorna o nosso domínio interior[2]". A literatura, a música, as paixões, mas também a experiência do mundo visível são tanto quanto a ciência de Lavoisier e de Ampère, a exploração de um invisível, consistindo ambas no desvendamento de um universo de ideias[3]. Simplesmente, aquele invisível,

2. Du *Côté de chez Swann*, II, p. 190 (NRF, 1926).
3. Idem, p. 192.

aquelas ideias não se deixam separar, como as dos cientistas, das aparências sensíveis, mas erigem-se numa segunda positividade. A ideia musical, a ideia literária, a dialética do amor e as articulações da luz, os modos de exibição do som e do tato falam-nos, possuem sua lógica própria, sua coerência, suas imbricações, suas concordâncias, e aqui também as aparências são o disfarce de "forças" e "leis" desconhecidas. Simplesmente é como se o segredo em que se acham, e de onde as tira a expressão literária fosse seu modo de existência; essas verdades não estão apenas escondidas como uma realidade física que não soubemos descobrir, invisível de fato, que poderemos um dia chegar a ver face a face, e que outros, melhor colocados, poderiam ver já agora, desde que se retire o anteparo que o dissimula. Aqui, pelo contrário, não há visão sem anteparo: as ideias de que falamos não seriam por nós mais conhecidas se não possuíssemos corpo e sensibilidade, mas então é que seriam inacessíveis; a "pequena frase", a noção da luz, tanto quanto uma "ideia da inteligência", não se esgotaram nas suas manifestações e só nos poderiam ser dadas *como* ideias através de uma experiência carnal. Não se trata apenas do fato de que aí encontremos a *ocasião* de pensá-las; é que sua autoridade, seu poder fascinante e indestrutível advém precisamente de estarem elas em transparência, através do sensível ou em seu âmago. Cada vez que queremos ter acesso a ela* imediatamente, ou deitar-lhe a mão, ou enquadrá-la, ou vê-la sem véus, percebemos perfeitamente que a tentativa é um contrassenso, que ela se afasta à medida que dela nos aproximamos. A explicitação não nos dá a própria ideia, constitui apenas versão segunda, derivado mais manipulável. Swann pode perfeitamente fixar a "pequena frase" entre as barras da notação musical, atribuir ao pequeno intervalo entre as cinco notas que a compõem ou à repetição constante de duas dentre elas, "a doçura retrátil e friorenta" que constitui sua essência ou seu sentido: no momento em que pensa estes sinais e este sentido, não mais possui a "pequena frase", mas apenas "simples valores que substituem, para comodidade de sua inteligência, a misteriosa entidade que percebia"[4]. É, pois, essencial a esse gênero de ideias serem "vendadas por trevas", aparecerem "sob um disfarce". Certificam-nos de que a "grande noite impenetrada e desencorajante de nossa alma" não é vazia, não é "nada"; essas entidades, esses domínios, esses mundos, porém, que a forram e povoam, cuja presença ela sente como a de alguém no escuro, são

---

* Ela, isto é, a ideia.
4. Idem, Proust – p. 189.

apenas o resultado de seu comércio com o visível a que permanecem ligados. Como o negrume secreto do leite, de que falou Valéry, só é acessível por meio da sua brancura, a ideia da luz ou a ideia musical revestem por baixo as luzes e os sons, formando o outro lado ou a profundidade deles. Sua textura carnal se nos apresenta como ausente de toda carne, é um sulco que se traça magicamente sob nossos olhos sem que ninguém o traçasse, certo oco, certo interior, certa ausência, uma negatividade que não é um nada, estando limitada precisamente a *estas* cinco notas entre as quais se instala, a esta família de sensíveis que chamamos luzes. Não vemos nem ouvimos as ideias, nem mesmo com os olhos do espírito ou com o terceiro ouvido: no entanto, ali estão, atrás dos sons ou entre eles, atrás das luzes ou entre elas, reconhecíveis na sua maneira sempre especial, única, de entrincheirar-se atrás deles, "perfeitamente distintas umas das outras, desiguais entre si no valor e significação[5]".

Com a primeira visão, o primeiro contato, o primeiro prazer, há iniciação, isto é, não posição de um conteúdo, mas abertura de uma dimensão que não poderá mais vir a ser fechada, estabelecimento de um nível que será ponto de referência para todas as experiências daqui em diante. A ideia é este nível, esta dimensão, não é, portanto, um invisível de fato, como objeto escondido atrás de outro, não é um invisível absoluto, que nada teria a ver com o visível, mas o invisível *deste* mundo, aquele que o habita, o sustenta e torna visível, sua possibilidade interior e própria, o Ser desse ente. No instante em que se diz "luz", no instante em que os músicos chegam à "pequena frase", não há em mim lacuna alguma; o que vivo é tão "consistente", tão "explícito" quanto um pensamento positivo – ou mesmo mais, um pensamento positivo é o que é, mas precisamente é só isso, e nesta medida não pode fixar-nos. Já a volubilidade do espírito o conduz alhures. As ideias musicais ou sensíveis, exatamente porque são negatividade ou ausência circunscrita, não são possuídas por nós, possuem-nos. Já não é o executante que produz ou reproduz a sonata; ele se sente e os outros sentem-se a serviço da sonata, é ela que através dele canta ou grita tão bruscamente que ele precisa "precipitar-se sobre seu arco" para poder segui-la. Estes turbilhões abertos no mundo sonoro soldam-se num só, onde as ideias se ajustam uma à outra. "Nunca a linguagem falada foi tão inflexivelmente necessidade, conheceu a tal ponto a pertinência das questões, a evi-

5. Ibidem.

dência das respostas."[6] O ser invisível e, por assim dizer, frágil é o único capaz dessa textura cerrada. Há uma idealidade rigorosa nas experiências que são experiências da carne: os momentos da sonata, os fragmentos do campo luminoso, aderem um ao outro por uma coesão sem conceito, do mesmo tipo da que une as partes de meu corpo ou o meu corpo com o mundo. O meu corpo é coisa, ideia? Não é nem uma nem outra, sendo o mensurador de todas as coisas. Teremos, pois, que reconhecer uma idealidade não estranha à carne, que lhe dá seus eixos, profundidade, dimensões.

Ora, uma vez enleados neste estranho domínio, não vemos como seria possível *sairmos dele*. Se existe animação *do* corpo, se a visão e o corpo se encontram imbricados um no outro – se, correlativamente, a menor película do *quale*, superfície do visível, está em toda a sua extensão, forrada por uma reserva invisível – e se, finalmente, tanto na nossa carne como na das coisas, o visível atual, empírico, ôntico, através de uma espécie de dobramento, de invaginação, ou de estofamento, exibe uma visibilidade, uma possibilidade que não é sombra do atual, mas seu princípio, que não é achega de um "pensamento" mas sua condição, um estilo alusivo, elíptico, como todo estilo, e como todo estilo também inimitável, inalienável, horizonte interior e exterior, entre os quais o visível atual é uma compartimentação provisória, e que, contudo, abrem indefinidamente para outros visíveis, então – a distinção imediata e dualista entre o visível e o invisível, a extensão e o pensamento, sendo rejeitadas, não porque a extensão seja pensamento e o pensamento extensão mas porque uma está para o outro como o avesso está para o direito, e para sempre colocada uma atrás do outro – certamente permanece ainda a dificuldade de saber como se instauram "as ideias da inteligência", como é que se passa da idealidade de horizonte à idealidade "pura", e por que milagre notoriamente se vem juntar à generalidade natural do meu corpo e do mundo uma generalidade criada, uma cultura, um conhecimento que retoma e retifica os do corpo e do mundo. Mas qualquer que seja o modo pelo qual a compreendamos (a idealidade cultural), ela já brota e se espalha nas articulações do corpo estesiológico, nos contornos das coisas sensíveis, e embora nova, desliza por vias que não abriu, serve-se do mistério fundamental destas noções "sem equivalente", como diz Proust, que só levam na noite do espírito uma vida tenebrosa porque foram adivinhadas nas junturas do mundo

6. Idem, p. 192.

149

visível. É demasiado cedo, agora, para esclarecermos esta superação que se processa no próprio local. Digamos somente que a idealidade pura não existe sem carne nem liberta das estruturas de horizonte: vive delas, embora se trate de outra carne e de outros horizontes. É como se a visibilidade que anima o mundo sensível emigrasse, não para fora do corpo, mas para outro corpo menos pesado, mais transparente, como se mudasse de carne, abandonando a do corpo pela da linguagem, e assim se libertasse, embora sem emancipar-se inteiramente de toda condição. Por que não admitir – e isso Proust o sabia bem, disse-o algures – que tanto a linguagem como a música podem, pela força dos seus próprios "arranjos", sustentar um sentido, captá-lo nas suas malhas, e, que a linguagem faz isso sempre que aparece como linguagem conquistadora, ativa, criadora, sempre que *alguma coisa é dita*, em sentido forte; que tal como a notação musical é um *fac-símile* proposto, retrato abstrato da entidade musical, a linguagem como sistema de relações explícitas entre signos e significados, sons e sentidos, é um resultado e produto da linguagem operante no sentido em que som e sentido estão na mesma relação que a "pequena frase" e as cinco notas que lhe encontramos pospostas? Isto não quer dizer que a notação musical, a gramática, a linguística e as "ideias da inteligência" – que são ideias adquiridas, disponíveis, honorárias – sejam inúteis, ou, como dizia Leibniz, que o asno que vai direito à forragem saiba tanto quanto nós acerca das propriedades da linha reta, mas que o sistema de relações objetivas, as ideias adquiridas são como que tomadas numa vida e percepção segundas que fazem com que o matemático vá direito às entidades que ninguém viu ainda, que a linguagem e o algoritmo *operantes* usem uma visibilidade segunda e que as ideias sejam o outro lado da linguagem e do cálculo. Quando penso, as ideias animam a minha palavra interior, obsediam-na como a "pequena frase" possui o violinista, e permanecem além das palavras como a "pequena frase" além das notas, não porque resplandeçam debaixo de outro sol oculto para nós, mas porque as ideias são este afastamento, esta diferenciação nunca acabada, abertura sempre a refazer entre signo e signo, como a carne, dizíamos nós, é a deiscência do vidente em visível e do visível em vidente. E tal como meu corpo só vê porque faz parte do visível onde eclode, o sentido tomado pelo arranjo dos sons nele repercute. A língua para o linguista é um sistema ideal, um fragmento do mundo inteligível. Mas, assim como não basta para que eu veja que o meu olhar seja visível para X, é necessário que seja visível para si próprio, por uma espécie de torção, de reviravolta ou de fenômeno especular, resultante do simples fato de eu ter nascido, do mesmo modo, se as minhas palavras possuem um sentido não é *porque* ofereçam essa organização sistemática que o linguista desvendará, mas porque essa organização, como o olhar, relaciona-se consigo mesma: a Fala operante é a região obscura de onde vem a luz instituída tal como a surda reflexão do corpo sobre si mesmo constitui aquilo que chamamos de luz natural. Assim como há uma reversibilidade daquele que vê e daquilo que é visto, assim como no ponto em que se cruzam as duas metamorfoses nasce o que se chama de percepção, assim há, também, uma reversibilidade da fala e do que ela significa; a significação é o que vem selar, fechar, reunir a multiplicidade dos meios psíquicos, fisiológicos, linguísticos da elocução, contraí-los num ato único, como a visão termina o corpo estesiológico; e tal como o visível capta o olhar que o desvendou e que dele faz parte, repercute nos seus meios, a significação anexa a si a fala que se torna objeto de ciência, antedata-se por um movimento retrógrado, nunca completamente falho, porque já, ao abrir o horizonte do nomeável e do dizível, confessava a palavra ter aí o seu lugar, porque, nenhum locutor fala sem de antemão transformar-se em *alocutório, ainda que apenas de si próprio*, sem fechar com um só gesto o circuito de sua relação consigo e com os outros, e ao mesmo tempo instituir-se também como *delocutório*, fala de que se fala –: ele se oferece e oferece toda a fala a uma Palavra universal. Ser-nos-á preciso acompanhar mais de perto esta passagem do mundo mudo ao mundo falante. Por ora, queremos apenas observar que não se pode falar nem de destruição nem de conservação do silêncio (e ainda menos de uma destruição que conserve ou de uma realização que destrua, o que não é resolver mas tão-somente levantar o problema). Quando a visão silenciosa cai na fala e quando, por sua vez, a palavra, abrindo um campo nomeável e dizível, nele se inscreve, em lugar seu, segundo sua verdade, em suma, quando metamorfoseia as estruturas do mundo visível e se torna olhar do espírito, *intuitus mentis*, é sempre mercê do mesmo fenômeno fundamental de reversibilidade, que sustenta a percepção muda e a fala, e se manifesta tanto através de uma existência quase carnal da ideia quanto por uma sublimação da carne. Num sentido, se explicitássemos completamente a arquitetônica do corpo humano, sua construção ontológica e como ele se vê e se ouve, veríamos que a estrutura de seu mundo é tal que todas as possibilidades da linguagem já lá se encontram. Desde logo a nossa existência de videntes, isto é, conforme há pouco afirmamos, de seres que "põem o mundo do avesso" e que passam para o outro lado e se entreveem, que veem pelos olhos uns dos outros, e sobretudo nossa existência de seres sonoros para os outros e para si próprios contém tudo o que é necessário para que, entre um e outro, exista fala, fala sobre o mundo. E, em certo sentido compreender uma frase não é coisa diferente de acolhê-la inteiramente em seu ser sonoro, ou, como se diz tão bem, de *ouvi-la*; o sentido não está na frase como manteiga na fatia de pão, qual segunda camada de "realidade psíquica" estendida por cima do som: o sentido é a totalidade do que se diz, a integral de todas as diferenciações da cadeia verbal, é dado com as palavras aos que possuem ouvidos para ouvir. E, reciprocamente, toda a paisagem é inundada pelas palavras como por uma invasão, a paisagem é, a meu ver, uma variedade da fala, e falar de seu "estilo", é usar uma metáfora. Em certo sentido, como diz Husserl, a filosofia consiste em reconstituir uma potência de significar, um nascimento do sentido ou um sentido selvagem, uma expressão de experiência pela experiência que ilumina, precipuamente, o domínio especial da linguagem. E num sentido, como diz Valéry, a linguagem é tudo, pois não é a voz de ninguém, é a própria voz das coisas, ondas e florestas. E o que temos de compreender é que, de um a outro destes modos de encarar a linguagem, não há inversão dialética, não precisamos reuni-los numa síntese: ambos são dois aspectos da reversibilidade que é verdade última.

ANEXO

O SER PRÉ-OBJETIVO: O MUNDO SOLIPSISTA*

A redução ao pré-objetivo.

Uma vez que a ciência e a reflexão deixam finalmente intacto o enigma do mundo bruto, somos convidados a interrogá-lo sem nada pressupor. Daqui em diante tem-se por sabido que não poderíamos recorrer, para descrevermos o mundo bruto, a nenhuma dessas "verdades" estabelecidas em que nos baseamos diariamente, ideias essas crivadas, na realidade, de obscuridades, e das quais só poderiam ser expurgadas através da evocação do mundo bruto e do trabalho de conhecimento que as colocou sobre ele como superestruturas. Por exemplo, tudo o que podemos saber, pela prática e pela ciência, acerca das "causas" da percepção e da ação que sobre nós exercem será reputado desconhecido. Preceito mais difícil de observar do que se supõe:

---

* A paginação do manuscrito indica claramente que o capítulo que aqui se inicia não seria conservado pelo autor. Foi substituído por *interrogação e intuição*. Como, todavia, não foi suprimido, acreditamos ser bom apresentá-lo como anexo.

existe uma tentação quase irresistível que leva a construir a percepção a partir do percebido, nosso contato com o mundo a partir daquilo que esse contato nos ensinou sobre o mundo. Autores há que provam que toda "consciência" é "memória", pela simples razão de eu ver hoje uma estrela extinta talvez anos atrás, e do fato de toda a percepção em geral atrasar-se em relação ao objeto. Não parecem aperceber-se das implicações dessa "prova": ela supõe que a "memória" seja definida, não pelo aspecto e características do rememorado, mas de fora, pela inexistência no mesmo momento de um objeto adequado no mundo em si: supõe, portanto, esse mundo em si em torno de nós; entre ele e nós, supõe relações de simultaneidade e sucessão que nos encerram com ele, no mesmo tempo objetivo; supõe, ainda, a existência de um espírito capaz de conhecer este universo verdadeiro, cujas relações, enfim contraídas e resumidas pelo caminho mais curto da percepção, tornam-na um fato de "memória". Seguiremos o caminho inverso: é a partir da percepção e de suas variantes, descritas tal como se apresentam, que tentaremos compreender como se pôde construir o universo do saber. Este universo nada nos pode dizer (a não ser indiretamente, por suas lacunas e pelas aporias em que nos precipita) acerca daquilo que é por nós vivido. Não é por ter o mundo dito "objetivo" tais ou tais propriedades que nos sentiríamos autorizados a encará-las como adquiridas no mundo vivido: elas seriam para nós, quando muito, um fio condutor para o estudo dos meios através dos quais chegamos a reconhecê-las como propriedades e a encontrá-las em nossa vida. E inversamente, não é porque no mundo "objetivo" tal ou tal fenômeno não possui índice visível, que devemos renunciar a fazê-lo figurar no mundo vivido; as imagens descontínuas do cinema nada provam quanto à verdade fenomenal do movimento que as liga umas às outras perante os olhos do espectador – nem mesmo provam que o mundo vivido comporta movimentos que não têm móvel: poderia acontecer que o móvel fosse projetado por quem percebe. Tudo o que adiantarmos acerca do mundo, deve provir não do mundo habitual – onde a nossa iniciação no ser e as grandes tentativas intelectuais que a renovaram na história se encontram inscritas sob a forma de *vestígios* confusos, esvaziados de seu sentido e motivos – mas deste mundo presente que vela às portas da nossa vida, e onde achamos com que animar a herança e, se oportunidade houver, retomá-la em nossos ombros. Só admitiremos um mundo pré--constituído, uma lógica, por tê-los visto surgir da nossa experiência com o ser bruto, que é como o cordão umbilical de nosso saber e a fonte do sentido para nós.

Outrossim, não nos permitimos introduzir na nossa descrição os conceitos oriundos da reflexão, seja ela psicológica ou transcendental: esses conceitos não são, o mais das vezes, senão correlativos ou contrapartidas do mundo *objetivo*. Devemos renunciar, para começar, a noções tais como "atos de consciência", "estados de consciência", "matéria", "forma", e mesmo "imagem" e "percepção". Excluímos o termo percepção em toda a extensão em que já subentende um recorte do vivido em atos descontínuos ou uma referência a "coisas" cujo estatuto não se precisou, ou somente uma oposição entre o visível e o invisível. Não que essas distinções sejam definitivamente desprovidas de sentido, mas porque, se as admitíssemos logo de entrada, cairíamos nos impasses de onde temos de sair. Quando falamos de fé *perceptiva* e quando nos atribuímos a faina de voltar à fé *perceptiva*, não subentendemos com isso, não somente nenhuma das "condições" físicas ou fisiológicas que delimitam percepção para o sábio, nenhum dos postulados de uma filosofia sensualista ou empirista, mas nem mesmo uma definição de "camada primeira" da experiência que diria respeito aos seres que existem num ponto do tempo e do espaço, por oposição ao conceito e à ideia. Ainda não sabemos o que é ver ou pensar, se essa distinção é válida e em que sentido. Para nós, a "fé perceptiva" envolve tudo o que se oferece ao homem natural no original de uma experiência-matriz, com o vigor daquilo que é inaugural e presente pessoalmente, segundo uma visão que para ele é última e não poderia ser concebida como mais perfeita ou próxima, quer se trate das coisas percebidas no sentido ordinário da palavra ou de sua iniciação no passado, no imaginário, na linguagem, na verdade predicativa da ciência, nas obras de arte, nos outros ou na história. Não prejulgamos relações que possam existir entre essas diferentes *camadas*, nem ainda que sejam camadas, e uma parte de nossa tarefa é estabelecê-las segundo o que a interrogação de nossa experiência bruta ou selvagem nos tiver ensinado. A percepção como encontro das coisas naturais está no primeiro plano de nossa pesquisa, não como função sensorial simples que explicaria as outras, mas como arquétipo do encontro originário, imitado e renovado no encontro do passado, do imaginário, da ideia. Nem mesmo sabemos de antemão o que será a nossa interrogação e o nosso método. A forma de questionar prescreve certo tipo de resposta, e fixá-la desde agora seria decidir da solução. Se, por exemplo, disséssemos que se trata aqui de extrair a essência ou o εἶδος de nossa vida nas diferentes regiões para as quais ela abre, isso seria presumir que encontraremos invariantes ideais cujas relações estarão fundadas em essência, subordinar prematuramente o que nas relações possa existir de fluente àquilo que possa haver de fixo em nossa experiência, sujeitá-lo, talvez, a condições que não são as condições de toda experiência possível mas que pertencem a uma experiência já posta em palavras, e finalmente encerrarmo--nos numa exploração imanente das significações de palavras. Ou se, para nada preconceber, tomar-se a fixação das essências num sentido mais lato, como um esforço para autocompreender--se, então ela escapa a toda suspeita, mas porque nada prescreve quanto ao estilo dos resultados. Na verdade sabemos aquilo que a interrogação pura não deve ser. Aquilo que será, só o saberemos tentando. A decisão de seguir a experiência daquilo que existe, no sentido originário, fundamental ou inaugural, nada supõe além de um encontro entre "nós" e "aquilo que existe" – tomadas estas palavras como simples índices de um sentido a precisar. O encontro é indubitável, pois que sem ele não nos proporíamos nenhuma questão. Não temos que interpretá-lo, de entrada, seja como uma inclusão naquilo que existe, seja como inclusão daquilo que é, em nós. Aparentemente, é necessário que estejamos *no* mundo, naquilo que existe, ou pelo contrário, que aquilo que existe esteja *em nós*. O propósito de pedirmos à experiência seu segredo não é já em si mesmo uma decisão idealista? Ter-nos--íamos feito compreender mal se assim o entendessem.

É à nossa experiência que nos endereçamos – porque toda questão se endereça a alguém ou a alguma coisa, e não podemos escolher interlocutor menos comprometedor que *o tudo daquilo que é para nós*. Mas a escolha dessa instância não fecha o campo das respostas possíveis; não implicamos na *"nossa experiência"* nenhuma referência a um *ego* ou a um certo tipo de relações intelectuais com o ser, como o *"experiri"* espinosista. Interrogamos nossa experiência, precisamente para saber como nos abre ela para aquilo que não somos. *Isso não exclui nem mesmo que nela encontraremos um movimento em direção àquilo que não poderia, em hipótese alguma, estar-nos presente no original, e cuja irremediável ausência incluir-se-ia no número das nossas experiências originárias*. Simplesmente, quando mais não fosse para ver estas margens da presença, para discernir estas referências, para pô-las à prova ou interrogá-las, é preciso fixar de início o olhar sobre aquilo que nos é aparentemente *dado*. É neste sentido inteiramente provisório e metódico que se devem compreender as subdivisões que serão usadas daqui a pouco. Não temos que escolher entre uma filosofia que se instala no mundo mesmo ou em outrem e uma filosofia que se instala "em nós", entre uma filosofia que toma a experiência "de dentro" e uma filosofia que, se possível for, a julgue do exterior, por exemplo em nome de critérios lógicos: estas alternativas não se impõem, pois que talvez o si e o não-si sejam como o avesso e o direito, e a nossa experiência é talvez esta reviravolta que nos instala bem longe de *nós*, no outro, nas coisas. Nós nos colocamos tal como o homem natural, em nós *e* nas coisas, em nós *e* no outro, no ponto onde, por uma espécie de *quiasma*, tornamo-nos os outros e tornamo-nos mundo. A filosofia só será ela própria se recusar as facilidades de um mundo com entrada única, tanto como as facilidades de um mundo de entradas múltiplas, todas acessíveis ao filósofo. A filosofia ergue-se como o homem natural no ponto em que se passa de si para o mundo e para o outro, no cruzamento das avenidas.

I. A PRESENÇA

A coisa e o algo

Consideremo-nos, pois, instalados entre a multidão das coisas, dos viventes, dos símbolos, instrumentos e homens, e tentemos constituir noções que nos permitam compreender o que aí nos acontece. Nossa primeira verdade – aquela que nada prejulga e não pode ser contestada – será que há presença, que "algo" lá está e lá está "alguém". Antes de passarmos ao "alguém" perguntemo-nos, pois, o que é o "algo".

Este algo a que estamos presentes e aquilo que nos é presente são (seríamos tentados a dizê-lo) *as coisas*, e aparentemente todos sabem o que se deve entender por isso. Esta pedra e esta concha são coisas, no sentido em que nelas há – para além do que vejo e toco nelas, de seu contato áspero com meus dedos ou com minha língua, do ruído que fazem caindo em cima da mesa – um fundamento único para todas essas "propriedades" (e para muitas outras, ainda de mim desconhecidas) que as impõe à pedra ou à concha, ou, pelo menos encerra suas variações dentro de certos limites.

O poder desse princípio não é um poder de fato: sei muito bem que a pedra, a concha podem ser esmagadas num momento por aquilo que as rodeia. É, por assim dizer, um poder de direito, uma legitimidade: para além de certa amplitude de suas mudanças, elas cessariam de ser esta pedra ou esta concha, deixariam mesmo de ser pedra ou concha. Se devem subsistir como indivíduos ou ao menos continuar a envergar essas denominações gerais, é preciso que exibam certo número de propriedades de algum modo nucleares que derivam uma da outra, e que, todas conjuntamente, emanem deste indivíduo pedra, deste indivíduo concha, ou em geral, de todo indivíduo portador do mesmo nome. Quando, portanto, dizemos que aqui está uma pedra, uma concha, e mesmo esta pedra e esta concha, queremos dizer que tal coisa fez jus a essas exigências, que, ao menos por ora, esse fundamento único das propriedades nucleares, que sumariamente chamamos de "esta pedra" ou de "uma pedra", "esta concha" ou "uma concha" manifesta-se sem entraves, prestes a desdobrar-se sob nossos olhos porque elas derivam dele, porque ele é sem restrição esta pedra e esta concha. A coisa, portanto – feitas todas as reservas acerca daquilo que lhe possa advir e da possibilidade de sua destruição – é um nó de propriedades, das quais cada uma é dada se a outra o for, um princípio de identidade. Aquilo que a coisa é, ela o é por arranjo interno, plenamente, sem hesitação, sem fissura: ou tudo ou nada. É o por si ou em si, num desdobramento exterior, que as circunstâncias permitem e não explicam. É objeto, quer dizer, expõe-se diante de nós por virtude sua, e precisamente porque está condensada em si mesma.

Se a coisa é isso, para nós que vivemos entre as coisas cabe perguntar se verdadeiramente a coisa está implicada, a título originário, no nosso contato com o que quer que seja, se é verdadeiramente através dela que podemos compreender o resto, se a nossa experiência é, por princípio, experiência da coisa, se o mundo, por exemplo, é uma imensa coisa, se nossa experiência visa diretamente às coisas, se é propriamente a sua resposta que recolhemos no estado puro, ou se, pelo contrário, nela introduzimos como essenciais elementos que, na verdade, são derivados e que requerem igual esclarecimento. A coisa, a pedra, a concha, dizíamos, não têm o poder de existir a despeito de tudo, são simplesmente forças "fáceis" que desenvolvem suas implicações sob condição de que se reúnam circunstâncias favoráveis. Ora, se isso é verdade, a identidade da coisa consigo mesma, esta espécie de "*posição*" que lhe é própria, repouso em si mesma, plenitude e positividade que lhe reconhecemos, excedem já a experiência, são já uma interpretação segunda da experiência. Partindo das coisas tomadas no seu sentido ingênuo de núcleos identificáveis, mas sem nenhum poder próprio, não se chega à coisa-objeto, ao Em-si, à coisa idêntica a si mesma senão impondo à experiência um dilema abstrato dela ignorado.

Talvez a coisa não possua nenhuma virtualidade própria e interna, mas também é verdade que se ela tem de fazer-se reconhecer por nós, se não deve desaparecer da nossa vista, e se temos que poder falar das coisas, isso só será possível se as aparências se comportarem como dotadas de um princípio de unidade interior. É opondo à experiência das coisas o fantasma de outra experiência sem princípio que a obrigamos a dizer mais do que ela queria. É passando pelo "estratagema" dos *nomes*, ameaçando as coisas de não serem reconhecidas por nós, que finalmente damos crédito à *objetividade*, à identidade consigo mesma, à positividade, à plenitude, se não como princípio das coisas, pelo menos, como a condição de sua possibilidade *para nós*. Assim definida, a coisa não é a coisa da nossa experiência, é a imagem que se obtém projetando-a num universo onde a experiência não se ligaria a coisa alguma, onde o espectador se afastaria do espetáculo, numa palavra: confrontando-a com a possibilidade do nada. E igualmente, quando se diz: mesmo que a coisa, *analiticamente*, esteja sempre para além da prova, e apareça como uma extrapolação, o fato é que continuamos a ver pedras e conchas, e que, ao menos nesse instante, satisfaz-se a nossa exigência e temos o direito de definir a coisa como aquilo que ou é totalmente em si ou não é – esta inversão do para ao contra, este realismo empírico, fundado no idealismo transcendental, é ainda um pensamento da experiência a partir do nada. Ora, é-nos possível pensar a experiência que temos antevendo-a a partir da possibilidade do nada? A experiência do mundo e da coisa não constitui precisamente o fundo de que necessitamos para pensar, seja de que maneira for, o nada? Pensar a coisa a partir de um fundo de nada não constituirá um erro duplo, em relação à coisa e ao nada, e, no que diz respeito à coisa, não a estaremos desnaturando completamente ao recortá-la do nada? A identidade, a positividade, a plenitude da coisa, reconduzidas ao que significam no interior do contexto onde a experiência as alcança, não serão demasiado insuficientes para definirem nossa abertura para o "algo"?

NOTAS DE TRABALHO

Origem da verdade[1]

Janeiro de 1959

Introdução

Nosso estado de não-filosofia – Nunca a crise foi tão radical –

As "soluções" dialéticas = ou a "má dialética" que identifica os opostos, que é não filosofia = ou a dialética "embalsamada" que não é mais dialética. Fim da filosofia ou renascimento?

Necessidade de um retorno à embalsamada – A interrogação ontológica e suas ramificações:

a questão sujeito-objeto
a questão da intersubjetividade
a questão da Natureza.

Esboço de uma ontologia projetada como ontologia do Ser bruto – e do logos. Configurar o Ser selvagem, prolongando meu artigo sobre Husserl[2]. Mas o desvelamento desse mundo, desse Ser permanece mudo

---

1. *Origem da verdade*: título que o autor queria, de início, dar à sua obra.
2. O filósofo e sua sombra. Em *Edmund Husserl. 1859-1959. Recueil commémoratif*, Martinus Nijhoff, Haia, 1959. Publicado em Signes, NEF, 1961 (NT – há trad. port.).

enquanto não desenraizarmos a "filosofia objetiva" (Husserl). É preciso uma *Ursprungsklärung*.

Reflexão sobre as ontologias de Descartes – o "estrabismo" da ontologia ocidental[3].

Reflexões sobre a ontologia de Leibniz.

Generalização do problema: houve uma passagem ao infinito como infinito objetivo – Essa passagem era tematização (e esquecimento) da *Offenheit*, do *Lebenswelt* – É preciso retomar impulso do lado de cá.

Plano da 1ª parte: ver em que se transformou (por análise imanente) a "Natureza", e – *por isso mesmo*, a vida, – e por isso mesmo o homem como sujeito psicofísico – Circularidade de investigação: desde já o que dizemos sobre a Natureza antecipa a lógica e será retomado na segunda parte – O que dizemos sobre a alma ou sobre o sujeito psicofísico antecipa o que diremos sobre a reflexão, a consciência, a razão e o absoluto. – Essa circularidade não é uma objeção – Seguimos a ordem das matérias, não há ordem das razões – a ordem das razões não nos daria a convicção que a ordem das matérias dá – a filosofia como centro, não como construção.

Origem da verdade[4]

Janeiro de 1959

Mostrando a distância entre a física e o ser da Physis, entre a biologia e o ser da vida, trata-se de efetuar a passagem do ser em si, objetivo, ao ser do *Lebenswelt* – E essa passagem já significa que nenhuma forma pode ser posta sem referência à subjetividade, que o corpo tem um *Gegenseite* de consciência, que ele é psicofísico –

Chegando à subjetividade encarnada do corpo humano, que continuo a referir ao *Lebenswelt*, devo encontrar algo que não é "psíquico", no sentido psicológico (isto é, uma *Gegenabstraktion* da Natureza em si, da Natureza das *blosse Sachen*), devo chegar a uma subjetividade e a uma intersubjetividade, a um universo do *Geist* que, embora não seja uma segunda natureza, não deixa de possuir sua solidez e sua completude, possuindo-a ainda no modo do *Lebenswelt* – Isso quer dizer que devo

3. O autor escrevia já no resumo do curso que deu em 57-8:
"Em Descartes, por ex., os dois sentidos da palavra natureza (natureza, no sentido da "luz natural" e no sentido de "inclinação natural") esboçam duas ontologias (ontologia do objeto e ontologia do existente)... E, mais adiante, perguntava: "Não haveria, como se disse, uma espécie de 'diplopia ontológica' (M. Blondel) da qual não se pode esperar redução racional após tantos esforços filosóficos e de que um só poderíamos tomar posse integral, como o olhar se apossa das imagens monoculares para delas fazer uma visão única?" (*Annuaire du Collège de France*, 58." Année – (1958) – NT – posteriormente recolhido em Resumes de Cours – NRF – 1968).
4. Cf. p. 163, nota 1.

ainda, através das objetivações da linguística, da lógica, reencontrar o logos do *Lebenswelt*.

Do mesmo modo, em princípio, seria preciso desvelar "a história orgânica" sob a historicidade (*Urhistorie, erste Geschichtlichkeit*) de verdade, instituída por Descartes como horizonte infinito da ciência – Essa historicidade de verdade é ainda a que anima o marxismo.

Em princípio, somente em seguida estarei capacitado para definir uma ontologia e definir uma filosofia. A ontologia seria a elaboração das noções que devem substituir a de subjetividade transcendental, as de sujeito, objeto, sentido – a definição da filosofia comportaria a elucidação da própria expressão filosófica (uma tomada de consciência, portanto, do processo empregado no que precede "ingenuamente", como se a filosofia se limitasse a refletir o que é) como ciência da pré-ciência, como expressão do que está antes da expressão *e que a sustém por trás* -- Tomar aqui por tema a dificuldade: a filosofia se contém a si própria se quer ser absoluta. Mas na realidade, todas as análises particulares sobre a Natureza, a vida, o corpo humano, a linguagem, farão com que entremos paulatinamente no *Lebenswelt* e no ser "selvagem"; não deverei privar-me, ao percorrer esse caminho, nem de entrar na sua descrição positiva nem de entrar na análise das diversas temporalidades – dizer isso desde a introdução.

Primeiro volume da origem da verdade[5]

Janeiro de 1959

Husserl: os corpos humanos possuem um "outro lado", um lado "espiritual".

(Cf. o modo de ser dos "lados escondidos", escondidos para sempre ou provisoriamente, – o modo de ser dos antípodas, – a diferença reside em que *por princípio* o lado "espiritual" de um corpo vivo não pode me ser *selbstgegeben* a não ser como ausência).

Em meu 1º volume, – depois de natureza física e vida, fazer um 3º capítulo onde o corpo humano será descrito como tendo um lado "espiritual". Mostrar que a vida do corpo humano não pode ser descrita sem que se transforme num corpo psicofísico. (Descartes, – mas permanecendo no composto de alma e de corpo) – Dar meu equivalente do conceito cartesiano de Natureza, como instituição que nos faz possuir de um só golpe o que nos faria compreender uma ciência divina – Dar uma estesiologia. Uma concepção do tempo, da "alma", no sentido husserliano, da intercorporeidade enquanto "natural" –, que retoma, aprofunda e retifica meus dois primeiros livros, – deve ser feita inteiramente na perspectiva da ontologia – a descrição do mundo percebido que conclui esse 1º volume aprofunda-se consideravelmente (percepção como distanciamento – corpo como animal de movimentos e de percepções – transcendência – A ordem do *urpräsentierbar*). E sobretudo: coloca-se o problema

---

5. *Por cima do título* – ("*Origem da verdade*") estas linhas: Indicar desde o início da análise da Natureza que existe circularidade: o que aí dizemos será retomado ao nível da lógica (2º volume). Não importa. É preciso começar.

167

da relação entre essas "verdades" e a filosofia como reflexão radical, como redução à imanência transcendental – Introduz-se o ser "selvagem" ou "bruto" – ultrapassa-se o tempo serial, o dos "atos" e das decisões – reintroduz-se o tempo mítico – Coloca-se o problema da relação entre racionalidade e função simbólica: o ultrapassamento do significado pelo significante essencial à "razão" – Crítica da distinção reflexiva entre a série interior (o "subjetivo", o "psicológico") e a objetividade (tal como, diz Lévi-Strauss, a supõem nossas civilizações) – Nosso relacionamento com a animalidade, nosso "parentesco" (Heidegger) explicitados. Tudo isso desemboca numa teoria da percepção-impercepção e do *Logos endiathetos* (do sentido antes da lógica) – Do *Lebenswelt* – Essa nova ontologia deve ser exposta num 4º capítulo (1º natureza e física 2º a vida 3º o corpo humano 4º o ser "selvagem" e o logos). (4º capítulo longo, dando ao volume um caráter "definitivo", embora iniciando a passagem ao estudo da pintura, música, linguagem[6].

Pôr a nu todas as *raízes* (o mundo "vertical") – Dizer em seguida que o problema volta a levantar-se pela conversão da linguagem, a passagem ao homem "interior" – só então é que se poderá apreciar definitivamente o humanismo.

Ser e infinito

17 de janeiro de 1959

O infinito: certamente é uma conquista ter concebido o universo como infinito – ou pelo menos sobre o fundo do infinito (os cartesianos) –

Mas os cartesianos o fizeram verdadeiramente? – a profundidade do ser, que só se reconhece com a noção do infinito [um fundo inesgotável de ser que não é apenas este ou aquele mas que poderia ser outro (Leibniz) ou que efetivamente é mais do que sabemos (Espinosa, os atributos desconhecidos)], viram-na eles verdadeiramente?

Sua noção de infinito é positiva. Desvalorizaram o mundo fechado em proveito de um infinito positivo, de que falam como a gente fala de alguma coisa, que *demonstram* numa "filosofia objetiva" – os sinais são invertidos: todas as determinações são negação no sentido de: são *apenas* negação – Isto equivale muito mais a eludir o infinito do que reconhecê-lo – Infinito cristalizado ou dado a um pensamento que ao menos o possui suficientemente para prová-lo.

O verdadeiro infinito não pode ser esse: é preciso que seja o que nos ultrapassa: o infinito da *Offenheit* e não da *Unendlichkeit* – O infinito do *Lebenswelt*, não o infinito da idealização – Portanto, infinito negativo – Sentido ou razão que *são* contingência.

6. O segundo parêntesis aberto não se fecha.

O ser bruto ou selvagem (= mundo percebido) e sua relação com o
λογος προφορίκος como Gebilde, com a "Lógica" que produzimos –

Janeiro de 1959

O mundo perceptivo "amorfo" de que eu falava a propósito da pintura, perpétuo recurso para refazer a pintura – que não contém modo de expressão algum e que, no entanto, os chama a todos e os exige, re-suscitando um novo esforço de expressão com cada pintor, – este mundo perceptivo é, no fundo, o Ser, no sentido de Heidegger, é mais do que qualquer pintura, que toda palavra, que toda "atitude" e que, apreendido pela filosofia em sua universalidade, aparece como contendo tudo o que será dito, deixando-nos, todavia a tarefa de criá-lo (Proust) : é o λόγος *ένδιαθετος* que chamam o λόγος *προφορίκος·*

[Iteração do *Lebenswelt*: fazemos uma filosofia do *Lebenswelt*, nossa construção (no modo da "lógica") faz-nos reencontrar esse mundo do silêncio. Reencontrar em que sentido? Eu já estava lá? Como dizer que lá estava já que ninguém sabia dele antes de o filósofo falar a seu respeito? No entanto, o fato é que estava lá: tudo o que dizíamos e dizemos o implicava e o implica. Ele estava, precisamente, como *Lebenswelt* não tematizado. Num sentido, ainda está implicado como não tematizado pelos próprios enunciados que o descrevem: pois os enunciados como tais vão por sua vez sedimentar-se, vão ser "retomados" pelo *Lebenswelt*, serão incluídos nele em vez de compreendê-lo – já são incluídos nele na medida em que subentendem toda uma *Selbstverständlichkeit* – Esta não impede, entretanto, a filosofia de ter valor, de ser outra coisa e mais do que simples produto parcial do *Lebenswelt*, encerrado numa linguagem que nos conduz. Entre o *Lebenswelt* como Ser universal e a filosofia como produto extremo do mundo, não há rivalidade ou antinomia: é ela que o desvela]

Cogito tácito

Janeiro de 1959

O cogito de Descartes (a reflexão) é uma operação sobre significações, enunciado de relações entre elas (e as próprias significações sedimentadas nos atos de expressão). Pressupõe, portanto, um contato pré-reflexivo de si consigo mesmo (consciência não-tética (de) si Sartre) ou um *cogito tácito* (ser junto de si) – eis como raciocinei em *Ph P*[7].

Isto é correto? O que chamo cogito tácito é impossível. Para possuir a ideia de "pensar" (no sentido do "pensamento de ver e de sentir"), para fazer a "redução", para retornar à imanência e à consciência de … é preciso possuir as palavras. É graças à combinação de palavras (com sua carga de significações sedimentadas e capazes, por princípio, de entrar em outras relações diferentes das relações que serviram para formá-las) que *opero* a atitude transcendental, que constituo a consciência consti-

---

7. *"Phénoménologie de la Perception"* NRF, Paris, 1945. Sobre a noção de Cogito tácito e a crítica do cogito cartesiano cf, 460-8.

tuinte. As palavras não reenviam a significações positivas e finalmente ao fluxo das *Erlebnisse* como *Selbstgegeben*. Mitologia duma autoconsciência a que a palavra "consciência" se reportaria – Não há senão *diferenças* de significações.

Existe, entretanto, o mundo do silêncio, o mundo percebido, ao menos, é uma ordem onde há significações não linguísticas, mas nem por isso *positivas*. Não há, por exemplo, fluxo absoluto de *Erlebnisse* singulares, há campos e um campo de campos, com um *estilo* e uma típica – Descrever os existenciais que constituem a armadura do campo transcendental – E que são sempre um relacionamento entre o agente (eu posso) e o campo sensorial ou ideal. O agente sensorial = o corpo – O agente ideal = a palavra – Tudo isso pertence à ordem do "transcendental" do *Lebenswelt*, isto é, transcendências trazendo "seu" objeto.

Redução – O verdadeiro transcendental – O Rätsel Erscheinungweisen
– mundo

Fevereiro de 1959

Apresentada erroneamente, – em particular nas M. C.[8], – como suspensão da existência do mundo – Se for isso, recai no defeito cartesiano de uma *hipótese da Nichtigkeit do mundo*, que tem como consequência imediata a manutenção do *mens sive anima* (pedaço do mundo) como indubitável. Toda negação do mundo e *também* toda neutralidade diante da existência do mundo tem como consequência imediata que se perca o transcendental. A *épochè* só tem o direito de ser neutralização diante do mundo como em si efetivo, da exterioridade pura: deve deixar subsistir o fenômeno desse em si efetivo, dessa exterioridade.

O campo transcendental é o campo das transcendências. O transcendental, sendo o ultrapassamento decidido do *mens sive anima* e do psicológico, é *ultrapassamento da subjetividade* no sentido de contratranscendência e imanência. A passagem para a intersubjetividade só é contraditória em face de uma redução insuficiente, Husserl tem razão em dizê-lo. Mas uma redução suficiente conduz além da pretensa "imanência" transcendental, conduz ao espírito absoluto entendido como *Weltlichkeit*, ao *Geist* como *Ineinander* das espontaneidades, fundado ele próprio sobre o *Ineinander* estesiológico e sobre a esfera da vida como esfera da *Einfühlung* e intercorporeidade – A noção de *espécie* = noção de interanimalidade – O entrelaçamento da biologia ou psicologia com a filosofia = *Selbstheit do mundo.*

O próprio Husserl propõe a questão de saber como o mundo pode ter para mim outro "sentido de ser" (*Seinssinn*) diferente de *meu* objeto intencional transcendental. *Wie kann für mich wirklich Seiendes anderes sein als sozusaven Schnittpunkt meiner konstitutiven Synthesis?* (M. C. § 48, p. 135)[9]

8. *Edmund Husserl* – Caftesianische Meditationen und Pariser Vorträge, *Haia, Martinus Nijhoif,* 1950.
9. Idem.

Assim é que se introduz a *Fremderfahrung Analyse*, diz H., que não é gênese temporal: a transcendência objetiva não é *posterior* à posição do outro: o mundo já está aí em sua transcendência objetiva antes dessa análise, e é seu próprio sentido que vai ser explicitado como sentido... [A introdução do outro não é, pois, o que produz "a transcendência objetiva": o outro é um de seus índices, um momento, mas é no próprio mundo que se encontrará a possibilidade do outro].

Os "outros puros" (que ainda não são "homens") já introduzem uma natureza de que faço parte (MC p. 137)[10].

Einströmen – Reflexão

Fevereiro de 1959

Porque há Einströmen, a reflexão não é adequação, coincidência: não passaria *para o Strom* se nos recolocasse na fonte do *Strom* –

Procurar a passagem (*Krisis* III creio) onde se diz que a redução fenomenológica *transforma a história universal* –

O *Einströmen*: caso particular da sedimentação, isto é, da passividade secundária, isto é, da intencionalidade *latente* – É a *inscrição histórica* de Péguy – É a estrutura fundamental da *Zeitigung*: *Urstiftung* de um ponto do tempo – [Por?] essa intencionalidade *latente*, a intencionalidade deixa de ser o que é em Kant: *atualismo puro*, deixa de ser uma propriedade da consciência, de suas "atitudes" e de seus atos, para tornar-se *vida intencional* – Transforma-se no fio que liga, por exemplo, meu presente a meu passado em seu lugar temporal, tal qual foi (e não tal qual o reconquisto por um *ato* de evocação) a possibilidade desse ato repousa sobre a estrutura primordial da retenção como encaixamento dos passados um no interior do outro consciência desse encaixamento como *lei* (Cf. a iteração reflexiva: a reflexão constantemente reiterada não daria nada mais do que "sempre a mesma coisa", *immer wieder*) – O engano de Husserl é ter descrito o encaixamento a partir de um *Präsensfeld* considerado como se não tivesse espessura, como consciência imanente[11]: é consciência transcendente, é ser à distância, é duplo fundo de minha vida de consciência, e é o que faz que possa ser *Stiftung* não somente de um instante mas de todo um *sistema de índices temporais* – o tempo (já como tempo do corpo, tempo-taxímetro do esquema corporal) é o modelo dessas matrizes simbólicas que são abertura ao ser.

Em OR[12], depois das análises do corpo psicofísico, passar às análises da lembrança e do imaginário – de temporalidade e daí ao cogito e à intersubjetividade.

10. Idem.
11. O autor já fala do "*Praesensfeld*" (campo de presença) na Fenomenologia da Percepção, nos capítulos consagrados ao Espaço e à Temporalidade – Cf., principalmente, p. 307/475, 483-4, 492. Mas a análise de então não levava a uma crítica de Husserl.
12. "*A origem da verdade*" Cf. nota 1 p. 163.

171

A filosofia como criação (*Gebilde*), repousando sobre si mesma, – isso não pode ser a verdade derradeira.

Porque seria uma criação que se propõe exprimir em *Gebilde* o que é *von selbst* (o *Lebenswelt*), que, portanto, se nega a si mesma como pura criação –

O ponto de vista da criação, do *Gebilde* humano, – e o ponto de vista do "natural" (do *Lebenswelt* como Natureza) são ambos abstratos e insuficientes. Não podemos instalar-nos em nenhum desses dois níveis.

Trata-se de uma criação que é invocada e engendrada pelo *Lebenswelt* como historicidade operante, latente, que a prolonga e dela dá testemunho –

Wesen (verbal) – Wesen da história

Fevereiro de 1959

A descoberta do *Wesen* (verbal): primeira expressão do ser que não é nem ser-objeto nem ser-sujeito, nem essência nem existência: o que *west* (o ser-rosa da rosa, o ser-sociedade da sociedade, o ser-história da história) responde à questão *was* como à questão *dass* não é a sociedade, nem a rosa vista por um sujeito, não é um ser para si da sociedade e da rosa (contrariamente ao que Ruyer diz): é a roseidade se estendendo através da rosa, é o que Bergson chamava bastante mal de "imagens" – Que, por outro lado, essa roseidade dê lugar a uma "ideia geral", isto é, que haja diversas rosas, uma *espécie* rosa, isso não é indiferente, mas resulta do ser rosa considerado em todas as suas implicações (geratividade natural) – Por aí – cortando toda generalidade da definição primeira do *Wesen* – suprime-se essa oposição entre fato e a essência que tudo falseia –

O ser sociedade de uma sociedade: este todo que reúne todas as posições e vontades, claras ou cegas, nela prisioneiras, este todo anônimo que através delas *hinauswollt*, este *Ineinander* que ninguém vê, não sendo ademais alma do grupo, nem objeto, nem sujeito, mas seu tecido conjuntivo que *west* já que haverá um resultado, que consiste na única satisfação que se pode dar legitimamente a uma "filosofia com muitas entradas" (pois o argumento contra o pensamento alternativo de Sartre que é o de ele não construir um *mundo*, não admitir uma *Weltlichkeit* do *Geist*, permanecendo no espírito subjetivo, não deve justificar uma filosofia onde todos os Ego se situariam no mesmo plano, e que ela ignoraria pura e simplesmente o problema do outro, só podendo realizar-se como Filosofia do Sujeito Absoluto)

O *Wesen* da mesa ≠ um ser em si, onde os elementos se disporiam ≠ um ser para si, uma Sinopse = o que nela "mesifica", o que faz com que a mesa seja mesa.

Cogito tácito e sujeito falante

Fevereiro de 1959

A dialética transformada em *tese* (enunciado) não é mais dialética (dial, "embalsamada").

Isto não se dá em proveito de um *Grund* de que não se poderia, nada *dizer*. O fracasso da tese, sua inversão (dialética) desvela a *Fonte das teses*, o *Lebenswelt* físico-histórico, ao qual se trata de voltar. Recomeçar a percepção, o *Einfühlung* e, em particular, a fala, e não renunciar a isso. Sabe-se simplesmente que a fala não pode mais ser enunciado, *Satz*, se deve permanecer dialética, é preciso que seja fala pensante, sem referência a um *Sachverhalt*, fala e não linguagem (e, com efeito, é precisamente a fala, não a língua, que visa a outrem como comportamento, não como "psiquismo" que responde a outrem antes que se compreenda como "psiquismo", num afrontamento que rejeita ou aceita suas falas como falas, como acontecimentos – É ela precisamente que constitui em *frente* a mim como significação e sujeito de significação, um meio de comunicação, um sistema diacrítico intersubjetivo que é a língua no presente, não universo "humano", espírito objetivo) – Trata-se de reconstituir tudo isso, no presente e no passado, história do *Lebenswelt*, de reconstituir a própria presença de uma cultura. A derrota da dialética como tese ou "filosofia dialética" é a descoberta dessa intersubjetividade não perspectiva, mas vertical, que é, estendida ao passado, eternidade existencial, espírito selvagem

O Cogito tácito não resolve evidentemente esses problemas. Mostrando-o como fiz desde *Ph. P.*[13] não cheguei a uma solução (meu capítulo sobre o Cogito não se liga ao capítulo sobre a palavra): ao contrário, levantei um problema. O Cogito tácito deve tornar compreensível como a linguagem não é impossível, mas não pode fazer compreender como ela é possível – Fica o problema da passagem do sentido perceptivo ao sentido referente à linguagem, do comportamento à tematização. A própria tematização deve, aliás, ser compreendida como comportamento de grau mais elevado – a relação daquela com este é relação dialética: a linguagem realiza quebrando o silêncio o que o silêncio queria e não conseguia. O silêncio continua a envolver a linguagem; silêncio da linguagem absoluta, da linguagem pensante. – Mas esses desenvolvimentos habituais sobre a relação dialética, a fim de não serem filosofia de *Weltanschauung*, consciência infeliz, devem desaguar numa teoria do espírito selvagem, que é espírito da práxis. Como toda praxis, a linguagem supõe um *selbstverständlich*, um instituído, que é *Stiftung* preparando uma *Endstiftung* – Trata-se de apreender aquilo que, através da comunidade sucessiva e simultânea dos sujeitos falantes, *quer*, *fala* e, finalmente, *pensa*.

Genealogia da lógica
História do ser
História do sentido

Fevereiro de 1959

Na introdução (o pensamento fundamental)

dizer que devo mostrar que o que se poderia considerar como "psicologia" (F. *da Percepção*) é na realidade ontologia. Mostrá-lo fazendo ver

---

13. *Phénoménologie de la perception*, Op. cit.

que o ser da ciência não pode nem ser nem ser pensado como *selbständig*. Donde os capítulos sobre: Física e Natureza – a animalidade – o corpo humano como *nexus rationum* ou *vinculum substantiale*.

Mas o ser não deve somente ser posto em evidência por sua distância em relação ao ser da Ciência – Trata-se, com isso mesmo, de pô-lo em evidência em oposição ao ser como objeto – Devo, portanto, mostrar na introdução que o ser da ciência é ele próprio parte ou aspecto do Infinito objetivado e que a ambos se opõe a *Offenheit* do *Umwelt*. Daí os capítulos sobre Descartes, Leibniz, a ontologia ocidental, que indicam as implicações histórico-intencionais e ontológicas do ser da ciência.

Em seguida (Física e Physis – A animalidade – o corpo humano como psicofísico), trata-se de operar a redução, isto é, para mim, de desvendar pouco a pouco – e cada vez mais – o mundo "selvagem" ou "vertical". Mostrar referência intencional da Física à Physis, da Physis à vida, da vida ao "psicofísico" – referência pela qual não se passa, de modo algum, do "exterior" ao "interior", já que a referência não é redução e que cada grau "ultrapassado" permanece, na realidade, pressuposto (por ex. a Physis do início não é de modo algum "ultrapassada" pelo que direi do homem: ela é o *correlativo* da animalidade e do homem) – É preciso, pois, a caminho, elaborar a teoria dessa "reflexão" que pratico, e que não é regressão às "condições de possibilidade" – Daí por que se trata de ascensão no próprio local – Inversamente tudo o que se segue já é antecipado no que digo a propósito da Physis – Eis por que devo, desde o início, indicar o alcance ontológico dessa *Besinnung* acerca da Physis – Fechar-se-á o círculo depois do estudo do logos e da história, como Proust fecha o círculo quando chega ao momento em que o narrador se decide a escrever. O fim de uma filosofia é a narrativa de seu começo. – Mostrar essa circularidade, esta implicação intencional em círculo, – e ao mesmo tempo a circularidade *História-filosofia*[14]: esclareço meu projeto filosófico recorrendo a Descartes e a Leibniz e somente tal projeto permitirá saber o que é a história. Enunciar tudo isso sob a forma de teses não como subentendido.

Circularidade: tudo o que é dito em cada "nível" antecipa e será retomado: por ex., faço uma descrição da *Einfühlung* estesiológica que não é falsa nem "verdadeira" em sentido absoluto: pois se trata evidentemente de uma "camada" separada de modo abstrato – Não é, além disso, falsa, já que todo o resto já está aí antecipado: a saber, a *Einfühlung* do Eu

14. *À margem*: história-*Dichtung* (literária) justificada por isso mesmo por oposição a Guéroult. A história objetiva é um racionalismo dogmático, *é uma filosofia*, e não aquilo que pretende ser, história do que existe. O que há de criticável na minha história-Dichtung não é que ela *me* exprime como filósofo, é que ela me exprime completamente, que ainda me modifica. A história da filosofia como a ciência é *communis opinio*.

Acerca do conceito de história-Dichtung, v. Husserl que fala de uma "*Dichtung der Philosophiegeschichte* (Die Krisis der Europäischen Wissenschaften und die transcendantale Phänomenologie... Husserliana, vol. VI Nijhoff ed. Haia, 1954, p. 513). A passagem em questão está muito sublinhada no exemplo da *Krisis* que o autor possuía.

penso. À implicação constante e maior de toda essa 1ª parte é o λόγος falo de coisas como se isto não pusesse em questão a linguagem! A tematização da linguagem ainda ultrapassa uma etapa de ingenuidade, ainda desvenda um pouco mais do horizonte de *Selbstverständlichkeiten* – a passagem da filosofia ao absoluto, ao campo transcendental, ao ser selvagem e "vertical" é *por definição* progressiva, incompleta. Isto é para ser compreendido não como uma imperfeição (uma φ *Weltanschauung*, consciência infeliz do Englobante) mas como *tema* filosófico: a incompletude da redução ("redução biológica", "redução psicológica", "redução à imanência transcendental" e finalmente "pensamento fundamental") não é um obstáculo à redução, é a própria redução, a redescoberta do ser vertical.

Haverá, pois, toda uma série de camadas do ser selvagem. Será preciso recomeçar muitas vezes a *Einfühlung*, o Cogito. –

Por ex.: vou descrever ao nível do corpo humano um pré-conhecimento, um pré-sentido, um saber silencioso.

sentido do percebido: a "grandeza" antes da medida, a grandeza fisionômica de um retângulo, por ex.

sentido do outro percebido: *Einigung* de minhas percepções de um mesmo homem por existenciais que ao pé da letra não são "percebidos" e, no entanto, operam nas percepções (Wolff)[15]

sentido da "vida percebida" (Michotte)[16]: o que faz com que uma aparência se anime e se torne "rastejamento" etc.

Mas é preciso, em seguida, que desvende um horizonte não explicitado: o da linguagem de que me sirvo para descrever tudo isso – E que codetermina seu sentido último. É, pois, muito importante introduzir, desde a introdução, o problema do cogito tácito e cogito linguajante Ingenuidade de Descartes que não vê cogito tácito sob o cogito de *Wesen*, de significações – Mas também ingenuidade de um cogito silencioso que se acreditasse adequação à consciência silenciosa, quando sua própria descrição do silêncio repousa inteiramente sobre as virtudes da linguagem. A posse do mundo do silêncio, tal como a descrição do corpo humano a efetua, não mais é esse mundo do silêncio, constitui um mundo articulado, elevado ao *Wesen*, falado – a descrição do λόγος perceptivo e o uso do λόγος προφορίκος. Este dilaceramento da reflexão que *sai de si* querendo entrar em si) pode terminar? Seria preciso um silêncio que envolva de novo a fala, depois de percebermos que a fala envolvia o pretenso silêncio da coincidência psicológica. O que será esse silêncio? Como a redução não é, finalmente, para Husserl imanência transcendental, mas desvendamento da *Weltthesis*, esse silêncio *não será o contrário* da linguagem.

Eu não poderei finalmente tomar posição em ontologia, como pede a introdução e precisar exatamente suas teses, senão depois da série de reduções que o livro desenvolve. E que estão todas incluídas na primeira mas só se realizam verdadeiramente na última. Esta inversão *circulus*

15. Werner Wolff, Selbstbeurteilung und Fremdbeuerteilung im wissentlichen und unwissentlichen Versuch. Ps. Forschung, 1932.
16. A. Michote – *La perception de la causalité*, Vrin ed. Lovaina, Paris 1946 – p. 176-7.

vitiosus deus[17] não é propriamente hesitação, má fé ou má dialética, mas retorno a Σίγη abismo[18].

Não se pode fazer uma ontologia direta. Meu método "indireto" (o ser nos entes) é o único conforme ao ser – "φ negativa" como "teologia negativa".

Weltlichkeit do Geist –
o "mundo invisível".
o não-ser no Ser-objeto: o Seyn

Fevereiro de 1959

Fala-se sempre do problema do "outro", de "intersubjetividade" etc...

Na realidade, o que se deve compreender é, além das "pessoas", os existenciais segundo os quais nós as compreendemos e que são o sentido sedimentado de todas as nossas experiências voluntárias e involuntárias. Este inconsciente a ser procurado, não no fundo de nós mesmos, atrás das costas de nossa "consciência", mas diante de nós como articulações de nosso campo. É "inconsciente" porquanto não é *objeto*, sendo aquilo por que os objetos são possíveis, é a constelação onde se lê nosso futuro – Está entre eles como o intervalo das árvores entre as árvores, ou como seu nível comum. É a *Urgemeinschaftung* de nossa vida intencional, o *Ineinander* dos outros em nós e de nós neles.

São esses existenciais que constituem o *sentido* (substituível) daquilo que dizemos e ouvimos. São eles a armadura deste "mundo invisível" que, com a fala, começa a impregnar todas as coisas que vemos, – como o "outro" espaço nos esquizofrênicos toma posse do espaço sensorial e visível – Não que, por sua vez, ele o venha a ser: nunca há no visível senão ruínas do espírito, o mundo sempre se assemelhará ao Forum, pelo menos aos olhos do filósofo, que não mora nele inteiramente.

Nossa "vida interior": mundo no mundo, região nele, "lugar de onde falamos" (Heidegger) e onde introduzimos os outros pela verdadeira palavra.

O "mundo invisível": é dado originariamente como *não-Urprä-sentierbar*, como o outro é em seu corpo *dado originariamente como ausente*, – como distância, como transcendência (Ideen II)

Descrever essa experiência do não-ser qualificado

Antes de outrem, as coisas são tais não-ser, distanciamentos – Há *Einfühlung* e relação lateral tanto com as coisas como com o outro: por certo as coisas não são interlocutores, a *Einfühlung* que as dá, as dá como

---

17. A expressão encontra-se em Nietzsche. *Para além do bem e do mal* § 56, p. 100-101, trad. fr. Mercure de France, 1929.
18. Reminiscência de Claudel, sem dúvida. "O tempo é o meio oferecido a tudo aquilo que virá a ser a fim de não ser mais. É o *Convite a morrer*, feito a toda frase para que se decomponha no acorde explicativo e total, para se consumar a palavra de adoração aos ouvidos de Sigè, o Abismo". *Art poétique*, op. cit., p. 57.

mudas – mas precisamente: são variantes da *Einfühlung* bem realizada. Como os loucos ou os animais, elas são *quase companheiros*. São recolhidas de minha substância, espinhos em minha carne – Dizer que há transcendência, ser à distância, é dizer que o ser (no sentido sartreano) está intumescido de não-ser ou de possível, que não é somente *o que é*. O *Gestalthafte*, se pretendêssemos verdadeiramente defini-lo, seria isso. A própria noção de *Gestalt*, – se quisermos defini-la segundo ela própria e não *a contrário*, como "o que não é" a soma dos elementos, é isso.

E de um golpe a *percepção da...* *Gestalt* não pode ser *Sinngebung* centrífuga, imposição de essência *vorstellen* – Não se pode distinguir aí *Empfindung* e *Empfundenes*. Ela é *abertura* –

Se o sentir, o perceber são assim compreendidos, compreende-se que haja *Umwahr* na *Wahrheit*

Ciência e filosofia[19]

Fevereiro de 1959

O método de definição da língua pelo pertinente; o aquilo sem o que... Não – baliza-se *por onde* passa a fala. Mas isto não dá a fala em sua força total. Erraríamos se acreditássemos que a palavra *está nessas* relações imobilizadas – É o erro cientista que é um erro científico, e que se verifica como tal (impossibilidade de compreender a linguística evolutiva, a história – *Redução* à sincronia –) – O que há, entretanto, de bom e necessário na atitude científica: *a determinação de tudo ignorar da linguagem*, não pressupor nossa racionalização da linguagem que é herdada. Fazer como se a linguagem não fosse a nossa – cf. Freud: determinação de não conhecer o sonho, a consciência – Vamos interrogá-los sem *Einfühlung* – Negativamente, como desvendamento da linguagem "desconhecida", essa atitude é profundamente filosófica, é constitutiva da atitude de reflexão no que ela tem de melhor. Essa reflexão não é, não pode ser limitação à fenomenologia das *Erlebnisse*. A desconfiança diante do vivido é filosófica – postulamos que a consciência nos engana sobre nós mesmos e sobre a linguagem, e temos razão: única maneira de *vê-los*. A filosofia não tem nada a ver com o privilégio das *Erlebnisse*, da psicologia do vivido etc. Não se trata, da mesma maneira, em história, de reconstituir as "decisões" como causas dos "processos". A interioridade que busca o filósofo também é a intersubjetividade, a *Urgemein Stiftung* que está muito além do "vivido" – A *Besinnung* contra as *Erlebnisse*. Mas essa abstenção de toda *Einfühlung* com a linguagem, os animais etc. reconduz a uma *Einfühlung* superior, destina-se a torná-la possível. A procura da visão "selvagem" do mundo não se limita, de modo algum, ao retorno à pré-compreensão ou à pré-ciência. O "primitivismo" não é senão a contrapartida do cientismo, e ainda cientismo. Os fenomenólogos (Scheler, Heidegger) têm razão em indicar essa pré-compreensão que precede a

19. Nota redigida depois de uma conferência feita por André Martinet na Escola Normal Superior, dia 27 de fev. de 1959.

177

indutividade, pois é ela que questiona o valor ontológico do *Gegen-stand*. Mas um retorno à pré-ciência não constitui o fim. A reconquista do *Lebenswelt* é a reconquista de uma *dimensão* na qual também as objetivações da ciência conservam um sentido e devem ser compreendidas como *verdadeiras* (o próprio Heidegger diz: todo *Seinsgeschick* é verdadeiro, é parte da *Seinsgeschichte*) – o pré-científico é apenas convite para compreender o metacientífico e este não é não ciência. Chega mesmo a ser desvelado *pelos* procedimentos constitutivos da ciência, com a condição de serem reativados, que se veja o que eles *verdecken*, abandonados a si próprios. P. ex. a atitude estruturalista = a cadeia verbal, a linguagem como recriando-se inteiramente sob nossos olhos em cada ato de fala, decisão de circunscrever o ato de falar lá onde *ele se faz*, é a decisão de retornar ao originário, à *Ursprung* – sob condição de não nos encerrarmos na determinação de fato, sincrônica – é decisão de apreender a coesão de todo sincrônico-diacrônico na fala, a fala *monumental* portanto, mítica se assim o preferem – Ambiguidade do ato constitutivo da ciência: a atenção exclusiva à cadeia verbal, ao fônico e ao semântico *entrelaçados*, é:

1ª exigência de apreender a *Ursprung Entdeckung* da *Ursprung*
2ª redução ao *Gegenstand*, isto é, *Verdeckung* da *Ursprung*

Fevereiro de 1959

Fazer 1ª *parte*: primeiro esboço da ontologia –
Partir do presente: contradições etc.
     ruína da filosofia –
Mostrar que isso põe em questão não apenas a filosofia clássica mas também as φ do deus morto (Kierkegaard – Nietzsche – Sartre) na medida em que constituem sua contrapartida (e também, evidentemente, a dialética como "manobra") Retomar todo o andamento filosófico como "pensamento fundamental" –
Resultados de *Ph.P*[20] – Necessidade de conduzi-los à explicitação ontológica:
a coisa – o mundo – o Ser
o negativo – o cogito – o Outro – a linguagem
Os problemas que permanecem depois dessa 1ª descrição:
existem porque conservei em parte a filosofia da "consciência".
     Desvelamento do Ser selvagem ou bruto pelo caminho de Husserl e do *Lebenswelt* sobre o qual nos abrimos. O que é a filosofia? O domínio do *Verborgen* (φ e ocultismo)
     Pronto todo esse esboço, dizer que nada mais é do que um esboço, dizer por que é preciso um esboço e por que nada mais é do que um esboço. Este é o começo necessário e suficiente para ver-se bem o que está em causa: o Ser – mas não ainda para assegurar nossos passos nesse país – É preciso *wiederholung*:
     "destruição" da ontologia objetivista dos cartesianos

20. *Phénoménologie de la perception* – op. cit.

178

Redescoberta da ($\varphi\acute{v}\sigma\iota\varsigma$ depois do $\lambda\acute{o}\gamma o\varsigma$ e da história vertical a partir de nossa "cultura" e dos *Winke* de nossa "ciência" –
Toda a minha 1ª parte a ser concebida de maneira muito direta, atual, como a *Krisis* de Husserl: mostrar nossa não-filosofia, depois, procurar sua origem numa *Selbstbesinnung* histórica e numa *Selbstbesinnung* de nossa cultura que é ciência: procurar-se-á nela os *Winke*

Tempo. –

[sem data, provavelmente de fevereiro ou março de 1959]

O aparecimento do tempo seria incompreensível como *criação* de um suplemento de tempo que repeliria para o passado toda a série precedente. Essa passividade não é concebível.

Em compensação, toda análise do tempo que o sobrevoa é insuficiente.

É preciso que o tempo se *constitua*, – seja sempre visto do ponto de vista de alguém que *está nele*.

Mas isso pareceria contraditório e conduziria a um dos dois termos da alternativa precedente.

A contradição só será suprimida se também o novo presente for um transcendente: sabe-se que ele não está aí, que acaba de estar aí, jamais coincidimos com ele – Não é um segmento de tempo com contornos definidos que viria pôr-se no lugar. É um ciclo definido por uma região central e dominante e com contornos indecisos, – uma inchação ou uma empola do tempo – Uma criação desse gênero só torna possível: 1) a influência dos "conteúdos" sobre o tempo que passa ("+ rápido" ou "menos rápido"), da Zeitmaterie sobre a Zeitform 2) recolher a verdade da análise transcendental; o tempo não é uma série de acontecimentos absoluta, um tempo [sic] – nem mesmo o tempo [sic] da consciência, – é uma instituição, um sistema de equivalências

Março de 1959

Relatório de Leray ao C.d.F.[21]: as partículas "estranhas" A "existência" de uma partícula que duraria apenas um milionésimo de segundo...
O que significa tal *existência*?
Nós a concebemos sobre o modelo da existência macroscópica: com um aumento, uma lupa temporal suficiente, essa curta duração seria como uma das durações de que temos a experiência.
E como o aumento pode ser sempre considerado superior, – postulamos ao mesmo tempo o *haver* de um mínimo (sem o quê, não procuraríamos sob o macroscópico o microscópico) e que está sempre aquém, no horizonte... É a própria estrutura do horizonte – mas é evidente que ela nada

21. Alusão à comunicação de Jean Leray acerca dos trabalhos de Louis Leprince-Ringuet, apresentada na Assembleia dos Professores do Colégio de França em 15 de março de 1959.

significa no em si – que somente tem sentido no *Vmwelt* de um sujeito carnal, como *Offenheit*, como *Verborgenheit* do Ser, Enquanto não nos estabelecemos nessa ordem ontológica, temos um pensamento incorreto, um pensamento vazio ou contraditório... A análise de Kant ou de Descartes: o mundo não é nem finito nem infinito, é indefinido – isto é, deve ser pensado como experiência *humana*, de um entendimento finito em face de um *Ser* infinito (ou: Kant: de um *abismo* do pensamento humano)

Não é isso, de maneira alguma, o que quer dizer a *Offenheit* de Husserl ou a *Verborgenheit* de Heidegger: o meio ontológico não é pensado como ordem da "representação humana" em contraste com uma ordem do em si – Trata-se de compreender que a própria verdade não tem sentido algum fora da relação de transcendência, fora da *Ueberstieg* em direção ao horizonte, – que a "subjetividade" e o "objeto" formam um único todo, que as "vivências" subjetivas contam para o mundo, fazem parte da *Weltlichkeit* do "espírito", são levadas ao "registro" que é o Ser, o objeto não sendo nada mais do que o *tufo* dessas *Abschattungen*... Não somos nós que percebemos, é a coisa que se percebe lá em baixo, – não somos nós que falamos, é a verdade que se fala no fundo da palavra – Vir a ser natureza do homem que é o vir a ser homem da natureza – O mundo é o campo e, nessa qualidade, sempre aberto.

Resolver da mesma forma o problema da unicidade ou da pluralidade dos tempos (Einstein): pelo retorno à ideia de horizonte –

Visível e invisível 2ª Parte

Maio de 1959

(O Ser e o mundo:
sobre Descartes, Leibniz etc.)

Dizer: o que dizemos aqui é a própria coisa? Não há motivações históricas. O *Lebenswelt* é "subjetivo" – Como desvendá-las? A história da filosofia será apenas a projeção dessas vistas, – ou será insignificante à força de querer ser "objetiva". *Os nossos* problemas e os problemas imanentes de *uma* filosofia: é possível propor os primeiros a esta última? (Gouhier)[22]. Só há uma solução: mostrar que há, por certo, transcendência entre as filosofias, não a redução a um plano único, mas que, nesse escalonamento em profundidade, elas se reportam, apesar de tudo, uma à outra, trata-se, apesar de tudo, do mesmo Ser – Mostrar entre as filosofias relação perceptiva ou de transcendência. Portanto, história vertical, que possui seus direitos ao lado da história da filosofia "objetiva" – Aplicar aqui a própria concepção do ser perceptivo e da *Offenheit* que foi desenvolvida na 1ª Parte – Procurar como isso se distingue do relativismo, como a "projeção" de um pensamento em outro deixa, apesar

---

22. Alusão à obra de Henri Gouhier: *L'Histoire et sa philosophie*, Paris, Vrin, 1952. – A questão é formulada notadamente a propósito da interpretação de Descartes por Hamelin. Cf. p. 18-20.

de tudo, aparecer um "núcleo de ser" (cf. exposição de Lefort sobre Maquiavel[23]: como, em que sentido se pode pretender ir às próprias coisas, recusando esse direito aos outros? É preciso explicar os modos de ver deles e os próprios, – mas é preciso, ademais, que o visado seja interrogação, *Befragung*).

A filosofia: círculos que se envolvem: essa 1ª Parte já é prática da história, surge do *Lebenswelt* histórico – E inversamente, a história da filosofia que iremos evocar já era certo tipo de *Umwelt* – Conceito de história ontológica. A explicitação do *Umwelt* da ontologia ocidental, confrontada com nosso começo, deve dar-lhe solidez, retificá-lo – (conexão dos conceitos: Ser Natureza Homem) Evidentemente, isso não será exaustivo: são fios de história vertical, desordenada, não são essências.

Do mesmo modo, a análise da Natureza será uma maneira de reencontrar e retificar o começo (pretenso contato com a própria coisa); reencontra-se o originário a *contrario* através de movimentos do pensamento científico coletivo.

Recurso à história da filosofia já é teoria da história, da linguagem etc.

O visível e o invisível

Maio de 1959

1ª Parte: Esboço ontológico

Capítulo I O mundo e o ser
Capítulo II o Ser e o mundo
(Mostrar que a metafísica é uma ontologia ingênua, *é* sublimação do Ente – Mas isso é evidentemente uma transposição da metafísica, interpretada segundo a visão do Capítulo I.

É preciso estabelecer o *direito* dessa transposição. Trata-se de um "enquadramento numa perspectiva" para sempre indemonstrável? Permanecemos no empirismo dialético e na reciprocidade das perspectivas?

Não. Não se trata de "história da filosofia". A história da filosofia sempre comporta essa subjetividade. Mostrar que a interpretação de Descartes por Guéroult, por ex., sempre comporta um enquadramento numa perspectiva subjetiva (o "subjetivo" é aqui precisamente a pressuposição de que a filosofia é feita de "*problemas*" – cf. aula inaugural: é o que ele opõe a Bergson[24].) – O que proponho não é uma "visão" da his-

23. Exposição não publicada, feita no Instituto Francês de Sociologia, em maio de 1959.
24. Aula inaugural, ministrada no Colégio de França em 4 de dezembro de 1951, por Martial Guéroult quando tomou posse da cadeira de história e tecnologia dos sistemas filosóficos.

tória da filosofia. Ou é história, mas estrutural: isto é, não a ocorrência de tal filosofia como *criação* e *solução* de "problemas", mas essa filosofia situada no conjunto hierático do Ser e da eternidade existencial, isto é, num conjunto *interrogativo* que, como o *Machiavel* de Lefort[25] não é um dogmatismo.

Cf. Pingaud, *Madame de La Fayette*[26] o livro de Madame de La Fayette é livro de Corte, (*a aparência, o obstáculo*) Mas, desaparecida a Corte, o livro, separado de suas raízes históricas, dá lugar a um mito, a partir de 1808. A significação (mítica) seria *criada* pela ignorância do fundo social.

Num sentido, a significação é sempre distância: o que o outro me diz me parece pleno de sentido porque suas *lacunas* nunca estão onde estão as minhas. Multiplicidade perspectiva.

Mas essa redução ao mito supõe um fundo de positividade não mítico que é, assim, outro mito. É preciso compreender que *mito, misti-ficação, alienação* etc. são conceitos de segunda ordem.

Madame de La Fayette é um mito, não no sentido, porém, em que mito é uma construção. No sentido em que (Lévi-Strauss) todo uso da função simbólica é um deles.

Não é qualquer texto que pode adquirir esse poder mítico. Cuidado com a nova *Aufklärung*.

O que há em A Princesa de Clèves que a torna capaz de vir a ser um mito.

Do mesmo modo, Descartes, a metafísica: não quero dizer que são mitos no sentido de: artifícios sem verdade, visão confusa do que *deve* ser hoje ontologia – Existe a verdade de Descartes, mas sob a condição de ser lida nas entrelinhas; a atmosfera do pensamento de Descartes, o funcionamento cartesiano; e isto não é imposição a Descartes de um ponto de vista exterior, à sua filosofia, de uma *questão* que não é a sua. Mostrar que há um absoluto, uma filosofia imanente à história da φ e que, entretanto, não é reabsorção de todas as filosofias numa só, nem, de outra parte, ecletismo e ceticismo. Vê-se isso quando se consegue fazer da filosofia uma percepção, e da história da φ uma percepção da história – Tudo se resume nisto: fazer uma teoria da percepção e da compreensão que mostre que compreender não é situar na imanência intelectual, que compreender é apreender pela coexistência, literalmen-te, *em estilo*, e assim atingir de um golpe os pontos longínquos desse estilo e desse aparelho cultural.

O que aí vou dizer sobre a história da φ antecipa o que direi sobre o Cogito e sobre o logos – Do mesmo modo que o que digo no Capítulo I antecipa a concepção de história da φ do Capítulo II. E tudo isso ante-cipa a compreensão da ciência (da Natureza) dada nos capítulos seguin-tes. São apenas antecipações, *Vorhabe*. A filosofia como problemas concêntricos. Mas é assim –

25. Alusão a uma obra em preparação.
26. *Mme. de La Fayette par elle-même* Ed. du Seuil, "Ecrivains de Toujours", 1959.

Percepção – inconsciente – o sujeito indeterminado ("on") palavra
retrógrada do verdadeiro – sedimentação (da qual faz parte a palavra
retrógrada do verdadeiro)

2 de maio de 1959

O chofer de táxi em Manchester dizia-me (eu só o compreendi, alguns segundos mais tarde, tanto as palavras eram vivamente contrastadas): vou perguntar à polícia onde se encontra *Brixton Avenue*. – Do mesmo modo, a frase da mulher na tabacaria: *Shall I wrapp them together?* que somente compreendo depois de alguns segundos, e *de uma só vez* – cf. reconhecimento de alguém por meio de um sinal, ou do acontecimento por uma previsão esquemática: o sentido, uma vez dado, os signos, adquirem valor total de "signos". Mas é preciso que o sentido seja dado desde o início. Mas *como é* ele então? Provavelmente, um trecho de cadeia verbal é identificado, projeta o sentido que retorna sobre os signos – Não basta dizer (Bergson): vai e vem. É preciso compreender o que está entre um e outro e o que faz o entre dois. Não é uma série de induções – É *Gestaltung* e *Rückgestaltung*. "Movimento retrógrado do verdadeiro" esse fenômeno pelo qual não podemos mais nos desfazer daquilo que foi uma vez pensado, e o reencontramos nos próprios materiais...

O sentido é "percebido" e a *Rückgestaltung* é "percepção". Isso quer dizer: há *germinação* do que *vai ter sido* compreendido (*Insight e Aha Erlehnis*) – E isso quer dizer: a percepção (a primeira) é *de per si* abertura de um campo de *Gestaltungen* – E isso quer dizer: a percepção é inconsciente. O que é o inconsciente? O que funciona como *pivô* existencial, e nesse sentido, é e não é percebido. Pois apenas percebemos figuras sobre níveis – E apenas as percebemos em relação ao nível, que é, pois, imperceptível. – A percepção do nível: sempre *entre* os objetos, é esse em torno do qual...

O oculto em psicanálise (o inconsciente) é dessa espécie (cf. uma mulher na rua sentindo que lhe olhamos o peito e ajeitando o vestido. Seu esquema corporal é para-si-para-outrem – É a *charneira* do para si e do para outrem – Ter um corpo é ser olhado (não é apenas isso), é ser *visível*. – Aqui a impressão de telepatia, de oculto = vivacidade na leitura relâmpago do olhar do outro – Convém dizer *leitura*? Ao contrário, é por esse fenômeno que se compreende a leitura –Por certo, se interrogássemos uma mulher de boa-fé que abotoa seu *casaco* (ou o contrário), ela não *saberia* o que acaba de fazer. Não o saberia na linguagem do pensamento convencional, sabê-lo-ia, porém, como se sabe o que está reprimido, isto é, não como figura sobre um fundo mas como fundo. Uma percepção de detalhe: uma onda que ocorre no campo do *In der Welt Sein* –

A relação falar-compreender: a relação mover-se-perceber o fim, isto é, o fim não é posto mas é aquilo de que careço, o que marca certa distância ao quadrante do esquema corporal. Do mesmo modo, falo reencontrando com o aparelho linguístico tal modulação do espaço linguístico – as palavras ligadas a seus sentidos como o corpo à sua finalidade.

Não percebo mais do que falo – A percepção me tem como a linguagem – E como é preciso que eu esteja aí, apesar de tudo, para falar, é

183

preciso que *eu* esteja aí para perceber – Mas em que sentido? Como sujeito indeterminado (on) *Quem é que do meu lado* vem animar o mundo percebido e a linguagem?

Husserl Zeitbewusstsein –

Maio de 1959

1. O que é o elemento "receptivo" da consciência absoluta? – H. tem razão ao dizer que não sou eu que constituo o tempo, que ele se constitui, que é uma *Selbsterscheinung* – Mas o termo "receptividade" é impróprio precisamente porque evoca um Si distinto do presente e que o *recebe* – É preciso entendê-lo simplesmente em oposição aos atos espontâneos (pensamento, etc.)

2. É o novo presente, em sua individualidade, que empurra para o passado o precedente e que *preenche* uma parte do futuro? Nesse caso, não haveria *o* tempo mas *tempos* – É preciso compreender o tempo como sistema que tudo abarca – Embora apenas seja apreensível por quem *está nele*, está num presente

3. O que é a consciência impressional, a *Urerlebnis*? Como a *Selbstgegebenheit* da coisa exterior, não é na realidade um termo *efetivamente* intransponível (lupa temporal), mas um transcendente, um *optimum*, um *etwas...* (uma *Gestalt* e não um indivíduo) – E o "ter consciência" dessa *Urerlebnis* não é coincidência, fusão com... não é além do mais (isso Husserl disse-o) ato ou *Auffassung* e também não – Sartre um "nadificar", é a distância tal como o esquema corporal a faz compreender, esquema que é fundação de espaço *e de tempo* – É uma percepção-impercepção, isto é, um sentido operante e não tematizado (é o que, no fundo, quer dizer Husserl quando considera a retenção como fundamental: isso significa que o presente absoluto que sou é como se não fosse) –

4. Tudo isso deixa ainda intacta a questão: o que é "saber", "ter consciência", "perceber", "pensar", no sentido cartesiano – Questão jamais levantada – Discute-se em torno de teses como "ligação", "pensamento de ver e de sentir" no sentido de presunção, "sentido" – Mostra-se que é preciso um ligante, que é preciso um "puro *denken*" ou uma *Selbsterscheinung*, uma auto aparição, uma aparição pura aparição... Mas tudo isso supõe a ideia de um para si e finalmente não pode explicar a transcendência – Procurar numa direção totalmente diferente: o próprio para si como caráter incontestável, mas derivado: é a culminação da distância na *diferenciação* – Presença a si *é* presença ao mundo diferenciado – A distância perceptiva como fazendo a "visão" tal como está implicada no reflexo, por ex. – e fechando ser para si pela linguagem como diferenciação. Ter consciência = ter uma figura sobre um fundo – não se pode recuar mais longe.

184

Transcendência da coisa e transcendência do fantasma

Maio de 1959

A transcendência da coisa obriga-nos a dizer que somente é plenitude sendo inesgotável, isto é, não sendo inteiramente atual sob o olhar – mas promete essa atualidade total, já que *está aí...*
Quando – ao contrário – se diz que o fantasma não é observável, que é vazio, não-ser, o contraste com o sensível não é absoluto. Os sentidos são aparelhos para criar concreções com o inesgotável, criar significações existentes – Mas a coisa não é verdadeiramente *observável*: sempre há passagem-para-outra em toda observação, nunca se está junto à própria coisa. O que se chama o *sensível*, é somente o que o indefinido das *Abschattungen precipita* – Ou, inversamente, há uma precipitação ou cristalização do imaginário, dos existenciais, das matrizes simbólicas –
[na mesma página]

"Pensamento", "consciência" e ser para...

A retenção (enquanto não põe, não visa o passado imediato e *o tem* somente por detrás dela), a presença perceptiva (presença, por ex., do que está atrás de minhas costas), a presença de todo o meu passado sedimentado em existenciais, minha referência àquilo que quero dizer na fala, e ao aparelho diacrítico das significações disponíveis, minha referência motriz ao lugar aonde quero ir, a *Vorhabe* (a *Stiftung* de um campo ou de uma ideia), a instalação num espaço através do esquema corporal e a instauração de um tempo na embriologia do comportamento, tudo isso gira em torno do problema de uma existência que não é *pensada* como existente, – e que Husserl reencontra no cerne da reflexão psicológica como fluxo absoluto retencional (mas em Husserl há aqui a ideia do tempo de *Empfindung* que não é boa – o presente, no sentido amplo, é matriz simbólica e não apenas *um* presente que se abre em direção ao passado) – A saber, de uma presença a Si que é uma *ausência de si*, contato com *Sigo pela* distância em relação a Si – Figura sobre fundo, *"Etwas"* o mais simples – a *Gestalt* tem a chave do problema do espírito
ver *Productive Thinking* de Wertheimer[27] para determinar em que sentido a *Gestalt* contém e não contém as significações no mais alto grau.

Os olhares que se cruzam = eine Art der Reflexion

Maio de 1959

É já a carne das coisas quem nos fala de nossa carne e da carne de outrem – Meu "olhar" é um desses dados do 'sensível', do mundo bruto e primordial, que desafia a analítica do ser e do nada, da existência como

---

27. Harper and Brothers ed., Nova Iorque e Londres, 1945.

consciência e da existência como coisa, e que exige uma reconstrução completa da filosofia. A análise do ser e do nada ao mesmo tempo desvenda e encobre esse nível: desvenda-o como ameaça do ser ao nada e do nada ao ser, encobre-o porque a entidade e a negatividade permanecem isoláveis por princípio, o olhar que mata descentração, não aniquilamento pôr em questão para Sartre (nada)

= matar, ser em questão = cessar de ser

(Bergson) A transcendência – o esquecimento – o tempo

20 de maio de 1959

Eu disse: a abertura do mundo, tal como a reencontramos em nós, e a percepção que adivinhamos no interior da vida (uma percepção que é concomitantemente ser espontâneo (coisa) e ser-si ("sujeito") – Bergson disse explicitamente uma vez, no texto de *la Pensée et le Mouvant*, onde fala da consciência procurando ver o tempo, não o medindo, que há uma consciência que é *ao mesmo tempo espontânea e reflexiva*[28] entrelaçando-se, invadindo-se ou amarrando-se uma à outra.

Precisar o que isso quer dizer.

Isso evoca, além do "ponto de vista do objeto" e o "ponto de vista do sujeito", um núcleo comum que é o "serpenteamento"[29], o ser como serpenteamento (o que chamei "modulação do ser no mundo"). É preciso fazer compreender como isso (ou toda *Gestalt*) é uma percepção "fazendo-se nas coisas". O que não é mais do que uma expressão aproximada, na linguagem sujeito-objeto (Wahl, Bergson) do que se tem para dizer. A saber, que as coisas nos possuem e que não somos nós que possuímos as coisas. Que o ser que foi não pode cessar de ter sido. A "Memória do Mundo", Que a linguagem nos tem e que não somos nós que temos a linguagem. Que é o ser que fala em nós e não nós que falamos do ser[30].

Mas então como compreender a subjetividade? Insuficiência da representação bergsoniana de uma alma que tudo conserva (isto torna impossível a diferença de natureza percebido-imaginário). Também insuficiência da representação malebranchista de uma visão em deus: é o equivalente da consciência transcendental, é a "conservação" sob for-

---

28. O autor refere-se a esta passagem: "Mas essa duração, que a ciência elimina, que é difícil de conceber e exprimir, nós a sentimos e vivemos. E se procurássemos saber o que ela é? Como é que apareceria a uma consciência que não desejaria mais que vê-la sem a medir, que a apreenderia sem deter, consciência que se tomaria a si própria como objeto e que espectadora e atriz, espontânea e reflexiva, aproximaria até fazê-lo coincidir, a atenção que se fixa e o tempo que foge". *La pensée et le Mouvant*, Paris, 1934, p. 10.

29. Idem, p. 293.

30. *À margem, esta nota:* Finalmente existe algo de profundo em Ruyer quando do afirma que o em si e o para si são a mesma coisa. O que, porém, não se deve compreender como: as coisas são almas.

ma de "significação". A solução deve ser procurada na própria visão: não se compreenderá a lembrança a não ser por ela. É preciso que já seja modulação ou serpenteamento no uno, variante de um sistema perceptivo do mundo, para que a lembrança possa ser e comportar o esquecimento. A descrição da retenção em Husserl (e a da subjetividade como tempo, do fluxo absoluto, da retenção pré-intencional) é um começo, deixando, porém, aberta a questão: de onde vem o "enrugamento" da perspectiva temporal, a passagem ao horizonte das retenções afastadas, o esquecimento?

Problema do esquecimento: vincula-se essencialmente à sua descontinuidade. Se a cada fase da "*Ablaufphänomen*", um segmento do passado caísse no esquecimento, teríamos um campo do presente como um diafragma objetivo e o esquecimento seria a ocultação por subtração dos *stimuli* eficazes, seria o ponto em que *imagem-forte* deixa de ser produzida em virtude do desaparecimento do vestígio corporal. Ou ainda, em linguagem idealista: o esquecimento faria parte do sistema presente--passado, em correspondência precisa com um novo segmento de presente saído do futuro.

Mas não é assim: há retenções que não se esquecem, ainda que muito distantes. Há fragmentos "percebidos" pouco antes de desaparecerem (foram percebidos? E qual, exatamente, a relação entre o percebido e o impercebido?) – Além do mais, não há nenhum segmento objetivo do presente que descenda do futuro. O diagrama de Husserl subordina-se à convenção de que é possível representar a série dos agora por pontos numa linha[31]. Por certo Husserl acresce a esse ponto todo o remanejamento das retenções e retenções de retenções que daí resulta e eis que não concebe o tempo como serial e sequência de segmentos puntiformes. Mas mesmo assim complicada, é viciada a representação do fenômeno do escoamento. Não enquanto espacial. Pois o espaço, na realidade, não comporta *pontos*, *linhas* tanto quanto o tempo. Compreender que a *Gestalt* já é transcendência: ela me faz compreender que uma linha é um vetor, um ponto um centro de forças – Não há nem linhas, nem pontos, nem cores absolutos nas coisas. A visão do campo e a noção de campo – Bergson dizendo que o serpenteamento não reproduz talvez nenhuma linha *real*[32]. Mas não há nenhuma que seja "real". O espaço portanto não deve ser posto em causa como o faz Bergson. E correlativamente não basta passar-se ao tempo como fusão para se ter a solução. – Aí está uma falsa antítese. – É preciso passar da coisa (espacial ou temporal) como identidade, à coisa (espacial ou temporal) como diferença, *i. e.*: como transcendência, *i. e.*, como sempre "atrás", além, longínqua... o próprio presente não é coincidência absoluta em transcendência,

---

31. Husserl – *Vorlesungen zur Phänomenologie der inneren Zeitbewusstseins*, p. 22 (I. Jahrb. f. Philo. V. Phänomenol. Forschung IX, 1928). (Lições para uma fenomenologia da consciência íntima do tempo – trad. fr. Dussort, Puf). Ver a exposição e a discussão da análise do esquema de Husserl em *Phénoménologie de la Perception*, p. 477.
32. *La Pensée et le Mouvant*, p. 294.

187

até o *Urerlebnis* comporta não-coincidência total, mas coincidência parcial, porque tem horizontes e não existiria sem eles – também o presente é inapreensível de perto, nas pinças da atenção, é um englobante. Estudar exatamente a *Erfüllung* do presente: perigo dessa metáfora: fazer-me crer que há um *certo vazio* que tem suas dimensões e que é preenchido por uma quantidade definida de presente (é sempre campo definido pelo diafragma objetivo). Quando Husserl fala de uma "norma" quer precisamente dizer que não podemos pressupor tal norma como dada. Trata-se de uma *Normierung*. Isto é (Heidegger), da posição de um *mensurante*. Vê-se, então, que a norma e o diafragma, etc. *derivam* de um fenômeno total que é finalmente o "mundo" (cf. conferência de Manchester[33]:) (cada percepção é "pensamento", mas o todo se "*inscreve*" no mundo – Todo acontecimento é do tipo do acontecimento histórico de que fala Péguy "ritmo do acontecimento do mundo" – ainda serpenteamento, os problemas de saber qual é o sujeito do Estado, da guerra, etc. exatamente do mesmo tipo que o problema de saber qual é o sujeito da percepção: só se resolverá a filosofia da história resolvendo-se o probl. da percepção)

Daí a impossibilidade de uma φ do *Ser e do Nada*: o futuro não é [Nada,] o passado não é o imaginário no sentido de Sartre – Por certo *há o* presente, mas a transcendência do presente faz precisamente com que ele possa reconcordar com um passado e com um futuro, que inversamente não sejam nadificação –

Em suma: o nada (ou melhor, o não ser) é oco mas não um *buraco*. O aberto, no sentido de *buraco*, é Sartre, Bergson, é o negativismo ou o ultrapositivismo (Bergson) indiscerníveis. Não há *nichtiges Nichts*. Aprontar minha discussão das ideias, de Bergson sobre o nada: tenho razão ao dizer que Bergson prova muito, mas não quando pareço concluir que Sartre está certo. Deve-se rejeitar a nega-intuição do nada porque também o nada está sempre *em outro lugar*. A verdadeira solução: *Offenheit* do *Umwelt, Horizonhaftigkeit*.

Problema do esquecimento: provém, dizia eu, de que o esquecimento é descontínuo. É preciso concebê-lo não como ocultação (Bergson), não como passagem ao nada, aniquilamento – e não como função positiva que envolve o conhecimento do que ela esconde (Freud – Sartre)[34], mas como maneira de ter para... em se desviando de... – O próprio ter consciência deve ser concebido como transcendência, como ser ultrapassado por... e, pois, como ignorância. Mas, enfim, há a [?] perceptiva – Sim, mas não é imediação no sentido de *contato*. (E não é distância no sentido de Sartre, um *nada que é eu* e que me separa da coisa) – É verdade que não é "misturando" percepção e impercepção que se explicará o esquecimento.

É compreendendo melhor a percepção (e portanto, a impercepção) – isto é: compreender a percepção como diferenciação, o esquecimento

---

33. Conferência realizada pelo autor na Universidade de Manchester no dia 1º de maio de 1959.
34. Embaixo do parêntesis, entre as linhas, segundo o hábito do autor, estas palavras: *positivismo, negativismo*. A primeira remete manifestamente a Freud, a segunda a Sartre.

como desdiferenciação. O fato de que não se vê mais a lembrança = não destruição de um *material* psíquico que seria *o sensível*, mas sua desarticulação que faz com que não haja mais *distanciamento, relevo*. Isto é que é o negro do esquecimento. Compreender que o "ter consciência" = ter uma figura sobre um fundo e que ele desaparece por desarticulação – a distinção figura-fundo introduz um terceiro termo entre o "sujeito" e o "objeto". É essa *distância* que é o *sentido* perceptive.

Filosofia e Literatura

[Sem data, provavelmente junho de 1959]

A filosofia, precisamente, como "Ser falando em nós", expressão da experiência muda de si, é criação. Criação que é, ao mesmo tempo, reintegração do ser: pois não é criação no sentido de qualquer um dos *Gebilde* que a história fabrica: sabe-se *Gebilde* e quer-se ultrapassar enquanto pura *Gebilde*, reencontrar a sua origem. É, portanto, criação em sentido radical: criação que ao mesmo tempo que é adequação se constitui na única maneira de obter uma adequação.

Isto aprofunda consideravelmente os pontos de vista de Souriau acerca da filosofia como arte suprema[35]: porque a arte e a filosofia *em conjunto*, são justamente não fabricações arbitrárias no universo do *espiritual* (da "cultura"), mas contato com o Ser na medida em que são criações. O ser é *aquilo que exige de nós criação* para que dela tenhamos experiência.

Fazer a análise da literatura neste sentido: como *inscrição* do Ser.

Ser e Mundo, cap. III[36]

[Sem data, provavelmente junho de 1959]

De acordo com a ideia de transcendência (como pensamento de distância, não posse de objeto) buscar definir uma história da filosofia que não seja o "achatamento" da história no interior da "minha" filosofia, – e que não seja idolatria: retomada ou repetição de Descartes, único meio de restituir-lhe a *sua* verdade, pensando-a de novo, quer dizer, a partir de nós – Mundo inteligível facetado – História da filosofia como *percepção* dos outros filósofos, invasão intencional de seus domínios, pensamento próprio que os não liquida, seja ao ultrapassá-los, seja ao copiá-los. Segui-los em seus problemas[37] (Guéroult), mas os seus problemas são interiores ao problema do Ser: esse, todos professam, e portanto, podemos e devemos pensá-los dentro deste horizonte.

---

35. No alto da nota, esta indicação: ver Souriau, *L'instauration philosophique*. Alcan, 1939; Guéroult, *Mélanges Souriau:* o caminho da objetividade estética. Nizet, 1952.
36. *Ser e Mundo*: título dado de início pelo autor à primeira parte de sua obra.
37. Aula inaugural, op. cit.

189

Dizer tudo isto no início do III capítulo

E também: este esboço ontológico é antecipação da filosofia, – e portanto da história da filosofia (implica o uso da linguagem, uso da história operante em nós). É necessário desvendar os pressupostos. E fazê-lo é, por outro lado, fazer filosofia e não história.

Marcar relação cap. III e cap. IV acerca da Natureza e da ciência: o que se examinará com ela é uma certa ontologia (objetivista).

O dilema: como se repor no plano da consciência?

como recusar a consciência?

a ser superado pela ideia da consciência como *Offenheit* –

Entendimento e subentendido – História da θ

Junho de 1959

A história da filosofia que seria preciso realizar (paralelamente à de Guéroult) é a do subentendido. Por ex.: as teses de Descartes sobre a distinção do corpo e da alma e sua união não podem ser expostas no plano do entendimento, e justificadas em conjunto, por um movimento contínuo do pensamento. Não podem ser afirmadas juntas a não ser que as aceitemos com o seu *subentendido* – Na ordem do subentendido, a pesquisa da essência e a da existência não são opostas, são a mesma coisa – Considerar a linguagem, mesmo filosófica, não como uma soma de enunciados ou de "soluções", mas como um véu esticado, a trama de uma cadeia verbal...

4 de junho de 1959

o dito de Hegel: *an sich oder für uns* = existe um pensamento (o pensamento reflexivo) que, justamente porque desejaria apreender de imediato a coisa em si, descai na subjetividade – E que inversamente, porque é obsidiado pelo ser para nós, não o atinge e atinge apenas a coisa em si, na significação.

A verdadeira filosofia = compreender aquilo que faz com que o sair de si seja entrar em si e inversamente.

Aprender este quiasma, esta reviravolta. Isto é o espírito.

A Filosofia. Para definir o seu ambiente, partir da pergunta de Gouhier: pode-se levantar a uma filosofia questões que ela própria não levantou? Responder não é fazer delas obras separadas, é negar *a* filosofia. Responder sim é reduzir a história à filosofia[38].

Meu ponto de vista: uma filosofia, como uma obra de arte, um objeto que pode suscitar mais pensamento que os que nela estão *contidos* (podem-se enumerar? pode-se desmembrar uma linguagem?), que con-

---

38. *L'Histoire et sa philosophie*, op. cit. Parece que o autor se refere aqui mais particularmente ao último capítulo onde se acha sublinhada a diferença entre uma história DA filosofia e uma história DAS filosofias. Cf. p. 136-9.

190

serva um sentido fora de seu contexto histórico, que não tem mesmo sentido *a não ser* fora desse contexto. Dar exemplo dessa história vertical ou filosófica: Descartes, Malebranche. Não haverá necessidade de distinguir os seus problemas tal como eles os pensam dos problemas que os movem verdadeiramente, e que *nós* formulamos? – Isso conduzirá a conclusões sempre relativistas? a saber, que serão derrubadas por outra época? Não, se as filosofias na sua integralidade são *questão*, o pensamento interrogativo que as faz falarem não é ultrapassado por aquilo que vier depois (Lefort sobre Maquiavel)[39]

Dualismo – Filosofia

Julho de 1959

Os problemas colocados na *Ph.P*[40] são insolúveis porque eu parto aí da distinção "consciência" – "objeto" –

Não se compreenderá nunca, partindo dessa distinção, como tal fato da ordem "objetiva" (tal lesão cerebral) possa acarretar tal dificuldade de relação com o mundo, – dificuldade maciça, que parece demonstrar que a "consciência" é função do corpo objetivo – São precisamente estes problemas que nos cumpre desclassificar perguntando: *o que é o* pretenso condicionamento *objetivo?* Resposta: é uma forma de exprimir e transcrever um acontecimento da ordem do ser bruto ou selvagem que, ontologicamente, é primeiro. Este acontecimento consiste em que tal *visível*, convenientemente composto (um corpo), é rompido por um sentido invisível – O tecido comum de que são feitas todas as estruturas é o *visível*, que, ele próprio, não é, de modo algum, objetividade, em si, mas transcendência, – que não se opõe ao para-si, que só tem coesão para um – Si – o *Si* a compreender, não como nada, não como algo, mas como unidade de transgressão, ou de imbricação correlativa de "coisa" e "mundo" (o tempo-coisa, o tempo-ser)

Agosto de 1959

Mostrar 1. que a teoria moderna da percepção é uma fenomenologia (Michotte)[41] e desvela o ser bruto, o mundo "vertical" –

2. que a teoria da informação aplicada à percepção, e o operacionalismo aplicado ao comportamento, – é na verdade, confusamente entrevista, a ideia do sentido como ponto de vista do organismo, a ideia da carne

3. que a analogia percepção-mensagem (codificação e decodificação) é válida, mas sob condição de discernir a) a *carne* sob os comportamentos discriminatórios b) a fala e os seus sistemas dia-críticos "compreensíveis" sob a informação.

39. Alusão a uma obra em preparo.
40. Phénoménologie de la Perception, op. cit.
41. op. cit.

Sujeito perceptivo, sujeito falante, sujeito pensante.

Setembro de 1959

O sujeito perceptivo, como *Ser-para* tácito, silencioso, que retorna da própria coisa cegamente identificada, que é somente *distanciamento* em relação a ela – o *si* da percepção como "ninguém" no sentido do Ulisses, como o anônimo oculto no mundo e que ainda não deixou o seu rastro. Percepção como impercepção, evidência da não posse: é justamente porque se sabe muito bem do que se trata que não se tem necessidade de colocá-lo como objeto. Anonimato e generalidade. Isso quer dizer: não um *nichtiges Nichts* mas um "lago de não-ser", certo nada atolado numa abertura local e temporal – visão e sentir de fato, e não pensamento de ver e sentir – Se se diz que o pensamento de ver e sentir traz essa visão a esse sentir, o mundo e o Ser não serão mais do que um ideato, o Ser vertical ou selvagem nunca poderá ser encontrado, a teleologia da "luz natural" é convertida em idealidade.

Sujeito falante: é o sujeito de uma *praxis*. Não mantém diante de si as falas ditas e compreendidas como objetos de pensamento ou ideatos. Só as possui por intercessão de uma *Vorhabe* que é do tipo da *Vorhabe* do lugar por meu corpo que a ela se entrega. Isto é: existe, pois, aqui, certa falta de... tal ou tal significante que não constrói o *Bild* daquilo que lhe falta. Existe, pois, aqui, uma neoteleologia que não suporta mais do que a teleologia perceptiva ser sustentada por uma *consciência de...*, nem por um ek-stase, um projeto construtivo. A análise saussuriana das relações entre significantes e das relações entre significantes e significado, e das significações (como diferença de significações) confirma e reencontra a ideia da percepção como *distanciamento* em relação a um *nível*, quer dizer a ideia do Ser primordial, da Convenção das convenções, da fala anterior à fala.

O que é preciso esclarecer: a perturbação introduzida pela fala no Ser pré-linguístico. De início, não o modifica, é, ela própria, "linguagem egocêntrica". Mas carrega, apesar de tudo, um fermento de transformação que irá fornecer a significação operatória; então a questão é: o que é esse fermento? Esse pensamento da praxis? É o mesmo ser que percebe e fala? Impossível que não seja o mesmo. E se o é o mesmo, não é isso restabelecer "o pensamento de ver e de sentir", o Cogito, a consciência de... ?

Setembro de 1959

Retomar a análise do cubo. É fato, o próprio cubo, de seis faces iguais, só existe para um olhar não situado, para uma *operação* ou inspecção do espírito que ocupe o centro do cubo, para um campo *do Ser* – E tudo aquilo que se possa dizer acerca das perspectivas sobre o cubo não lhe diz respeito.

Mas o próprio cubo *por oposição* às perspectivas, – é uma determinação negativa. O Ser é aqui aquilo que exclui todo o não-ser, toda a aparência; o em si é o que não é simplesmente *percipi*. O espírito, como portador desse Ser, é o que não está em parte nenhuma, o que envolve todo *onde*

Portanto, esta análise do pensamento reflexivo, *depuração* do Ser (a cera "nua" de Descartes) passa ao lado do Ser, já aí, pré-crítico – Como descrevê-lo? Não mais por aquilo que *não é*, mas por aquilo que *é*. Temos então: abertura para o próprio cubo através de uma visão do cubo que é distanciamento, transcendência – dizer que tenho uma visão do cubo é dizer que percebendo-o, vou de mim a ele, saio de mim nele. Eu, minha visão, estamos com ele presos ao mundo carnal; i. e: também minha visão e meu corpo emergem do *mesmo* ser que é, entre outras coisas, *cubo* – A reflexão que os qualifica como sujeitos de visão é essa mesma espessa reflexão que faz com que eu me toque tocando, i. e, que o *mesmo* em mim seja visto e vidente: não me vejo vendo, mas por imbricação, realizo o meu corpo visível, prolongo meu ser-visto para além do meu ser-visível para mim. E é para minha carne, meu corpo de visão, que pode existir aquele cubo que finaliza o circuito e completa meu ser-visto. É, enfim, a unidade maciça do Ser que me engloba a mim e ao cubo, é o Ser selvagem, não-depurado, "vertical", quem faz com que haja um cubo.

Apreender a partir desse exemplo o brotar da "significação" pura – a "significação" cubo (tal como a define o geômetra), a essência, a ideia platônica, o objeto são a concreção do Há, são *Wesen*, no sentido verbal, i. e, *ester*[42] – Todo *that* comporta um *what* porque o *that* não é nada, portanto é *etwas* portanto *west* –

Estudar a maneira como a linguagem e o algoritmo fazem brotar a significação

Problema da análise

Setembro de 1959

Temos o direito de compreender o tempo, a velocidade da criança como indiferenciação de *nosso* tempo, de *nosso* espaço etc...? Isso é, no momento mesmo em que se tenta respeitar os fenômenos, rebaixar a experiência da criança ao nível da nossa. Porque é pensá-la como *negação* de *nossas* diferenciações. Seria preciso chegar a pensá-la *positivamente*, chegar até à fenomenologia.

Ora, a mesma questão se propõe a propósito de qualquer *outro*, do alter ego em particular – E *desse outro diferente de mim que é o eu refletido* para mim mesmo que reflito.

Solução: re-aprender a criança, o alter ego o irrefletido em mim por uma participação lateral, pré-analítica, que é a percepção, por definição *ueberschreiten*, transgressão intencional. Quando percebo a criança, ela dá-se dentro de certa distância (*presentificação originária do im-presentável*) e assim também o meu vivido perceptivo para mim, e o meu alter

---

42. ESTER como tradução de *Wesen* é um termo emprestado a Gilbert Kahn, cf. *Introduction à la Métaphysique* par Martin Heidegger, trad. fr. Col. Épiméthée, PUF, 1958 (índice dos termos alemães), p. 239.

ego, e a coisa pré-analítica. Existe aí o tecido comum de que somos feitos. O Ser selvagem. E a percepção dessa percepção (a "reflexão" fenomenológica) é o inventário dessa saída originária cujos documentos trazemos em nós, desse *Ineinander* que desperta para si, é o uso do *immer wilder* que é o sensível, o próprio carnal (porque toda reflexão tem por modelo a mão palpante através da mão palpada, generalidade aberta, prolongamento do volante do corpo), portanto a reflexão não é identificação consigo (pensamento de ver ou de sentir) mas não-diferença consigo = identificação silenciosa ou cega. E quando quer acabar com essa abertura de horizonte, quando se quer apreender, não mais através de um horizonte e em virtude de uma intuição de natureza, mas diretamente e sem sobra, então tudo quanto pode fazer é sublimar-se em verbalização, oferecer-se um corpo que não seja natural, fazer germinar uma linguagem, aparelho *transparente* que dá a ilusão de uma presença a si pura ou vazia, e que, todavia, não atesta senão um vazio determinado, vazio disto ou daquilo...

O essencial, descrever o Ser vertical ou selvagem como este ambiente pré-espiritual sem o qual nada é pensável, nem mesmo o espírito, e pelo qual nos interpenetramos uns nos outros, e nós próprios em nós para possuirmos o *nosso* tempo. É só a filosofia quem o dá –

A filosofia é o estudo da *Vorhabe* do Ser, *Vorhabe* que não é decerto *conhecimento*, que está em falta com o conhecimento, a operação, mas que os envolve, como o Ser envolve os seres.

O logicismo de Piaget é a absolutização de nossa cultura – assim como sua psicologia que desemboca em sua lógica. Incompatível com uma experiência etnológica. Psicol., lógica, etnologia são dogmatismos rivais que se destroem mutuamente; só a filosofia, porque visa o domínio total do Ser, os torna compatíveis relativizando-os. As regiões do conhecimento abandonadas a si próprias entram em conflito e contradição.

Gestalt

Setembro de 1959

O que é uma *Gestalt*? Um todo que *não* se reduz à soma das partes, definição negativa, exterior – Sinais da *Gestalt* dados em oposição ao domínio de em si em que nos instalamos – o *Gestalthafte*, diz Heidegger, é aqui posto de lado –

Do interior, portanto, (isto é: não por *observação interior*, mas aproximando-se tanto quanto possível da *Gestalt*, comunicando com ela, o que também pode ser feito considerando os outros ou o visível ou considerando "estados de consciência") o que é uma *Gestalt*? O que é um contorno, o que é uma segregação, o que é um círculo ou uma linha? Ou uma organização em profundidade, um relevo?

Não são elementos psíquicos (sensação) dos indivíduos espaço-temporais psíquicos reunidos. Mas o que, então? Fazer a experiência de uma *Gestalt* é não sentir coincidência, mas então o que é?

É um princípio de distribuição, o pivô de um sistema de equivalências, é o *Etwas* de que os fenômenos parcelares serão a manifestação – Mas é então uma essência, uma ideia? A ideia seria livre, intemporal, a-espacial. A *Gestalt* não é um indivíduo espaço-temporal, presta-se a ser integrada numa constelação a cavaleiro do espaço e do tempo, – mas não é livre em relação ao espaço e ao tempo, não é a-espacial, atemporal, só escapa ao espaço e ao tempo concebidos como uma série de acontecimentos em si, possui certo peso que a fixa não, sem dúvida, num lugar objetivo e num ponto do tempo objetivo, mas numa região, domínio que ela domina onde reina, onde é onipresente sem que se possa jamais dizer: está aqui. É transcendência. É o que exprimimos mesmo falando da sua generalidade, de sua *Transponierbarkeit* – É um fundo falso do vivido.

E quem é que tem disso experiência? Um espírito que apreenda como ideia ou significação? É um corpo – Em que sentido? O meu corpo é uma *Gestalt* e é copresente em toda *Gestalt*. Ele é uma *Gestalt*; também *ele* e eminentemente é significação prenhe, ele é carne; o sistema que constitui está ordenado ao redor de uma charneira central ou dum pivô que é abertura para..., possibilidade atada e não livre – E ao mesmo tempo é componente de toda *Gestalt*. A carne da *Gestalt* (o grânulo da cor, o-não-sei-quê que anima o contorno ou que anima nas experiências de Michotte o retângulo "rastejando"[43]) é o que corresponde à sua inércia, à sua inserção num *mundo*, aos seus preconceitos de *campo*.

A *Gestalt*, portanto, implica a relação de um corpo perceptivo com um mundo sensível, i. e., transcendente, i. e. de horizonte, i. e., vertical e não perspectivo –

É um sistema diacrítico, opositivo, relativo cujo pivô é o *Etwas*, a coisa, o mundo, e não a ideia –

A ideia é o *Etwas* sobre o qual está centrado o corpo, não mais enquanto *sensível* mas enquanto *falante* –

Qualquer Psicol. que reponha a *Gestalt* no quadro do "conhecimento" ou da "consciência" erra o sentido da *Gestalt* –

Fica por compreender o que é precisamente o ser para si da experiência da *Gestalt* – É ser para X, não um ágil e puro nada, mas inscrição num registro aberto, num lago de não ser, numa *Eröffnung*, numa *offene*.

Pregnância, transcendência –

Setembro de 1959

Mostrar que essas noções[44] representam uma tomada de contacto com o ser como *há* puro. Assiste-se a esse acontecimento pelo qual há algo. Algo em vez de nada e isso em vez de outra coisa. Assiste-se ao advento do positivo: a isto e não a *outra* coisa.

43. op. cit.
44. À margem – pregnância, *Gestalt*, fenômeno.

Esse advento não é auto realização de um ser causa sua, idêntico, objetivo – E nem mesmo (Leibniz) auto realização de um possível preponderante no sentido de possível lógico. A ideologia do possível lógico não é diferente da ideologia do necessário: o necessário é apenas possível único; o possível já encerra a ideia da existência intrínseca; se existe conflito entre diversos possíveis com respeito à existência, é porque, por um verdadeiro mistério (Leibniz), os possíveis não são compossíveis.

Portanto a *gestaltung* não é ser por definição, essencialização – É *Wesen* [verbal], operação de ester, aparição de *etwas* de irradiação – *Warum ist etwas eine Gestalt?* Por que esta e não aquela é a "boa" forma ou *forma forte*, ou orientação para uma probabilidade? [ver Egon Brunswik[45] e mostrar que o esforço do *New Look* e da teoria da informação é encontrar uma expressão operacional, científica daquilo que não é o ser-objeto, o em si] – [reproduzir aqui a minha crítica da explicação da *gestaltung* em Lévi-Strauss através do nivelamento das "oportunidades", através do *encontro*[46] – sim, é preciso encontro, mas o que se elabora nesse encontro, a matriz simbólica do Ocidente, não é um *produto de causalidade]* Mostrar que a *Gestalt*, surgindo do polimorfismo, coloca-nos inteiramente fora da filosofia do sujeito e do objeto.

Pregnância empírica e pregnância geométrica (E. Brunswik)[47]

Setembro de 1959

Ideia profunda de uma pregnância que não é somente a das formas privilegiadas por razões de equilíbrio geométrico, – mas segundo uma regulação intrínseca, um *Seinsgeschick* de que a pregnância geométrica não é senão um aspecto. É assim que desejo compreender a "pregnância empírica" – Assim entendida, consiste ela em definir cada ser percebido por uma estrutura ou sistema de equivalências em torno do qual (o ser percebido) está disposto, e de que o toque do pintor, – a linha flexuosa, – ou o varrer do pincel é a evocação peremptória. Trata-se deste λόγος que se pronuncia silenciosamente em cada coisa sensível, enquanto ela varia à volta de certo tipo de mensagem, de que só podemos ter ideia

45. cf. *Perception and the representative design of psychological experiments*, Berkeley, 1956.
46. Não temos conhecimento de tal crítica. Sem dúvida, o autor a fez numa aula ou numa nota pessoal. Lévi-Strauss, recorde-se, colocara em novos termos o problema da história cumulativa ou não cumulativa das culturas comparando-as a jogadores buscando realizar séries na roleta. Mostrava que a colaboração voluntária ou involuntária das culturas tivera efeito análogo ao que obteria uma "coalisão de apostadores, jogando as mesmas séries em valor absoluto, mas em diversas roletas e concedendo-se o privilégio de pôr em comum os resultados favoráveis às combinações de cada um", cf. *Race et histoire*, Unesco, 1952, p. 34-49. Reproduzido em *Raça e Ciência*, Perspectiva, S. Paulo, 1971.
47. O problema da pregnância empírica e geométrica é tratado por Egon Brunswik em: *Experimentelle Psychologie in Demonstrationen*, Springer, Viena, 1935.

através de nossa participação carnal no seu sentido, esposando com o corpo a sua maneira de "significar", – ou deste λóγoς proferido, cuja estrutura interna sublima a relação carnal com o mundo.

Criticar o "homenzinho que existe no homem", – a percepção como conhecimento de um objeto, – reencontrar, enfim, o homem face a face com o *próprio* mundo, reencontrar o presente pré-intencional, – é reencontrar essa visão das origens, aquilo que se vê em nós, como a poesia reencontra o que em nós se articula, sem o sabermos (Max Ernst no livro de Charbonnier[48].)

Princípio da ontologia: o ser da indivisão

Setembro de 1959

Então todo quadro, toda ação, toda empresa humana são cristalização do tempo, cifra da transcendência. – Se, pelo menos, forem compreendidos como certo distanciamento do ser e do nada, proporção de branco e preto, certo antecipar sobre o Ser da indivisão, certa maneira de modular o tempo e o espaço.

Pregnância: os psicólogos esquecem que isso quer dizer poder de eclosão, produtividade (*praegnans futuri*), fecundidade – Em sentido segundo: "típico": É a forma que chegou a si, que é *ela*, que se põe pelos próprios meios, é o equivalente da causa sua, é o *wesen* que é porque ele *este*[49], auto regulação, coesão de si a si, identidade em profundidade (identidade dinâmica), transcendência como ser à distância, há –

A pregnância é aquilo que, no visível, exige de mim uma adequação *precisa* e define a precisão. O meu corpo *obedece* à pregnância, "responde"--lhe, o corpo é aquilo que está suspenso dela, carne que responde à carne. Quando uma forma "boa" aparece, ou modifica o que a rodeia por irradiação, ou obtém do meu corpo movimento até que…

Essa definição da pregnância como implicando motricidade *a fortiori* coloca-a inteiramente fora das alternativas de Piaget: efeitos de campo ou atividade sensório-motora? Quando se diz que a forma é *pré--empírica, inata, o* que se quer dizer na realidade, quer se trate do percebido ou do pensado, é que aí existe *Urstiftung* e não simples subsumpção, sentido de transcendência e não recognição do conceito.

Setembro de 1959

Finalmente é preciso admitir uma espécie de verdade das descrições ingênuas da percepção: εἴδωλα ou *simulacra* etc. a coisa oferecendo pers-

---

48. Georges Charbonnier: *Le monologue du Peintre I*, Julliard ed. 1959 p. 34. Max Ernst, durante uma entrevista, lembra os termos nos quais outrora definira o papel do pintor: "Do mesmo modo que o papel do poeta, desde a célebre carta do vidente, consiste em escrever sob o ditado do que se pensa, aquilo que nele se articula, o papel do pintor é circunscrever e projetar aquilo que nele se vê".
49. Ver supra, nota 42.

197

pectivas etc. Simplesmente, tudo isso se passa num nível que não é mais o do Ser objetivo: no nível do vivido ou do fenomenal que se trata precisamente de justificar e reabilitar como fundamento do nível objetivo. Pode-se pretender que o nível do fenômeno é segundo em relação ao nível objetivo, que é uma província dele, quando só se consideram as relações intramundanas dos objetos. Mas desde que se faz intervir o outro, e mesmo o corpo vivo, a obra de arte, o meio histórico, percebe-se que o nível fenomenal deve ser considerado autônomo, e que se não lhe for concedida essa autonomia, permanece definitivamente *impenetrável*.

Outrem, não como consciência, mas como habitante de um corpo, e através dele, do mundo. Onde está o outro neste corpo que vejo? Ele é (como o sentido da frase) imanente ao corpo (não se pode destacá-lo para pô-lo à parte) e, contudo, é mais do que a soma dos signos ou significações por ela veiculados. É aquilo de que as significações são sempre imagem parcial e não exaustiva, – e que contudo atesta estar presente por inteiro em cada uma delas. Encarnação inacabada sempre em curso – Para além do corpo objetivo como o sentido do quadro está para além da tela.

Setembro de 1959

Descartes (*Dioptrica*): *quem* verá a imagem pintada nos olhos ou no cérebro? Faz-se necessário um *pensamento* dessa imagem – Descartes já discerne que sempre pomos um homenzinho dentro do homem, que nossa visão objetivante de nosso corpo obriga-nos sempre a procurar *mais para dentro* esse *homem vidente* que acreditávamos ter sob os olhos.

Mas o que Descartes não repara é que a visão primordial à qual é preciso voltar não pode ser *pensamento de ver* – Esse pensamento, esse desvelar do ser que, enfim, é *para* alguém, é ainda o homenzinho dentro do homem mas, desta vez, contraído num ponto metafísico. Porque, enfim, só conhecemos a visão própria de uma substância composta, e é a essa visão sutilizada que chamamos pensamento – Se o ser deve desvelar-se, isso acontecerá diante de uma transcendência, e não de uma intencionalidade, será o ser bruto atolado que revém a si próprio, o *sensível* que se rompe –

Ontologia

Outubro de 1959

Tomar como modelo do ser o espaço topológico. O espaço euclidiano é o modelo do ser perspectivo, é um espaço sem transcendência, positivo, rede de retas, paralelas entre si ou perpendiculares segundo as três dimensões, que comporta todas as disposições possíveis – Profunda conveniência dessa ideia de espaço (e da velocidade, do movimento, do tempo) com a ontologia clássica do *Ens realissimum*, do ente infinito. O espaço topológico, pelo contrário, meio onde se circunscrevem relações de vizinhanças, de envolvimento etc., é a imagem de um ser, que, como as manchas coloridas de Klee, é, ao mesmo tempo, mais antigo que tudo "no dia primeiro" (Hegel), contra o qual o pensamento regressivo se obstina sem poder deduzi-lo diretamente ou indiretamente (pela "escolha do melhor") do Ser por si, que é um *resíduo* perpétuo – Acha-se não somente ao nível do mundo físico, mas é também constitutivo da vida e por fim funda o principio *selvagem* do Logos – É este ser selvagem ou bruto que intervém em todos os níveis para ultrapassar os problemas da ontologia clássica (mecanismo, finalismo, em todo o caso: artificialismo) – a *Teodiceia* de Leibniz resume o esforço da teologia cristã para encontrar um caminho entre a concepção necessária do Ser, única possível, e o surgimento imotivado do Ser bruto, este ligado àquele finalmente através de um compromisso, e nesta medida, o deus oculto sacrificado ao *Ens realissimum*.

Domingo 10 de outubro de 1959

Malraux pergunta-se por que, como, um pintor aprende com outro, de que ele copia (Van Gogh de Millet) – a ser *ele-próprio*, aprende-se no outro, com e contra ele.

Do mesmo modo, pode-se perguntar por que aquele que sabe manejar com as cores também sabe usar o "crayon" ou às vezes esculpir – Que há de *comum* –

Tudo isto, com efeito, é obscuro enquanto se acreditar que desenhar ou pintar consiste em produzir o positivo a partir do nada. Então o ato de desenhar e de pintar, – o ato de pintar como si mesmo – e o de pintar como outro isolam-se um do outro e não se vê mais relação entre eles. Vê-la-íamos, pelo contrário, se compreendêssemos que pintar, desenhar não é produzir algo a partir de coisa nenhuma, que o traço, a pincelada e a obra visível não são senão o vestígio de um movimento total da Fala, que conduz ao Ser na sua totalidade e que este movimento abarca tanto a expressão pelos traços quanto a expressão pelas cores, tanto a *minha* expressão como a dos outros pintores. Sonhamos com sistemas de equivalências e eles, com efeito, funcionam. Mas a sua lógica, como a de um sistema fonemático, está resumida no mesmo tufo, numa só gama, são animados por um só movimento, são todos e cada um um só turbilhão, uma única retração do Ser. O que é preciso é explicitar essa totalidade de horizonte que não é *síntese.*

Percepção selvagem – Imediato – Percepção cultural – learning.

22 de outubro de 1959

Digo que a perspectiva da Renascença é um fato da cultura, que a própria percepção é polimorfa e que, se se torna euclidiana, é porque se deixa orientar pelo sistema.

Daí a questão: como é que se pode regressar dessa percepção moldada pela cultura à percepção "bruta" ou "selvagem"? Em que consiste a informação? Qual o ato pelo qual a desfazemos (voltamos ao fenomenal, ao mundo "vertical", ao vivido)?

Donde também a questão: esta informação da percepção pela cultura, esta descida do invisível para o visível, obriga-nos a dizer como Egon Brunswik por ex., que a pregnância perceptiva é *learning* do meio ecológico, que as *Gestalten* autoconstitutivas da Escola de Berlim derivam de "Gestalten empíricas"[50]?

O que eu sustento é que 1. existe uma informação da percepção pela cultura que permite dizer que a cultura é percebida – Existe uma dilatação da percepção, uma transferência do *Aha Erlebnis* da percepção "natural" para relações instrumentais por ex. (chimpanzés) que obriga a colocar em continuidade a abertura perceptiva ao mundo (λόγος ενδιαθετος) e a abertura a um mundo cultural (aquisição do uso dos instrumentos).

2. essa camada original acima da *natureza* mostra que o *learning é In der Welt Sein* e, de modo algum, que o *In der Welt Sein* é *learning* no sentido norte-americano ou no sentido cognitivo de Brunswik.

Minha posição a ser definida no problema do "retorno ao imediato": o perceptivo no sentido do mundo não-projetivo, vertical, – é sempre dado com o sentir, com o fenomenal, com a transcendência silenciosa. E no entanto um Piaget ignora-o absolutamente, pois que converteu toda a sua percepção em percepção cultural-euclidiana. Que direito tenho eu, portanto, de chamar imediato este original que pode ser de tal maneira esquecido?

Descrever muito precisamente a maneira pela qual a percepção se mascara perante si própria, se faz euclidiana. Mostrar que a pregnância das formas geométricas está intrinsecamente fundada (não culturalmente) no fato de que essas formas permitem, melhor do que outras, uma ontogênese (estabilizam o ser. O que Piaget exprime, – mal –, dizendo que as "deformações" aí se anulam)[51], mas que essa pregnância intrínseca, para conservar todo o seu sentido, deve ser mantida na zona de transcendência, no contexto do pré-Ser, da *Offenheit* de *Umwelt*, e não considerado dogmaticamente como óbvio – a percepção euclidiana tem um privilégio, mas que não é um privilégio absoluto, e que é contestado como tal pela transcendência, – a qual reivindica o mundo euclidiano como um dos seus aspectos –

Com a vida, a percepção natural (com o espírito selvagem) são-nos dados os meios de colocar no lugar o universo da imanência – E, no entanto, esse universo tende por si a autonomizar-se, realiza por si uma

---

50. Cf. *Perception and the representative design of Phychological experiments* – Univ. of California Press, Berkeley 1956; sobre a discussão das gestalten da Escola de Berlim cf. p. 132-4; sobre a percepção como *learning*, cf. p. 122-3.
51. Cf. especialmente – *La perception, Symposium de L'Association psychologique scientifique de langue française*, Lovaina, 1953, Paris. 1955. – Piaget discute acerca da pregnância geométrica e empírica e escreve textualmente: "Assim, acreditamos que uma boa forma é aquela que no seio das estruturas perceptivas onde tudo é deformação dá lugar ao máximo de compensação e, portanto, ao mínimo de deformação" (p. 19).

200

repressão da transcendência – *A chave está na ideia de que a percepção é em si ignorância de si como percepção selvagem, impercepção,* tende a ver-se como ato e a esquecer-se como intencionalidade latente, como *ser para* –

O mesmo problema: como é que toda φ e linguagem e consiste, porém, em reencontrar o silêncio.

Percepção e Linguagem

27 de outubro de 1959

Descrevo a percepção como sistema diacrítico, relativo, opositivo, – o espaço primordial como topológico (isto é, talhado numa voluminosidade total que me envolve, onde estou, que se encontra por trás de mim, tanto quanto à minha frente...)

Correto. Mas existe, mesmo assim, aquela diferença entre a percepção e a linguagem que eu *vejo* as coisas percebidas e que, pelo contrário, as significações são invisíveis. O ser natural está em repouso em si mesmo, o meu olhar pode deter-se nele. O Ser do qual linguagem é a casa não pode fixar-se, olhar, só é de longe. É preciso, pois, explicar essa relativa positividade do percebido – (mesmo se ela for apenas não-negação, mesmo se não resistir à *observação,* mesmo se toda a cristalização for ilusória sob qualquer aspecto), tanto mais que é sobre ela que repousa a positividade do invisível. Não há mundo inteligível, *há* mundo sensível.

(Mas também o que é este *há* do mundo sensível, da natureza?)

O sensível é precisamente o meio em que pode existir o *ser* sem que tenha que ser posto; a aparência sensível do sensível, a persuasão silenciosa do sensível é o único meio de o Ser manifestar-se sem tornar-se positividade, sem cessar de ser ambíguo e transcendente. O próprio mundo sensível no qual oscilamos, e que constitui nosso laço com outrem, que faz com que o outro seja para nós, não é, justamente como sensível, "dado" a não ser por alusão – O sensível é isso: essa possibilidade de ser evidente em silêncio, de ser subentendido, e a pretendida positividade do mundo sensível (quando a perscrutamos até suas raízes, quando se ultrapassa o sensível empírico, o sensível segundo de nossa "representação", quando se desvela o Ser da Natureza) prova ser justamente um *inatingível,* só se vê finalmente num sentido pleno a totalidade onde são recortados os sensíveis. O pensamento está pouco mais adiante dos *visibilia.*

O Quiasma

1 de novembro de 1959

– a clivagem não consiste, essencialmente, em *para Si para Outro,* (sujeito--objeto) é mais exatamente a de alguém que se dirige ao mundo e que, do exterior, pareça permanecer no seu "sonho". *Quiasma* através do qual o que se anuncia a mim como o ser parece, aos olhos dos outros, não ser mais do que "estados de consciência" – Mas, como o quiasma dos olhos, esse é também o que faz com que pertençamos ao mesmo mundo, – um mundo que não é projetivo, mas que realiza a sua unidade através das incompossibilidades tais como a de *meu* mundo e do mundo do outro – Essa mediação pela ruína, este quiasma fazem com que não haja simplesmente antítese para-Si para-Outro, que haja o Ser como contendo tudo isso, de início como Ser sensível e em seguida como Ser sem restrição –

O quiasma em lugar do Para Outro: isso quer dizer que não há apenas rivalidade eu-outrem, mas cofuncionamento. Funcionamos como um único corpo.

O quiasma não é somente troca eu-outro (as mensagens que recebe, é a mim que chegam, as mensagens que recebo é a ele que chegam), é também troca de mim e do mundo, do corpo fenomenal e do corpo "objetivo", do que percebe e do percebido: o que começa como coisa termina como consciência da coisa, o que começa como "estado de consciência" termina como coisa.

Não se pode explicar este duplo "quiasma" pelo simples corte Para si e Em si. Faz-se necessário uma relação com o Ser que seja estabelecida *do Interior do Ser* – É, no fundo, o que Sartre procurava. Mas como para ele não existe senão a *inferioridade* própria ao eu, e que o *outro* é sempre exterioridade, o Ser permanece em Sartre não-encetado por essa descompressão que nele se processa, permanece positividade pura, objeto, e o Para si só participa dele através de uma espécie de loucura –

Novembro de 1959

. . . .

O sentido é *invisível*, mas o invisível não é o contraditório do visível: o visível possui, ele próprio, uma membrura de invisível, e o invisível é a contrapartida secreta do visível, não aparece senão nele, é o *Nichturprasentierbar* que me é apresentado como tal no mundo – não se pode vê-lo *aí*, e todo o esforço para *aí* vê-lo o faz desaparecer, mas ele está *na linha* do visível, é a sua pátria virtual, inscreve-se nele (em filigrana) –

As *comparações* entre o visível e o invisível (o *domínio*, a *direção* do pensar...) não são *comparações* (Heidegger), significam que o visível está prenhe do invisível, que para compreender plenamente as relações visíveis (casa) é preciso ir até à relação do visível com o invisível... O visível do outro é o meu invisível; o meu visível, o invisível do outro; esta fórmula (a de Sartre) não deve ser mantida. É preciso dizer: o Ser é esta estranha imbricação que faz com que meu visível, se bem que não seja sobreponível ao outro, abra para ele, e que ambos abram para o mesmo mundo sensível – E é a mesma imbriacação, a mesma junção à distância, que faz com que as mensagens dos meus órgãos (as imagens monoculares) se conjuguem numa só existência vertical e num só mundo.

Portanto, o sentido não é anonadamento, nem sacrifício do Para si ao Em si – Admitir tal sacrifício, tal *criação* da verdade, é ainda pensar a partir do modelo do Em-si, a partir do Em-si, é como ele se nega, confiar ao Para-si a missão heroica de obrigá-lo a ser – Ver as coisas assim, é ainda pensar a *Weltlichkeit* dos espíritos segundo o modelo da do espaço cartesiano. À falta de um Em-si dos Para-si, encarrega-se o Para-si de *fazê-lo*. Mas eu não penso a *Weltlichkeit* dos espíritos em termos de Em--si, – e é quimérico procurar no futuro o que não existe. A *Weltlichkeit* dos espíritos é assegurada pelas raízes que estes lançam, não certamente no espaço cartesiano, mas no mundo estético. O mundo estético deve ser descrito como espaço de transcendência, espaço de incompossibilidades, de eclosão, de deiscência, e não como espaço objetivo-imanente. E a seguir o pensamento, o sujeito, deve ser descrito igualmente como situação espacial, acompanhada pela sua "localidade" E portanto as "metáforas" espaciais serão compreendidas como indivisão do ser e do nada. Logo, o sentido não é anonadamento.

Este *distanciamento* que, em primeira aproximação, constitui o sentido, não é um não que me afeta, uma carência que constituo como tal pelo surgimento de um *fim* que me imponho, – é uma negatividade *natural*, uma instituição primordial, já aí desde sempre –

Refletir acerca do esquerdo, do direito: não são simples conteúdos de uma espacialidade de relação (i. e, *positivo*): não são *partes* do espaço (o raciocínio de Kant é válido aqui: o todo é antes), são partes totais, recortes num espaço englobante, topológico – Refletir sobre o *dois, o par,* não são *dois atos, duas sínteses,* mas fragmentação do ser, possibilidade de espaçar (dois olhos, dois ouvidos: possibilidade de *discriminação,* do emprego do diacrítico), é o advento da diferença sobre o fundo de *semelhança* portanto, sobre o fundo do ὁμοῦ ἦγ παντα).

. . . .

O visível e o invisível

Novembro de 1959

Não se torna necessário dizer que
a ideia da transcendência = reenvia para o infinito tudo *aquilo que* acreditamos tocar ou ver?

Não entretanto: o visível, que reside sempre "mais longe", é presen-*tificado* enquanto tal. É a *Urpräsentation* do *Nichturpräsentierbar* – Ver é, precisamente, a despeito da análise infinita sempre possível, e embora nenhum *Etwas* nunca nos fique *nas mãos*, possuir um *Etwas*.

É, pois, uma pura e simples contradição? De forma alguma: o visível deixa de ser um inacessível; se o concebo não segundo o pensar da proximidade, mas como englobante, investimento lateral, *carne.*

Os "sentidos" – a dimensionalidade – o Ser

Novembro de 1959

Cada "sentido" é um "mundo", i. e, absolutamente incomunicável para os outros sentidos, e, no entanto, constrói *um algo* que, pela sua estrutura, de imediato se abre para o mundo dos outros sentidos e com eles constitui um único Ser. A sensorialidade: por ex. uma cor, o amarelo; ultrapassa-se a si mesma: desde que se torna uma cor iluminante, cor dominante do campo, cessa de ser determinada cor, tem, por conseguinte, de per si, uma função ontológica, torna-se apta a representar todas as coisas (como as gravuras de talhe-doce, IV Discurso da *Dioptrica*). Num único movimento, impõe-se como particular e cessa de ser visível como particular. O "Mundo" é este conjunto onde cada "parte", quando a tomamos por si mesma, abre de repente dimensões ilimitadas, – torna-se *parte total.*

Ora, essa particularidade da cor, do amarelo, e essa universalidade não estão em *contradição*, são *conjuntamente* a própria sensorialidade: é pelo mesmo motivo que a cor, o amarelo, se dá, ao mesmo tempo, como *certo* ser e uma *dimensão*, a expressão *de todo o ser possível* – É próprio do sensível (como da linguagem) ser representativo do todo não através da relação signo-significação ou por imanência das partes umas nas outras e no todo, mas porque cada parte é *arrancada* ao todo e vem com as raízes, coincidir lentamente com o todo, viola as fronteiras das outras. É assim que as partes se recobrem (*transparência*), que o presente não se detém nos limites do visível (atrás de minhas costas). A percepção abre-me o mundo como o cirurgião abre um corpo, percebendo, pela janela que fez, órgãos em pleno funcionamento, vistos *na sua atividade*, vistos de lado. É assim que o sensível me inicia no mundo, como a linguagem me inicia no outro: por lenta justaposição, *Ueberschreiten. A* percepção é primeiramente não percepção das *coisas* mas percepção dos *elementos* (água, ar…) de *raios do mundo,* de coisas que são dimensões, que são mundos, deslizo sobre esses "elementos" e eis-me no *mundo,* deslizo do "subjetivo" para o Ser.

A pretensa "contradição" do amarelo como algo e do amarelo como título de um mundo: não é contradição, pois é precisamente no interior da sua particularidade de amarelo e graças a ela que o amarelo se torna um universo ou *elemento* – Que uma cor se possa tornar nível, um fato categoria, (exatamente como na música: descrever uma nota como particular, i. e, no campo de outro *tom,* – e "a mesma" tornada aquela no tom da qual está escrita uma melodia) = a verdadeira marcha em direção ao universal. O universal não existe acima, mas abaixo (Claudel), não está diante mas atrás de nós – a música atonal = o equivalente da filosofia do Ser da indivisão. Como a pintura sem coisas identificáveis, sem a *pele* das coisas, mas que fornecem a sua *carne* de coisas – A *Transponierbarkeit* é o caso particular de uma transposição mais geral de que a música atonal é tematização. Tudo isso supõe o Ser de indivisão – Essa universalidade do sensível = *Urpräsentation* do que não é *Urpräsentierbar* = o sensível escavado no ser sem restrição, este Ser que está *entre* a minha perspectiva e a do outro, meu passado e meu presente.

Característico do percebido: já estar aí, não ser pelo ato da percepção, mas ser a razão desse ato, não o inverso. A sensorialidade = a transcendência ou um espelho da transcendência.

Profundidade

Novembro de 1959

Profundidade e "costas" (e "atrás") – A dimensão do oculto por excelência – (toda dimensão pertence ao oculto) –

É preciso que haja profundidade, pois que existe o ponto de onde eu vejo, – que o mundo me rodeie –

A profundidade é o meio que têm as coisas de permanecerem nítidas, ficarem coisas, embora não sendo aquilo que olho atualmente. É a dimensão por excelência do simultâneo. Sem ela, não existiria um mundo, ou Ser, mas só uma zona móvel de nitidez que não poderia apresentar-se sem abandonar todo o resto, – e uma "síntese" destes "pontos de vista". Ao passo que, através da profundidade, as coisas coexistem cada vez mais Intimamente, deslizam umas nas outras e se integram. É então ela quem faz com que as coisas tenham uma carne: isto é, que oponham obstáculos à minha inspeção, uma resistência que é precisamente a sua realidade, sua "abertura", o seu *totum simul*. O olhar não vence a profundidade, contorna-a.

A profundidade é *urstiftet* daquilo que vejo com visão nítida como retenção no presente, – sem "intencionalidade" –

cf. Metzger dizendo que ela surgiu no momento em que se tornava impossível ter uma visão nítida de 2 pontos ao mesmo tempo. Então, as duas imagens desniveladas e não sobreponíveis "endurecem" de repente como perfis da mesma coisa em profundidade[52] – Isso não é um *ato* ou uma intencionalidade (que fosse a um *em si* e desse apenas em – "sis" justapostos) – É em geral, e por uma propriedade de campo, que se realiza essa identificação de 2 vistos incompossíveis, e porque a profundidade me é aberta, porque possuo essa dimensão para aí deslocar meu olhar, aquela *abertura* –

Novembro de 1959

Dizer que as coisas são estruturas, membruras, estrelas da nossa vida: não perante nós, expostas como espetáculos perspectivos, mas gravitando à nossa volta.

Essas coisas não pressupõem o homem, que é feito da carne delas. Mas o ser eminente deles não pode ser compreendido senão por quem penetra na percepção, e se mantém com ela aberto ao seu contato-distante –

52. Wolfgang Metzger, *Gesetze des Sehens*. Francforte sobre o Main, 1936, 2ª ed. aumentada 1953, p. 285.

A essência, o *Wesen*. Parentesco profundo entre a essência e a percepção: também a essência é membrura, não existe além do mundo sensível, mas abaixo dele, ou seja, na sua profundidade, na sua espessura. É o liame secreto – as Essências são os *Etwas* do nível da fala como as coisas são Essências do nível da Natureza. Generalidade das coisas: por que existem diversos exemplares de cada coisa? Isso se impõe pela própria definição das coisas como seres de campo: como poderia existir campo sem *generalidade*?

Mostro com a transcendência que o visível é invisível, que a visão é por princípio *o que me convence pela aparência já aí presente de que não há lugar para procurar o ser proximal* a percepção, o que me certifica de um in-apercebido (de um oculto-revelado: transparência, coincidir) Este invisível do visível é quem me permite, a seguir, achar no pensamento produtivo todas as estruturas da visão, e distinguir radicalmente o pensamento da operação, da lógica.

Eu-outro, fórmula insuficiente

Novembro de 1959

A relação eu-outro a conceber (como a relação intersexual com suas substituições indefinidas *cf.* Schilder *Image and Appearance*, p. 234)[53] como papéis complementares em que nenhum pode ser mantido sem que o outro também o seja: masculinidade implicando feminilidade etc. Polimorfismo fundamental que faz com que eu não tenha de constituir o Outro *perante* o Ego: ele já lá está, e o Ego é conquistado sobre ele. Descrever a pré-egologia, o "sincretismo", a indivisão ou transitivismo. Que *é que existe* a este nível? Existe o universo vertical ou carnal e a sua matriz polimorfa. Absurdo da tabula rasa onde se instalariam os *conhecimentos*: não que não haja conhecimentos antes dos conhecimentos, mas porque existe o *campo*. O problema eu-outro, problema *ocidental*.

Novembro de 1959

A filosofia nunca falou – não digo da *passividade*: não somos efeitos – mas diria antes da passividade da nossa atividade, como Valéry falava de um *corpo do espírito*: por novas que sejam as nossas iniciativas, elas nascem no âmago do ser, estão engrenadas com o tempo que jorra em nós, apoiadas nos pivôs ou nas charneiras de nossa vida, seu "*sentido*" é "direção" – A alma pensa sempre: é uma propriedade dela, de estado, não pode deixar de pensar porque um *campo* foi aberto onde sempre se inscreve *alguma coisa* ou a ausência de alguma coisa. Não há nisso uma *atividade* da alma, nem uma produção de pensamentos no plural, e eu não sou nem mesmo o autor deste vazio que se faz em mim pela passagem do presente à retenção, não sou eu quem me faz pensar, como não sou

53. P. Schilder. *The Image and Appearance of Human Body*, Londres, 1955. (N. do T. – edição francesa, 1959, na Bibliothèque des Sciences Humaines.)

eu quem faz meu coração bater. Abandonar assim a filosofia dos Erlebnisse e passar à filosofia da nossa *Urstiftung*.

....

26 de novembro de 1959

Uma "direção" de pensamento – Isso não é uma *metáfora* – Não há
metáfora entre o visível e o invisível, (o invisível: ou o meu pensamento
privado (para mim), ou o sensível do outro para mim): *metáfora* é demasiado ou demasiado pouco: demasiado, se o invisível é verdadeiramente
invisível, demasiado pouco, se se presta à transposição –
   Não há metáfora 1) porque o pensamento comporta uma quase
localidade a ser descrita (localidade não de inerência a um ponto espaciotemporal – mas localidade por atamento elástico: não se pode dizer
que um espírito está aqui, mas se pode, contudo, dizer que *não* esteja *lá*
– esta negação por proximidade estende-se a todas as partes do mundo
e do corpo próprio, – e, no entanto, há uma localidade de aplicação e,
dito isso, há um teatro da aparição do outro)
   2) porque a localidade originária, mesmo no que diz respeito às
"coisas", ou à "direção" de um movimento de coisas, não é, ademais, identificável no espaço objetivo, relação *no* espaço objetivo – Uma *direção* não
está *dentro do* espaço: existe em forma de filigrana através dele – É, portanto, transponível para o pensamento –
   O espírito não está nem aqui, nem aqui, nem aqui... E, no entanto,
está "adstrito", "ligado", *não* existe *sem laços* – Negação da negação e posição: não há que escolher entre elas. O espírito não é, em lugar algum
objetivo e, no entanto, aplica-se num local a que chega pela periferia, e
que envolve por completo, como a minha localidade para-mim é o ponto que me é mostrado por todas as linhas de fuga de minha paisagem, e
que é, ele próprio, *invisível*.

Leibniz

Dezembro de 1959

Negando a concepção da percepção-reprodução (acerca do meu
corpo em si da coisa exterior em si), abro o acesso a um Ser bruto com o
qual não estarei na relação do *sujeito com o objeto*, e ainda menos na
relação do efeito com a causa. A relação do *In der Welt Sein* vai manter o
lugar ocupado, em Leibniz, pela relação de expressão recíproca das perspectivas tomadas sobre o mundo e, portanto, por deus como único autor
destas diversas perspectivas que dele emanam como se fossem pensamentos. Certamente que o Ser assim descoberto não é o deus de Leibniz,
a "monadologia" assim desvelada não é o sistema das mônadas – substâncias, – mas certas descrições leibnizianas, – que cada um dos pontos
de vista sobre o mundo é um mundo à parte, que contudo "aquilo que é
particular para um seja público para todos", que as mônadas estejam

entre si e com o mundo numa relação de expressão, que se distingam entre elas e do mundo como perspectivas, – devem ser conservadas integralmente, retomadas no Ser bruto e separadas da elaboração substancialista e onto-teológica por que L. as faz passar –

A expressão do universo em nós não é decerto a harmonia entre a nossa mônada e as outras, a presença nela das ideias de todas as coisas – mas o que constatamos na percepção, tomando tal e qual em lugar de *explicá-lo*. Nossa alma não tem janelas: isso quer dizer *In der Welt Sein* –

A harmonia pré-estabelecida (como o ocasionalismo) mantém sempre o em si e liga-o apenas com aquilo que experimentamos através de uma relação de substância com substância fundada em deus, – em lugar de fazer dele a causa de nossos pensamentos – mas trata-se justamente de rejeitar inteiramente a ideia do Em-si –

É a retomada do tema da percepção que altera o alcance da ideia leibniziana da expressão.

Mundo vertical e história vertical
"Mundo"

Dezembro de 1959

Um "mundo" (é todo um mundo, o mundo do som, da cor etc…) = um conjunto organizado, que é *fechado, mas* que estranhamente, é representativo de todo o resto, possui seus símbolos, seus equivalentes para tudo o que não é ele. A pintura para o espaço, por exemplo.

Um "mundo" tem dimensões. Por definição, elas não são as únicas possíveis (pela passagem a uma 3ª dimensão, seres espaciais separados nas duas primeiras podem ser religados). Mas, também por definição, possuem valor de membrura, são mais que singularidades de conteúdo: os valores num desenho a carvão são representativos do todo.

Assim o quadro é um "mundo" por oposição ao mundo único e "real" – Forma unidade, em todo o caso, com todos os outros quadros – Os *mesmos* elementos sensíveis não têm aí o significado que possuem no mundo prosaico.

Substituir as noções de conceito, ideia, espírito, representação pelas noções de *dimensões*, articulação, nível, charneiras, pivôs, configuração – O ponto de partida = a crítica da concepção usual da *coisa* e de suas *propriedades* -" crítica da noção lógica do sujeito, e da inerência lógica -> crítica da significação *positiva* (diferenças de significações), a significação como distanciamento, teoria da predicação – fundada sobre essa concepção diacrítica.

A passagem a uma dimensão superior = *Urstiftung* de um sentido, reorganização. Em que sentido é preparada na estrutura dada? Como a estrutura sensível não pode ser compreendida a não ser através da sua relação com o corpo, com a carne, – a estrutura invisível não pode ser compreendida sem a relação com o logos, a palavra – O sentido invisível é a nervura da palavra – O mundo da percepção caminha coincidindo com o do movimento (que também é *visto*) e inversamente o movimento tem [olhos?] Do mesmo modo, o mundo das ideias invade a linguagem

208

(pensamos a linguagem) que por sua vez invade as ideias (pensamos porque falamos, porque escrevemos) –

As palavras dos outros fazem-me falar e pensar porque criam em mim outro diferente de mim, um afastamento em relação a... o que vejo e assim mo designam a mim próprio. As palavras do outro constituem a grade por meio da qual diviso o meu pensamento. Já o possuía antes dessa "conversa falada"? Sim, enquanto tom único fundamental, *Weltthesis*, mas não como *pensamentos*, significações ou enunciados – Decerto, é preciso pensar para poder falar, mas pensar no sentido de estar no mundo ou no Ser vertical de *Vorhabe*. Os pensamentos são a moeda desse ser global – Delimitações – no interior dele.

Husserl lebendige Gegenwart[54]

Dezembro de 1959

O meu corpo nunca está *em movimento perspektivisch* como as outras coisas –

Não está, além do mais, *em repouso* como algumas delas. Está aquém do repouso e do movimento objetivos –

Os movimentos que realizará através do *Ich gehe* (e que não são perspectivos) serão sempre *repousos possíveis* para cada momento: *Possíveis* em que sentido? Não se trata certamente de certo *Ort, onde* o meu corpo *poderia* estar, i. e, da evocação de uma possibilidade lógica de aí encontrá-lo. Trata-se de um recurso – de um eu posso.

Veränderung e *Unveränderung* – Fazer uma doutrina do negativo acerca destes fenômenos. O positivo e o negativo são os dois "lados" de um Ser; no mundo *vertical*, todo o ser tem essa estrutura (A essa estrutura está ligada a ambiguidade da consciência, e mesmo uma espécie de "cegueira" da consciência, de imperceção na percepção – Ver é não ver, – ver outrem é, essencialmente, ver meu corpo como objeto, de maneira que o corpo-objeto de outrem possa ter um "lado" psíquico. A experiência do meu corpo e a do outro são elas próprias os dois lados de um mesmo ser: quando digo que vejo o outro, acontece sobretudo que objetivo meu corpo, outrem é o horizonte ou o outro lado dessa experiência – É assim que se fala ao *outro*, embora só se tenha relação consigo).

Contra a doutrina da contradição, da negação absoluta, do *ou... ou então* – A transcendência é a identidade na diferença.

---

54. Alusão a um inédito de Husserl classificado sob a menção D. 12. IV, e reproduzido sob o título *Die Welt der lebendigen Gegenwart und die Konstitution der ausserleiblichen Umwelt* em: *Philosophy and Phenomenological Research*. Vol. 6 nº 3, março de 46.

Ciência e ontologia

Segunda-feira 4 de Janeiro de 1960

Justificar a ciência como operação na situação dada de conhecimento, – e assim fazer surgir a necessidade da ontologia "complementar" dessa ciência operacional –
Caracterizar o tratamento científico do ser, tempo, evolução, etc. como uma localização dos "contornos" do Universo ou dos "traços" dos Seres, uma explicação sistemática, daquilo que eles implicam, em virtude de seu papel de *charneiras*. *Por princípio* a ciência não é *exaustão*, mas retrato fisionômico – Sua liberdade de manipulação, sua liberdade operacional é imediatamente sinônima de uma intraontologia. A equivalência que a geometria analítica estabelece entre espaço e número deve ser entendida não como espiritualização do espaço (Brunschwicg) mas outro tanto como uma espacialização da inteligência, como uma intuição da equivalência ontológica do espaço e do número perante um sujeito de conhecimento *mundano*.

O paralelismo dedução científica-fatos experimentais não é nem para ser contestado nem para ser compreendido como prova de um *realismo* da ciência. Está fundado sobre o fato de que a ciência dedutiva explicita as estruturas, os pivôs, certos traços da membrura do mundo. Essa *verdade* da ciência, longe de tornar inútil uma filosofia, não está fundada e garantida senão por uma relação de transcendência com o Ser, uma inerência do sujeito e do objeto da ciência com um Ser pré--objetivo.

Escala – Significação ontológica dessa noção.
Endo-ontologia cf. o absoluto fenomenológico de Husserl.

20 de janeiro de 1960

É superação da ontologia do Em-si, – e exprime-a em termos de em si – Escala (graduação): noção *projetiva*: imagina-se um ser em si descrito num plano em si, onde figura transposto segundo tal proporção que as representações dele em diversas escalas são diferentes "quadros visuais" do mesmo em si – Dá-se um passo mais suprimindo o *Em si modelo*: não restam mais do que representações em escalas diferentes. Mas elas permanecem na ordem do "quadro visual" ou do em si por inevitável inconsequência, isso, enquanto não se tiver acesso à problemática da filosofia. – Trata-se de compreender que as "visões" em escalas diferentes não são projeções sobre corporeidades – anteparos de um Em si inacessível, que elas e sua implicação lateral uma na outra são exatamente a realidade; que a realidade é uma membrura comum, seu núcleo, e não algo *por trás delas*: atrás delas, só existem outras "visões" concebidas ainda segundo o esquema em-si-projeção. O real existe *entre elas*, aquém delas. O macro-fenômeno e o microfenômeno não são duas projeções + ou – engrandecidas com um real em si *atrás deles*: os macrofenômenos da evolução não são menos reais, os microfenômenos *não mais reais*. Não existe hierarquia entre eles.

O conteúdo da minha percepção, microfenômeno, e a visão em grande escala dos fenômenos-envólucros não são duas projeções do Em si: o Ser é a sua membrura comum. Cada campo é uma dimensionalidade e o Ser é *a* própria dimensionalidade. É, portanto, acessível também através da minha percepção. É ela mesma quem me oferece como espetáculo a transferência de transcendência lateral das "aparências" à essência como núcleo de *Wesen* (verbal) – Os conhecimentos em > ou em < escala (macrofenômenos-micro-físicos) são determinação em pontilhado (através de instrumento matem., i. e., inventário das estruturas) dos núcleos de ser cuja atualidade só a percepção me dá e que não podem ser concebidos senão por empréstimos à sua membrura.

É preciso suprimir o pensamento causal que é sempre: visão do mundo exercida de fora, do ponto de vista de Kosmotheoros levando consigo como antítese o movimento de retomada reflexiva antagonista e inseparável – Não é mais necessário que eu me pense *no mundo*, no sentido da espacialidade objetiva, o que vem a ser repor-me e instalar-me no *Ego uninteressiert* – O que substitui o pensamento causal, é a ideia da transcendência, isto é, de um mundo visto na inerência a esse mundo, graças a ela, de uma Intra-ontologia, de um Ser englobante-englobado, de um Ser vertical, dimensional, dimensionalidade – E o que substitui o movimento antagonista reflexivo e solidário (a imanência dos "idealistas") é dobra ou vazio do Ser possuindo por princípio um *exterior*, a arquitetônica das configurações.

Não existe mais
– consciência
– projeções
– Em si ou objeto

Existem campos em interseção, num campo dos campos onde as "subjetividades" são integradas, como Husserl indica em Inédito acerca da teleologia e do absoluto fenomenológico, pois que elas levam na sua infraestrutura uma *leistende subjectivität* inteiramente *apoiada* nelas.

O Invisível, o negativo, o Ser vertical

Janeiro de 1960

Certa relação entre o visível e o invisível, onde o invisível não é apenas não-visível[55] (o que foi ou será visto e não o é, ou aquilo que é visto por outro diferente de mim, não por mim), mas onde sua ausência conta para o mundo (ele está por "detrás" do visível, visibilidade iminente ou eminente, é *Urpräsentiert* justamente como *Nichturpräsentierbar*, como outra dimensão) onde a lacuna que marca o seu lugar é um dos

---

55. Ou *possivelmente* visível (em diferentes graus de possibilidade: o passado pôde ser visto, o futuro poderá sê-lo).

pontos de passagem do "mundo". É este negativo que torna possível o mundo *vertical*, a união dos incompossíveis, o ser da transcendência e o espaço topológico e o tempo da juntura e membrura, de disjunção e des--membramento[56], – e o possível como pretendente à existência (de que "passado" e "futuro" não são senão expressões parciais) –, e a relação macho-fêmea (os dois pedaços de madeira que as crianças vêm ajustar-se por si-próprios irresistivelmente porque cada um é o *possível do outro*), – e o "afastamento", e a totalidade por cima dos afastamentos, – e a relação pensado-impensado (Heidegger) – a relação de *Kopulation* em que duas intenções têm *uma só Erfüllung*.

Janeiro de 1960

Também Husserl pensa que só é possível um mundo, este (*cf* inéditos da Sorbonne[57]: unicidade do mundo, *como de Deus*). Os "outros mundos possíveis" são variantes ideais deste. – Mas este único possível que é o nosso mundo não é em seu próprio tecido, feito de atualidade – A noção leibniziana do possível como não-contraditório, como não comportando negatividade, não é o contrário do atualismo: é a sua contrapartida, é positivista como ela. E o atual, finalmente, em Leibniz não é senão o caso limite dessa possibilidade, a possibilidade plena é aquilo que não envolve contradição moral, o que não é mau ou que é *o melhor possível* no duplo sentido de: tão bom quanto se possa, e o melhor dos possíveis do mundo. Com Husserl a unicidade do mundo significa não que ele é atual e que qualquer outro mundo é imaginário, não que é em si e o outro mundo para nós apenas, mas que está na raiz de todo pensamento dos possíveis, que se rodeia mesmo de um halo de possibilidades que são os seus atributos, que são *Möglichkeit an Wirklichkeit* ou *Weltmöglichkeit*, que tomando de si a forma do mundo, este ser singular e percebido tem como destino natural ser e abraçar tudo o que se possa conceber de possível, ser *Weltall*. Universalidade do nosso mundo, não segundo seu "conteúdo" (estamos longe de conhecê-lo todo), não como fato gravado (o "percebido") mas segundo sua configuração, sua estrutura ontológica, que envolve todo o possível e à qual todo o possível reencaminha. A variação eidética, pois, não me faz passar a uma ordem das essências separadas, a um possível lógico, a invariante que ela me proporciona é invariante estrutural, um Ser de infraestrutura que, em última análise, só ganha sua *Erfüllung* na *Weltthesis* deste mundo.

Problemática do visível e do invisível

Janeiro de 1960

Princípio: não considerar o invisível como *outro visível* "possível", ou um "possível" visível para outro: isso seria destruir a membrura que

56. É a mesma coisa: a [?] é *Kopulation* (Husserl).
57. Inédito, 1930, classificado com a menção E. III. 4.

nos une a ele. Além disso, como esse "outro" que o "veria", – ou esse "outro mundo" que ele constituiria ligar-se-ia necessariamente ao nosso, a verdadeira possibilidade reapareceria necessariamente nessa ligação – O invisível reside *aí* sem ser *objeto*, é a pura transcendência, sem máscara ôntica. E os próprios "visíveis" no final também estão apenas centrados sobre um núcleo de ausência –

Propor a questão: a vida invisível, a comunidade invisível, o outro invisível, a cultura invisível.

Fazer uma fenomenologia do "outro mundo", como limite de uma fenomenologia do imaginário e do "oculto" –

Percepção – Movimento – Unidade primordial do campo sensível – Transcendência sinónimo de encarnação – Endo-ontologia – Alma e corpo – Integração e diferenciação qualitativas –

Janeiro de 1960

Quando eu me movo, as coisas percebidas possuem um deslocamento aparente que é inversamente proporcional à sua distância – as mais próximas movem-se mais – A amplitude do deslocamento pode servir de índice à distância.

Capital: é absolutamente *artificial* recompor o fenômeno como o faz a óptica geométrica, construí-lo a partir do deslocamento angular na retina das imagens correspondendo a *tal* ou *tal* ponto.

Ignoro essa geometria e, fenomenalmente, o que me é dado é apenas a *diferença* entre o que se passa a tal e tal distância, é a integral dessas diferenças e não um feixe de *deslocamentos* ou *não-deslocamentos* deste gênero; os "pontos" que a análise óptico-geométrica se "dá", são fenomenalmente não pontos mas estruturas minúsculas, mônadas, pontos *metafísicos* ou transcendências. Como nomear este sistema de diferenciação de *Veränderung* e de *Unveränderung*? Na verdade qualificá-lo assim, descrevê-lo assim, já é substituir-lhe sua "projeção" sobre um espaço de análise objetivo? Na verdade, movimentos, repouso, distâncias, grandezas aparentes, etc, são apenas diferentes índices de refração do meio transparente que me separa das *próprias coisas*, diferentes expressões deste intumescimento coerente através do qual se mostra e se oculta o Ser. Levantar o problema do poder de tal ou qual índice de distância, como o faz a psicologia, já é romper a unidade estrutural do mundo e adotar a atitude isolante. Primazia absoluta do Mundo e do Ser para uma filosofia "vertical" que toma verdadeiramente a percepção no presente –

Para essa mesma filosofia, portanto, os fenômenos "parciais" (aqui *Veränderung*, ali *Unveränderung*), não devem ser considerados como positivos, representados através de um esquema *geométrico* em que linhas positivas sobre um *fundo* neutro reúnem os *pontos* positivos. Pelo contrário, cada uma destas linhas, cada um destes pontos resultam, por diferenciação e objetivação, do movimento de *Übergang* e da imbricação intencional que varre o campo. Primazia absoluta do movimento, não

213

como *Ortsveränderung* mas como instabilidade, instituída pelo próprio organismo (*cf.* F. Meyer[58]), como *flutuação organizada por ele*, e portanto, por isso mesmo dominada. A minha mobilidade é o meio de compensar a mobilidade das coisas, e portanto de compreendê-la e sobrevoá-la. É por princípio que toda percepção é movimento. E a unidade do mundo, a unidade do percebedor constituem essa unidade viva de deslocamentos compensados. Existe um ponto de fixação que não se movimenta nos movimentos de meu corpo (compensados pelos dos olhos); aquém, existem deslocamentos aparentes dos objetos no movimento de minha cabeça, além existem deslocamentos aparentes de sentido inverso: uns e outros são variantes em maior ou menor grau da *Unveränderung* do ponto fixado (a qual tem origem no fato de que meus olhos se movem compensando os movimentos de minha cabeça) – A fixidez do ponto fixado e a mobilidade do que está aquém e além não são fenômenos parciais, locais, e nem mesmo, um feixe de fenômenos: é uma única transcendência, uma série única graduada por *afastamentos* – A estrutura do campo visual, com suas proximidades, lonjuras, seu horizonte, é indispensável para que exista *transcendência*, o modelo de toda transcendência. Aplicar à percepção do espaço o que eu disse da percepção do tempo (em Husserl): o diagrama de Husserl como projeção *positivista* do turbilhão da diferenciação temporal[59]. E a análise *intencional* que tenta compor o campo com fios intencionais não vê que os fios são emanações e idealizações de um tecido, diferenciações do tecido.

Se se restabelece esse ponto de vista vertical-perceptivo do mundo e do ser, não há lugar para procurar construir no corpo objetivo, como o faz a fisiologia nervosa, toda uma espessura de fenômenos nervosos ocultos, graças aos quais os *stimuli* definidos objetivamente seriam *elaborados* em percepção total. A mesma crítica aplica-se a estas reconstruções fisiológicas e à análise intencional: umas e outras veem que com esses termos e essas relações *positivas* nunca se construirá a percepção e o mundo percebido. A tentativa é *positivista*: com *innerweltlich*, com traços do mundo, *fabricar* a arquitetônica do *Welt*. É um pensamento que faz como se fosse dado o mundo inteiramente positivo e se tratasse de fazer surgir dele a percepção do mundo considerada como inexistente de início. Esta problemática é do tipo: por que existe uma percepção do mundo *em vez de nenhuma!* É pensamento causal, positivista, negativista. Partindo do positivo, é obrigada a nele cavar lacunas (o organismo como *cavidade*, a subjetividade como reduto do para si) e deseja paradoxalmente que essas lacunas sejam dispositivos, organizações de funcionamentos nervosos... É tarefa impossível. E acarreta a falsa ideia de que possuímos apenas o resultado dessas operações complicadas, que estamos, sobre um mar de processos dos quais nada sabemos. Postulado de que a única *Weltlichkeit* do espírito é do tipo de *Weltlichkeit* por causalidade estreita, do tipo da que reina entre as *Blosse Sachen* cartesianas

58. François Meyer, *Problématique de l'évolution*, PUF, 1954.
59. Nota 31.

214

– Isso que se [?] os processos psicológicos (inconscientes) ou os processos fisiológicos ("mistério" do cérebro). Criticar o inconsciente de Freud sob este ângulo: como é preciso regressar ao fenomenal para compreender o pretenso jogo dos "índices" perceptivos, – que se esclarece de uma vez só quando se reencontra a evidência das equivalências do *mundo* –, da mesma forma que é preciso compreender a sobredeterminação, a ambiguidade das motivações voltando a encontrar a nossa vinculação quase-perceptiva com o mundo humano através de existenciais muito simples e de maneira alguma ocultos: estão somente, como todas as estruturas, *entre* os nossos atos e desígnios, e não atrás deles – Redescrever toda a vida inter-humana e mesmo espiritual nestes termos, a *Weltlichkeit* do espírito, sua não insularidade, seus laços com os outros espíritos e com a verdade, também devem ser compreendidos como diferenciações de uma arquitetônica espaciotemporal –

Feito isso, não cabe mais levantar o problema das relações da *alma* e do *corpo* como de duas substâncias positivas, nem introduzir uma "instituição da natureza" que sujeitou a alma a funcionar segundo dispositivos do corpo, e também o corpo a fornecer pensamentos prontos à alma, – nem admitir um *paralelismo* que é contrassenso completo, pois que pressupõe que alma e corpo contenham respectivamente uma série ligada de fenômenos ou de ideias rigorosamente contínua. O laço da alma e do corpo não é mais paralelismo (e finalmente identidade num Ser infinito objetivo de que a totalidade corpo e a totalidade alma são duas expressões), – e não é mais opacidade absoluta de uma instituição que liga por eficácia [irrisória?] duas ordens cada uma das quais autossuficiente – Deve ser compreendido como laço do convexo e do côncavo, da abóbada sólida e do vazio que ela acomoda: Nenhuma correspondência (paralelista ou de puro ocasionalismo) pode ser encontrada entre o que se passa "no corpo" e o "que se passa na alma" na percepção: far-se-ia o mesmo contrassenso buscando no mundo físico um equivalente exato dos organismos ou nos organismos, uma explicação microcausal integral – A alma está *plantada* no corpo como a estaca no solo, sem correspondência pontual entre solo e estaca – ou antes: a alma é o vazio do corpo, o corpo é o preenchimento da alma. A alma adere ao corpo como a significação adere a essas coisas culturais das quais ela é o avesso ou outro lado –

Mas isto (cheio e vazio) não é suficiente: porque o idealismo também diz isso, e não no mesmo sentido em que o dizemos. A alma, o para si é um *esvaziado e não um vazio*, não não-ser absoluto em relação a um Ser que seria a plenitude e núcleo duro. A sensibilidade dos outros é o "outro lado" do seu corpo estesiológico. E esse outro lado, *nichturpräsentierbar*, posso adivinhá-lo, pela articulação do corpo do outro com o *meu sensível*, articulação que não me esvazia, que não é hemorragia da minha "consciência", mas que, pelo contrário, me desdobra num *alter ego*. O outro nasce no corpo (de outrem) por falsa base desse corpo, seu investimento num *Verhalten*, sua transformação interior de que sou testemunha. O acasalamento dos corpos, isto é, o ajustar de suas intenções *numa só Er-*

füllung, numa só parede em que se chocam dos dois lados, está latente na consideração de um só mundo sensível, participável por todos, e oferecido a cada um. A unicidade do mundo visível, e por extensão, invisível, tal como se oferece pela redescoberta do Ser vertical, é a solução do problema das "relações entre a alma e o corpo" –

Aquilo que dissemos no início acerca de minha percepção como integração-diferenciação, minha montagem a partir de um sistema diacrítico universal, faz da minha encarnação não uma dificuldade, um defeito no diamante transparente da filosofia, – mas o fato típico, a articulação essencial da minha transcendência constitutiva: é preciso que um corpo perceba os corpos se me cumpre não ignorar-me –

Quando o organismo de embrião começa a perceber não há criação pelo corpo em si de um Para-si e não há descida ao corpo de uma alma preestabelecida, acontece que o turbilhão da embriogênese repentinamente se centra sobre o oco interior que ela preparava – Certo afastamento fundamental, certa dissonância constitutiva emerge – O mistério é o mesmo que faz uma criança vacilar na linguagem e aprender, o mesmo que faz um ausente chegar e (voltar) a estar presente. Também o ausente é em si; não conta para o relevo do "vertical"[60]. É na estrutura universal "mundo", – invasão de tudo por tudo, ser de promiscuidade, – que se acha a reserva de onde provém essa nova vida absoluta. Toda verticalidade vem do Ser vertical –

É preciso habituarmo-nos a compreender que o "pensamento" (*cogitado*) não é contato invisível de si consigo, vive fora dessa intimidade consigo, *perante* nós, não em nós, sempre excêntrico.

Do mesmo modo que se encontra o campo do mundo sensível como interior-exterior (cf. no início: como adesão global à infinidade dos índices e das motivações motoras, como meu modo de pertencer a este *Welt*), assim também é preciso reaprender como a realidade do mundo inter--humano e da história, uma superfície de separação entre mim e o outro que é também o lugar de nossa união, a *Erfüllung* única de sua vida e de minha vida. É em direção a essa superfície de separação e união que se dirigem os existenciais da minha história pessoal, ela é o local geométrico das projeções e introjeções, a charneira invisível sobre a qual a minha vida e a vida dos outros giram para balouçar de uma para outra a membrura da intersubjetividade.

Corpo humano – Descartes

1 de fevereiro de 1960

A ideia cartesiana do corpo humano enquanto humano *não encerrado*, aberto enquanto governado pelo pensamento, é, talvez, a mais profunda ideia da união da alma com o corpo. É a alma intervindo num

60. Cf. Freud, o luto.

corpo que *não pertence ao em si* (se fosse em si, seria fechado como um corpo animal), que só pode ser corpo e vivente – humano concluindo-se numa "visão de si" que é o pensamento –

Husserl: o Erwirken do Pensamento e a historicidade
Concepção "vertical" do Pensamento

Fevereiro de 1960

Husserl: os *Gebilde* de que o *Seinsart* é a *Gewordenheit aus mensch-lichen Aktivität* são *originar "erfasst"* num puro *"Erwirken"* (Texto da *Ursprung* editado por Fink[61], que não é recolhido por Lovaina).

Extraordinário: a consciência que tenho de *produzir* os meus pensamentos, as minhas significações é idêntica à minha consciência de sua origem "humana" – É precisamente enquanto não residir no invisível, fora de toda a natureza, de todo o Ser, liberdade radical, portanto, que o pensamento é o laço com uma atividade humana – Junto-me ao *homem* precisamente em meu não ser absoluto. A humanidade é sociedade invisível. A consciência de si forma sistema com a consciência de si do outro, precisamente pela sua solidão absoluta –

Não gosto disto – Está muito próximo de Sartre – mas supõe um *corte* atividade-passividade que o próprio Husserl sabe que não existe, pois que há uma passividade secundária, pois que todo *Vollzug* é um *Nachvollzug* (mesmo o primeiro: a linguagem e sua referência a um *Vollzug* antes de todo *Vollzug*) uma vez que a sedimentação é o único modo de ser da idealidade –

Desejaria desenvolver isso no seguinte sentido: o invisível é um oco no visível, uma dobra na passividade, não produção pura. Para tanto, fazer análise da linguagem, mostrando até que ponto é deslocamento quase natural.

Mas o que é belo é a ideia de tomar ao pé da letra o *Erwirken* do pensamento: aí temos, realmente *vazio, invisível* – Toda a quinquilharia positivista dos "conceitos", dos "juízos", das "relações" é eliminada, e o espírito brota como água na fissura do Ser – Não há que buscar coisas espirituais, não existem senão estruturas do vazio – Simplesmente, quero plantar este vazio no Ser visível, mostrar que ele é o seu *avesso*, – em particular, o avesso da linguagem.

Assim como se torna necessário reconstituir o mundo visível *vertical*, assim também existe uma visão *vertical* do espírito, segundo a qual o espírito não é feito de uma multiplicação de lembranças, imagens, juízos,

---

61. Edmund Husserl *Die Frage nach dem Ursprung der Géométrie ais intentional-historisches Problem.* (A pergunta pela origem da Geometria como problema histórico-intencional) – Revue Internationale de Philosophie 1º ano n° 2, 15 de janeiro de 1939 p. 209.
(N.T. – a estupenda tradução e introdução da mesma obra por Jacques Derrida, Puf. 1962).

217

é um movimento único que se pode trocar em juízos, recordações, mas que os conserva num só feixe como uma *palavra* espontânea contém todo um devir, como *uma só fechadela de* mão contém todo um pedaço de espaço.

Essência – Negatividade

Fevereiro de 1960

Não oponho qualidade a quantidade, nem percepção a ideia – Busco no mundo percebido núcleos de sentido que são invisíveis não no sentido da negação absoluta (ou da positividade absoluta do "mundo inteligível"), mas no sentido da *outra dimensionalidade*, como a profundidade se torna vazio atrás da altura e da largura, como o tempo se esvazia atrás do espaço – A outra dimensionalidade enxerta-se nas precedentes a partir de um ponto *zero* de profundidade por ex. Mas isso mesmo está encerrado no Ser como dimensionalidade universal.

A variação eidética de Husserl, e sua invariante só designa estas *charneiras* do Ser, estas estruturas acessíveis, tanto através da qualidade quanto da quantidade.

Para estudar a inserção de toda dimensionalidade no Ser – estudar a inserção da profundidade na percepção, e a da linguagem no mundo do silêncio – Mostrar que não existe variação eidética sem *fala*; mostrá-lo a partir do *imaginário* como suporte de variação eidética, e da fala como suporte do imaginário –

Problema do negativo e do conceito Gradiente

Fevereiro de 1960

O problema da negatividade é o problema da profundidade. Sartre fala de um mundo que é, não vertical, mas em si, isto é, plano, e para um nada que é abismo absoluto. Nele não há, finalmente, profundidade, porque ela é sem fundo – Para mim, o negativo nada quer dizer, e o positivo também não (são sinônimos), e isso não por apelo a uma vaga "mistura" do ser e do nada, a estrutura não é "mistura". Meu ponto de partida está onde Sartre tem seu ponto de chegada, no Ser retomado pelo para Si – Este é seu ponto de chegada porque ele parte do ser e da negatividade e *constrói* sua união. Para mim é a estrutura ou a transcendência quem explica, e o ser e o nada (no sentido de Sartre) são duas propriedades abstratas. Para uma ontologia do interno, não há que construir a transcendência, ela existe de início, como Ser *forrado* de nada, e o que há a explicar é o seu desdobramento (coisa aliás, jamais feita) – Descrever a estrutura, tudo está aí, e a integração das estruturas no *Sein*, e o sentido como sentido de investimento (o sentido da palavra que digo a alguém "cai-lhe em cima", *toma-o*, antes de ele ter compreendido, arranca-lhe a resposta – Estamos na humanidade como horizonte do Ser, porque o horizonte é aquilo que nos *rodeia* a nós não menos do que às coisas. Mas é o horizonte, não a humanidade, que é o ser – *Como a humanidade* (*Menschheit*), *todo conceito é, de início, generalidade de horizonte, de estilo* – Não existe mais problema do conceito, da generalidade, da ideia quando se compreende que o próprio sensível é, *invisível*, que o *amarelo* é capaz de erigir-se em nível ou horizonte –

Em Sartre sou sempre *eu* que faço a profundidade, que a cavo, que tudo faço e me fecho dentro da minha prisão –

Para mim, ao contrário, mesmo os atos caracterizados, as decisões (a ruptura de um comunista com o Partido), *não é um não-ser que se faz ser* (*ser comunista ou ser não comunista*) – Estas decisões que *cortam* são ambíguas para mim (comunista fora do comunismo se rompo, não comunista no comunismo, se me alisto novamente), e essa ambiguidade, é preciso confessá-la, dizê-la, é do mesmo tipo que a imparcialidade da história passada, quando coloca as nossas escolhas antigas ou as doutrinas antigas para além do verdadeiro e do falso para mim a verdade é este além da verdade, esta profundeza onde existem ainda diversas relações a considerar.

O conceito, a significação são o singular *dimensionalizado*, a estrutura *formulada*, e não existe visão dessa charneira invisível; o nominalismo tem razão: as significações são apenas *afastamentos definidos* –

O gradiente: não o ser linear, mas o ser estruturado

Os atos "representativos" e os outros – Consciência e existência

Fevereiro de 1960

Husserl admitia (L.U.)[62] que os atos representativos são sempre fundentes em relação aos outros, – e que os outros não se reduzem a isso – a consciência era definida por prioridade, como conhecimento, mas admitia-se que o *Werten* é original –

Esta é a única posição possível numa filosofia da consciência –

É ainda conservada nos Inéditos nos quais, por ex., o instinto sexual é considerado "do ponto de vista transcendental"?[63] Não significa isso que os "atos" (?) não representativos possuem função ontológica? Mas como podem tê-la em pé de igualdade, eles que não fornecem "objetos" e que são antes *fungierende* do que *atos*? (como o tempo) Na realidade, a solução das L.U. é provisória, ligada ao poderio do método eidético, isto é, da reflexividade – Corresponde a um período em que Husserl distinguia calmamente o refletido e o irrefletido (a linguagem que funciona e a linguagem como idealidade) como *Wesen* e *Tatsache* – Se ficássemos por aí, a intervenção dos "atos não objetivantes", a sua função ontológica seria pura e simplesmente inversão da consciência, irracionalismo.

62. Edmund Husserl – *Investigações lógicas*.
63. Inédito intitulado *Universale Teleologie*, com a referência E 1115, publicado e traduzido em italiano, no volume *Tempo e Intentionalita*. Em Archivio di Filosofia. Organo dell'Istituto di Studi filosofici. Anton. Milani ed., Pádua, 1960.

Não se sai do dilema racionalismo-irracionalismo, enquanto se pensar a "consciência" e os "atos" – O passo decisivo é reconhecer que uma consciência é, na verdade, intencionalidade sem atos, *fungierende*, que os próprios "objetos" da consciência não são o positivo *diante* de nós, mas núcleos de significação em torno dos quais gira a vida transcendental, vazios especificados – e que a própria consciência é um *Urpräsentierbar* para si que é presentificado como *Nichturpräsentierbar* para outrem, que o sentir é uma *Urpräsentation* daquilo que por princípio é *Nichturpräsentierbar, o* transcendente, a coisa, o "*quale*" tornado "nível" ou dimensão, – que o quiasma, a "imbricação" intencional são irredutíveis, o que leva a abandonar a noção de sujeito, ou a definir o sujeito como campo, como sistema hierarquizado de estruturas abertas por um *há* inaugural.

Esta reforma da "consciência" faz imediatamente com que as intencionalidades não objetivantes não estejam mais na alternativa de serem *subordinadas* ou *dominantes*, que as estruturas da efetividade sejam constituintes pelo mesmo motivo que as outras, simplesmente porque já são as estruturas do conhecimento sendo as da *linguagem*. Não há mais que perguntar por que possuímos, além das "sensações representativas", *afecções*, pois que também a sensação representativa (tomada "verticalmente" na sua inserção na nossa vida) é afecção, sendo presença no mundo através do corpo e presença no corpo através do mundo, sendo *carne*, e a linguagem também. A Razão também está *neste* horizonte – promiscuidade com o Ser e o mundo.

Filosofia da fala e mal-estar da cultura

Março de 1960

Uma filosofia da fala tem o perigo de justificar a proliferação indefinida dos escritos, – e mesmo dos pré-escritos (notas de trabalho – *Forschungsmanuskript* de Husserl. Noção nele do *Arbeitsprobleme* – Arbeit: essa empresa impossível de apreender no fato consciência transcendental), – o hábito de falar sem saber o que se diz, a confusão do estilo e do pensamento etc.

Todavia 1) sempre assim foi de fato – os trabalhos que escapam a esta abundância são trabalhos "*universitários*"

2) existe um remédio, não o de regressar ao método norte-americano analítico-universitário – isso seria voltar aquém – mas passar além, recolocando-se em face das coisas

Raios de passado
de mundo

Março de 1960

O monólogo interior, – a própria consciência deve ser compreendida não como uma série de *eu penso que* individuais (sensíveis ou não sensíveis), mas como abertura para configurações ou constelações *gerais*, raios de passado, raios de mundo no término dos quais, através de inúmeras "lembranças anteparos" salpicadas de lacunas e de imaginário, palpitam algumas estruturas quase sensíveis, algumas recordações individuais. Foi a idealização cartesiana aplicada ao espírito como às coisas (Husserl) que nos persuadiu de que éramos um fluxo de *Erlebnisse* individuais, nós que somos um campo de Ser. Mesmo no presente, a paisagem é configuração.

As "associações" da psicanálise são, na realidade, "raios" de tempo e mundo.

Por ex. a "lembrança anteparo" de uma borboleta de listras amarelas (Freud, *L'Homme aux loups* p. 394)[64] revela à análise uma ligação com peras amarelas que lembram, em russo, *Grucha* que e o nome de uma criada jovem. Aí não há 3 recordações: a borboleta – a pera – a criada (com o mesmo nome) "associadas". Há certo jogo da borboleta no *campo* colorido, certo *Wesen* (*verbal*) da borboleta e da pera, – que comunica com o *Wesen* próprio da linguagem *Grucha* (em virtude da força de encarnação da linguagem) – Há três *Wesen* ligados pelo seu centro, pertencendo ao mesmo sulco do Ser. A análise mostra, além disso, que a criada abriu as pernas como a borboleta, as asas. Portanto há *sobredeterminação* da associação – Talvez válida, em geral: não há associação que funcione se não houver sobredeterminação, isto é, uma relação de relações, uma coincidência que não pode ser fortuita, que tem sentido *ominal*. O Cogito tácito só "pensa" sobredeterminações. I. e, matrizes simbólicas – A sobredeterminação sobrevém *sempre*: o movimento retrógrado do verdadeiro (= preexistência do ideal) (i. e, segundo Husserl o próprio fato da palavra como invocação do nomeável) sempre fornece outras razões para uma dada associação –

Ver, acerca disso, a Psicopatologia da vida quotidiana – (cf. em Cinco Psicanal., p. 397: o sujeito sonha com uma *Espa* a quem arrancam as asas – ora trata-se de uma WESPE (v-espa) – mas as suas iniciais são SP – é ele o castrado

– Fazer a análise dessa operação de castração verbal que é também colocação em evidência de suas iniciais (sobredeterminação) – O *sujeito castrante* não é um Pensador que sabe o verdadeiro e que o suprime parcialmente. É junção lateral de SP e da castração) – Em geral: as análises *verbais* de Freud parecem inacreditáveis porque as realizamos num Pensador. Mas é preciso não realizá-las assim. Tudo se passa no pensamento não convencional.

Noção de "raio de mundo" (Husserl-Inéditos)
(ou linha de universo)

Março de 1960

64. S. Freud – 5 *Psychanalyses* trad, fr., P.U.F., 1954.

É a ideia, não de uma fatia de mundo objetivo, entre mim e o horizonte, não de um conjunto objetivo organizado sinteticamente (sob uma ideia), mas de um eixo de equivalências, – de um eixo sobre o qual todas as percepções que aí se podem encontrar são equivalentes não sob o aspecto da conclusão objetiva que autorizam (pois sob esse aspecto são muito diferentes) mas pelo fato de todas elas estarem ao alcance da minha visão de momento
ex. elementar: todas as percepções estão implicadas no meu posso atual – aquilo que é visto pode ser objeto próximo e pequeno ou grande e longínquo.

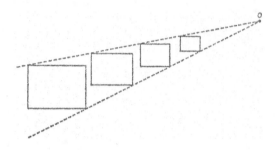

O raio de mundo não está representado aqui: o que eu figuro é uma série de "quadros visuais" e sua lei – O raio de mundo não é nem essa série de possíveis lógicos, nem a *lei* que os define – (relação inter-objetiva) – É o olhar no qual todos eles são simultâneos, frutos de meu posso – É a própria visão da profundidade – O raio de mundo não é suscetível de uma análise noema-noese. O que não quer dizer que pressuponha o *homem*. É uma folha do Ser.

O "raio de mundo" é não-síntese e não "recepção", mas *segregação*, i. e, supõe que já se está *no mundo ou no ser*. Recortamos num ser que permanece em seu lugar, no qual não fazemos *sinopse* – e que não é em si –

O visível e o invisível

Abril de 1960

A segunda parte do livro (que inicio) com minha descrição do visível como in-visível, deve conduzir na 3ª a uma confrontação com a ontologia cartesiana (acabar o Descartes de Guéroult – ler o seu Malebranche – Ver Leibniz e Espinosa). A confrontação dirigida por esta ideia: Descartes = nada de *Weltlichkeit* do espírito, o espírito reconduzido para um deus que está além do pensamento – Isto deixa aberto o problema da comunicação das substâncias (ocasionalismo, harmonia, paralelismo) – As minhas descrições, minha reabilitação do mundo percebido com todas as suas consequências para a "subjetividade", e em particular a minha descrição da corporeidade e do Ser "vertical", tudo isso deve conduzir a uma comunicação espírito-corpo, espírito-espírito, a uma *Weltlichkeit* que não seja a *Weltlichkeit* da natureza simplesmente transposta, como em Leibniz, onde as pequenas percepções e Deus como geometral vêm restabelecer, do lado do espírito, uma continuidade simétrica à da Natureza. Essa continuidade, não mais existindo mesmo na Natureza, a fortiori não existe do lado do espírito. E contudo existe uma *Weltlichkeit* do espírito, ele não é insular. Husserl ao mostrar que o espírito é este meio onde ocorre *ação à distância* (memória) (texto aparecido nos Cadernos Internacionais de Sociologia)[65] O postulado leibniziano de uma projeção da Natureza nas mônadas (correspondência pontual) é tipicamente o postulado do "quadro visual", inconsciência do mundo "selvagem" ou percebido

Passado "indestrutível"
e analítica intencional, – e ontologia

Abril de 1960

A ideia freudiana do inconsciente e do passado como "indestrutíveis", como "intemporais" = eliminação da ideia comum do tempo como "série dos *Erlebnisse*": – Existe passado arquitetônico, *cf.* Proust: Os *verdadeiros* espinheiros são os do passado – Reconstituir essa vida sem *Erlebnisse*, sem inferioridade, – que é o que Piaget chama, bem mal, de egocentrismo, – que é, na realidade, a vida "monumental", a *Stiftung*, a iniciação.

Esse "passado" pertence a um tempo mítico, ao tempo antes do tempo, à vida anterior, "mais longínquo que a Índia e a China" –

O que vale diante dele a *análise intencional*? Ela nos dá: todo o passado *sinngemäss* já foi presente, i. e, seu ser de passado foi fundado numa presença – E certamente, isso é de tal forma verdadeiro acerca dele que *ele ainda permanece presente*. Mas precisamente, há aí alguma coisa que a analítica intencional não pode apreender, porque não pode elevar--se (Husserl) a essa "simultaneidade" que é metaintencional (cf. Fink artigo sobre o *Nachlass*[66]). A analítica intencional subentende um local de contemplação absoluta *de onde* se faz a explicitação intencional e que possa abarcar o presente, o passado e mesmo a abertura para o futuro – É a ordem da "consciência" das significações, e nessa ordem, não existe simultaneidade passado-presente, há a evidência de seu afastamento – Pelo contrário, o *Ablaufsphänomen* que Husserl descreve e tematiza contém em si próprio, uma coisa inteiramente diversa: contém a "simultaneidade", a *passagem, o nunc stans*, a corporeidade proustiana como guardiã do passado, a imersão num Ser de transcendência não reduzido às "perspec-

---

65. Cahiers internat, sociol., v. 27, julho-dezembro 1959, P.U.F. 1960, *L'Esprit collectif*, inédito de Husserl, traduzido por R. Toulemond, p. 128. (N. T. – ver a obra de Toulemond – *L'essence de la société selon Husserl*.)
66. E. Fink – Die Spätphilosophie Husserls in der Freiburger Zeit, em *Edmund Husserl* (1859-1959) Fhaenomenologica, 4., 1960.

tivas" da "consciência" – contém um reenvio intencional que não provém somente do passado[67] para o presente de fato, empírico, mas também e inversamente, do presente de fato para um presente dimensional ou *Welt* ou Ser, onde o passado é "simultâneo" com o presente no sentido restrito. Este reenvio intencional *recíproco* marca o limite da analítica intencional: o ponto em que ela se transforma em filosofia da transcendência. Reencontramos este *Ineinander* toda vez que a referência intencional não é mais a de uma *Sinngebung* a uma *Sinngebung* (= doação de sentido) que a *motiva* mas de um "noema", a um "noema". E com efeito aqui é bem o passado que adere ao presente e não a *consciência* do passado que adere à *consciência* do presente: o passado "vertical" contém em si próprio a exigência de ter sido percebido, malgrado a consciência de ter percebido abranja a do passado. O passado não é mais aqui uma "modificação" ou modalização do *Bewusstsein von...* Inversamente é o *Bewusstsein von* =. (ter consciência de), o ter percebido que é transportado pelo passado como o Ser maciço. Percebi-o *pois que aconteceu*. Toda a análise husserliana está bloqueada pelo quadro dos *atos* que lhe impõe a m da *consciência*. É preciso retomar e desenvolver a intencionalidade *fungierende ou latente* que é a intencionalidade interior ao Ser. Isso não é compatível com a "fenomenologia", isto é, com uma ontologia que sujeitasse tudo aquilo que não é nada a se *presentificar* à consciência através dos *Abschattungen* (= perfis) e derivando de uma doação originária que é um *ato*, i. e, um *Erlebnis* entre outros (cf. crítica de Husserl por Fink no velho artigo do colóquio de fenomenologia[68]). É preciso tomar como primeiro não a consciência e seu *Ablaufsphänomen* com seus fios intencionais distintos, mas o turbilhão que esse *Ablaufsphänomen* esquematiza o turbilhão especializante-temporalizante (que é carne e não consciência em face de um noema)

Telepatia – Ser para outrem – Corporeidade –

Abril de 1960

Órgãos para ser visto (Portmann)[69] – O meu corpo como órgão para ser visto – I. e: perceber uma parte de meu corpo é também percebê-la como *visível* i. e, *para outrem*. E certamente ela assume este caráter porque efetivamente alguém a olha – Mas também este *fato* da presença de ou-

---

67. Embaixo da palavra *passado*, o autor nota, entre parêntesis, *subordinado*.
68. E. Fink, *L'analyse intentionnelle* – em *Problèmes actuels de la Phénoménologie*, Desclée de Brouwer, 1952.
69. A. Portmann. *Animal forms and patterns. A study of the appearance of animais*; Londres, Faber and Faber 1952 (Trad, inglesa de Tiergestalt). O autor aplica ao corpo humano estas observações de Portmann sobre o organismo animal. Cf. especialmente p. 113: os desenhos do corpo de certos animais "must be appraised as a special organ of reference in relationship to a beholding eye and to the central nervous systems. The eye and what is to be looked at form together a functional unit which is fitted together according to rules as strict as those obtaining between food and digestive organs".

trem não seria possível se previamente a parte do corpo em questão não fosse *visível*, se não houvesse, ao redor de cada parte do corpo, um halo de *visibilidade* – Ora, este visível não atualmente visto, não é *imaginário* sartriano: presença no ausente ou do ausente. É presença do iminente, latente ou oculto – *Cf.* Bachelard dizendo que cada sentido tem o seu imaginário.

Essa visibilidade do meu corpo (para mim – mas também *universal* e, eminentemente, para outrem) é quem realiza o que chamamos telepatia. Porque basta uma ínfima indicação da conduta de outrem para ativar esse perigo da visibilidade. Por ex., uma mulher sente seu corpo sendo desejado e olhado por sinais imperceptíveis, e sem mesmo olhar os que a olham. A "telepatia" deve-se aqui ao fato de ela adiantar-se à percepção efetiva por outrem (erotomania) cf. *Psychoanalysis and the occult*[70] – Sentimo-nos olhados (nuca ardente) não porque alguma coisa se transfira do olhar para o nosso corpo e venha queimá-lo no ponto olhado, mas porque sentir seu corpo significa também sentir o seu aspecto para outrem. Seria preciso aqui buscar em que sentido a sensorialidade de outrem está implicada na minha: sentir os olhos é sentir que estão ameaçados de serem vistos –. Mas a correlação não é sempre do que vê ao que é visto, ou do falar ao ouvir: minhas mãos, meu rosto também são visíveis. O caso da reciprocidade (vidente visto), (palpador palpado no apertar-se das mãos) é o caso maior e perfeito, onde existe *quase-reflexão* (*Einfühlung*), *Ineinander*, o caso geral é ajustamento de um visível para mim a um tangível para mim e deste visível para mim a um visível para outrem – (por ex., a minha mão)

Ἐγώ é οὖτις

Abril de 1960

O-que-é-Eu (Je), verdadeiramente, não é ninguém, é o anônimo; é preciso que ele seja assim, anterior a toda objetivação, denominação, para ser o Operador, ou aquele a quem tudo isso acontece. O Eu denominado, o denominado Eu, é um objeto. O eu primeiro, de que este é a objetivação, é o desconhecido *a quem* tudo é dado ver ou pensar, para quem tudo apela diante de quem… alguma coisa existe. É portanto, a negatividade – inatingível, bem entendido em pessoa, pois que ela não é *nada*.

Mas é este *aquele que pensa*, raciocina, fala, argumenta, sofre, goza, etc? Não, evidentemente, pois que não é *nada* – Aquele que pensa, percebe etc. é essa negatividade como abertura pelo corpo, ao mundo – É preciso compreender a reflexividade através do corpo, pela relação a si do corpo, da fala. A dualidade falar-ouvir permanece no âmago do Eu, a sua negatividade não é senão o *vazio* entre falar e ouvir, o ponto em que se processa a sua equivalência – A dualidade negativo-corpo ou negativo-linguagem *é* o sujeito – o corpo, a linguagem como alter-ego – O

---

70. Georges Devreux – *Psychoanalysis and the Occult*, Intern. University Press I. N. C. Nova Iorque, 1953.

"entre-nós" (Michaux) de meu corpo e eu (moi) – minha duplicação – que não impede que o corpo passivo e o ativo se cosam na *Leistung*: – se *recubram*, sejam não-diferentes – E isso, se bem que toda a *Leistung* realizada (discussão animada etc), me dê sempre a impressão de ter "saído de mim" –

Visível – Invisível

Maio de 1960

Quando digo que todo visível 1) comporta um fundo que não é visível no sentido da figura

2) mesmo naquilo que possui de figural ou figurativo, não é um *quale* objetivo, um em-si sobrevoado, mas que desliza sob o olhar ou é varrido por ele, nasce em silêncio sob o olhar (quando nasce de frente, é a partir do horizonte, quando entra em cena lateralmente, é "sem ruído" – no sentido em que Nietzsche diz que as grandes ideias nascem *sem ruído*), – portanto, se se entende por visível o *quale* objetivo, não é neste sentido visível mas *Unverborgen*

Quando digo que todo visível é invisível, que a percepção é imper-cepção, que a consciência tem um "*punctum caecum*", que ver é sempre ver mais do que se vê – é preciso não compreender isso no sentido de contradição: – É preciso não imaginar que ajunto ao visível perfeitamen-te definido como em-Si um não-visível (que seria apenas ausência obje-tiva) isto é, presença objetiva *alhures*, num *alhures* em si) – É preciso compreender que é a visibilidade mesma quem comporta uma não-vi-sibilidade – Na medida mesmo em que vejo, não sei *aquilo que* vejo (uma pessoa familiar é não definida), o que não quer dizer que lá não haja *nada*, mas que o *Wesen* de que se trata é o de um raio de mundo tacita-mente tocado – O mundo percebido (como a pintura) é o conjunto dos caminhos de meu corpo e não uma multidão de indivíduos espaciotem-porais – O invisível do visível. É a sua pertencença a um raio de mundo – Existe um *Wesen* do vermelho, que não é o *Wesen* do verde; mas é um *Wesen* que, por princípio, só é acessível através do *ver* e é acessível desde que o ver é dado, não tendo, a partir de então, necessidade de ser *pensa-do*: ver é esta espécie de pensamento que não precisa pensar para possuir o *Wesen** –

Ele *este*[71] no vermelho, como a lembrança do liceu no seu odor[72] – Este *Wesen* ativo, vindo do próprio vermelho, deve ser compreendido

---

71. V. nota 42.

72. Alusão a Heidegger. Introdução à Metafísica. Ed. alemã: Tübingen, 1953, p. 25/6; Trad. fr.: Col. Epiméthée, P.U.F., 1958, p. 42.

*NT: Merleau Ponty, oscila aqui entre a terminologia husserliana e o sentido heideggeriano de um mesmo vocábulo: Wesen – ora deve ser entendido como "essência", ora como "ser", como acima "ser do vermelho"; de qualquer forma, atente-se para a inseparabilidade entre fato essência em Husserl – cf. Ideias I-§§ 7 ss – e visível e invisível – cap. Interrogação e intuição como a articulação do vermelho com as outras cores ou sob o efeito da iluminação. Por aí, compreender que o vermelho tem em si próprio a possibilidade de tornar-se neutro (quando é a cor que ilumina), a dimensionalidade – Esse tornar-se neutro não é transformação do vermelho em "outra cor", é uma modificação do vermelho através de sua duração (como o impacto de uma figura ou de uma linha na minha visão tende a tornar-se dimensional, e a conferir-lhe valor de índice de curvatura do espaço) – E como existem tais modificações estruturais da qualidade pelo espaço (transparência, constâncias) tanto quanto pelas outras qualidades, é necessário compreender que o *mundo sensível* é essa lógica perceptiva, sistema de equivalências, e não um amontoado de indivíduos espaciotemporais. E essa lógica não é nem produto da nossa constituição psicofísica, nem produto da nossa aparelhagem categorial mas antecipação-levantamento sobre um *mundo* cuja membrura é explicitada pelas nossas categorias, nossa constituição, nossa "subjetividade"

Cegueira (punctum caecum) da "consciência"

Maio de 1960

Aquilo que ela não vê, é por razões de princípio que ela o não vê, é por ser consciência que ela não o vê. *Aquilo que* ela não vê, é aquilo que nela prepara a visão do resto (como a retina é cega no ponto de onde se irradiam as fibras que permitirão a visão). *Aquilo que* ela não vê, é aquilo que faz com que ela veja, adesão ao Ser, sua corporeidade, são os existenciais pelos quais o mundo se torna visível, é a carne onde nasce o *objeto*. É inevitável que a consciência seja mistificada, invertida, indireta; por princípio; ela vê as coisas *pelo outro lado*, por princípio ignora o Ser e prefere o objeto, isto é, um Ser com o qual rompeu, e que coloca para além dessa negação, negando essa negação – Ignora nele o não-dissimulação do ser, a *Unverborgenheit*, a presença não mediatizada que não é positivo, que é ser dos confins

Carne do mundo – Carne do corpo – Ser

Maio de 1960

Carne do mundo, descrita (a propósito de tempo, espaço, movimento) como segregação, dimensionalidade, continuação, latência, *imbricação* – Depois, interrogar novamente os fenômenos - questões: eles nos reenviam à *Einfühlung* percebedor-percebido, porque querem dizer que já estamos *no* ser assim descrito, que *aí* estamos, que entre eles e nós, existe *Einfühlung* Isso quer dizer que meu corpo é feito da mesma carne que o mundo (é um percebido), e que para mais essa carne de meu corpo é participada pelo mundo, ele a *reflete*, ambos se imbricam mutuamente, (o sentido a um tempo auge de subjetividade e auge de materialidade), encontram-se na relação de transgressão e *encadeamento* – Isso quer ainda dizer: meu corpo não é somente um percebido entre os percebidos, mede-os a todos, *Nullpunkt* de todas as dimensões do mundo. Por ex., ele não é um móvel ou movente entre os móveis ou moventes, não tenho consciência do seu movimento como *afastamento em relação a mim*, ele *sich bewegt* (= move-se), enquanto que as coisas *são movidas*. Isto quer dizer uma espécie de "reflexivo" (*sich bewegen*), constitui-se *em si* dessa maneira – Paralelamente toca-se, vê-se. E é através disso que é capaz de *tocar* ou de *ver* alguma coisa, isto é, de estar aberto a coisas nas quais (Malebranche) lê as suas modificações (porque não temos ideia da alma, porque a alma é um ser de que não há ideia, um ser que *nós somos* e que não vemos). O tocar-se, ver-se, "conhecimento *por sentimento*" –

O *tocar-se, ver-se* do corpo é para ser compreendido a partir do que dissemos do ver e do visível, do tocar e do tocável, I. e, não é um ato, é um ser para. Tocar-se, ver-se, a partir disso, não é apreender-se como objeto, é abrir-se a si, ser destinado a si (narcisismo) – Não é, portanto, alcançar-se, é, ao contrário, escapar-se, ignorar-se, o si em questão é de afastamento, é *Unverborgenheit do Verborgen* como tal, que, portanto, não cessa de estar latente ou oculto –

O sentir que se sente, o ver que se vê, não é pensamento de ver ou de sentir, mas visão, sentir, experiência muda de um sentido mudo –

O desdobramento quase "reflexivo", a reflexividade do corpo, o fato de que ele se toca tocando, se vê vendo, não consiste em surpreender uma atividade de ligação atrás do ligado, em reinstalar-se nessa atividade constituinte; a percepção de si (sentimento de si, dizia Hegel) ou percepção da percepção não converte aquilo que ela apreende em objeto e não coincide com uma origem constituinte da percepção: de fato, não consigo, de todo, tocar-me tocando, ou ver-me vendo, a experiência que tenho de mim percebendo não vai além de uma espécie de *iminência*, conclui-se no invisível; simplesmente, este invisível é o *seu* invisível, isto é, o avesso da *sua* percepção especular, da visão concreta que tenho de meu corpo no espelho. A percepção de si é ainda uma percepção, i. e., dá-me um *Nicht Urpräsentierbar* (um não visível, eu), mas dá-mo através de um *Urpräsentierbar* (a minha aparência táctil ou visual) em transparência (i. e., como latência) – A minha invisibilidade para mim não ocorre porque eu seja espírito, uma "consciência", uma espiritualidade *positivas*, existência como consciência (i. e. como puro *aparecer-se*), mas porque sou aquele que 1) tem um mundo visível, i. e, um corpo dimensional e participável 2) i. e., um corpo visível para si próprio 3) e portanto, finalmente, uma presença a si que é ausência de si – O progresso da interrogação em direção ao *centro* não é movimento do condicionado à condição, do fundado para o *Grund*: o pretenso *Grund* é *Ab-Grund*. Mas o abismo que assim se descobre não é tal *falta de fundo*, é surgimento de uma *Hoheit* segura pelo lado de cima (cf. Heidegger, *Unterwegs zur Sprache*[73]), isto é, de uma negatividade que *vem ao mundo*.

73. Unterwegs zur Sprache, Neske ed. – Tubingen 1959 p. 13 (A caminho da linguagem) – "Die Sprache ist: Sprache. Die Sprache spricht. Wenn wir uns in den Abgrund, den dieser Satz nennt, fallen lassen) stürzen wir nicht ins Leer weg. Wir fallen in die Hone. Deren Höheit offnet eine Tiefe". (A linguagem é linguagem. A linguagem fala. Se nós nos deixarmos cair no abismo que

A carne do mundo não é explicada pela carne do corpo, ou esta pela negatividade ou pelo si que a habita – os três fenòmenos são simultâneos –

A carne do mundo não é *sentir-se* como carne minha – é sensível e não sentiente – Chamo-a, não obstante, carne (por ex. o relevo, a profundidade, a "vida" nas experiências de Michotte[74]) para dizer que ela é *pregnância* de possíveis, *Weltmöglichkeit* (os mundos possíveis variantes deste mundo, o mundo aquém do singular e do plural), que não é, pois, em absoluto *objeto*, que o modo de ser *blosse Sache* não é senão uma sua expressão parcial e segunda. Não é hilozoísmo: inversamente, o hilozoísmo é conceitualização – Falsa tematização, na ordem do Ente-explicativo, de nossa experiência da presença carnal – É através da carne do mundo que se pode, enfim, compreender o próprio corpo – A carne do mundo é Ser-visto, i. e., Ser que é *eminentemente percipi*, e é através dela que se pode compreender o *percipere*: o percebido que se chama meu corpo aplicando-se ao resto do percebido, i. e., encarando-se a si própria como um percebido para si e, portanto, como percebedor, tudo isso só é afinal possível e só quer dizer alguma coisa porque *há* o Ser, não o Ser em si, idêntico a si, na noite, mas o Ser que contém também a sua negação, o seu *percipi* – cf. Bergson, quando diz: nós já nos demos a consciência ao estabelecermos "as imagens", e não temos de deduzi-la ao nível do ser "consciente" que é *menos* e não mais que o universo das imagens, que é uma concentração ou uma abstração delas – Nada queria dizer conceber assim a consciência antes da consciência. Daí por que dizemos nós que aquilo que é primeiro, não é a "consciência" difusa das "imagens" (consciência difusa que nada é, pois que Bergson explica que só há consciência através do "quarto escuro" das cinzas de indeterminação e dos corpos)[75], é O Ser

Metafísica – Infinito
Mundo – Offenheit

Maio de 1960

Mundo e Ser:

sua relação é a do visível com o invisível (a latência) o invisível não é outro visível ("possível" no sentido lógico) um positivo somente *ausente*

esta frase nomeia; não nos precipitamos no vazio, caímos na altura; cuja altitude abre uma profundidade).

74. Ver nota 16.

75. Bergson diz textualmente que os "seres vivos constituem no universo "centros de indeterminação" ... e precisa, mais adiante: "... se se considera um lugar qualquer do universo, pode-se dizer que a ação da matéria total aí atua sem resistência e sem desperdício, e que a fotografia de todo aí é translúcida: falta um anteparo negro sobre o qual se destacaria a imagem. As nossas "zonas de indeterminações" desempenhariam de alguma forma o papel de anteparo", Matière et Mémoire, 10ª ed., Alcan, Paris, 1913, p. 24 e 26-27.

É *Verborgenheit* de princípio, i. e., invisível do *visível Offenheit* do *Umwelt* e não *Unendlichkeit* – A *Unendlichkeit* é, no fundo, o *em-si*, o *objeto* – A infinidade do Ser que me pode dizer respeito é finitude *operante*, militante: a abertura do *Umwelt* – Sou contra a finitude no sentido empírico, existência de fato que *possui limites*; daí por que sou pela metafísica. Mas esta não está mais no infinito do que na finitude de fato.

A filosofia do sensível como literatura

Maio de 1960

A psicologia científica crê que nada há a dizer da qualidade como fenômeno, que a fenomenologia é "no limite impossível" (Bresson)[76] (e contudo de que falamos nós, mesmo em psicologia científica, senão de fenômenos? Os *fatos* não têm aí outro papel senão despertar fenômenos adormecidos) – A verdade é que o *quale* parece opaco, indizível, como a vida nada inspira ao homem que não é escritor. O sensível, pelo contrário, como a vida, é um tesouro sempre cheio de coisas a dizer para aquele que é filósofo (isto é, escritor). E assim como cada um acha verdadeiro e reencontra em si aquilo que o escritor diz da vida e dos sentimentos, assim também os fenomenólogos são compreendidos e utilizados por aqueles que dizem que a fenomenologia é impossível. O âmago da questão: é que, com efeito, o sensível nada oferece que possa ser dito se não é escritor ou filósofo, porém isso não em virtude de ele ser um Em-si inefável, mas porque não se sabe o que *dizer*. Problemas da "realidade retrospectiva" do verdadeiro – Ela prende-se ao fato de que o mundo, o Ser, são polimorfismo, mistério e não, de modo algum, uma camada de entes planos ou em si

"Quadro visual" → "representação do mundo" Todo y Nada

Maio de 1960

Generalizar a crítica do quadro visual em crítica da "*Vorstellung*" – pois a crítica do quadro visual não é crítica do realismo, ou do idealismo (sinopse) somente – É, essencialmente, crítica do sentido de ser dado por ambos à *coisa* e ao *mundo*.

A saber o sentido de ser *Em si* – (em si não relacionado com a única coisa que lhe dá sentido: a *distância*, o afastamento, a transcendência, a carne)

76. François Bresson "Perception et indices perceptifs", em Bruner, Bresson, Morf e Piaget, *Logique et Perception*, Et. Epistem. genet., IV, Bibliothèque Scient. Intern. PUF. 1958, p. 156 – "A descrição fenomenológica é, no limite, irrealizável e a experiência íntima, inefável. Por isso mesmo, deixa de ser objeto de uma comunicação possível e de uma ciência, e bastaria admitir a existência dessa experiência, sem mais ocupar-se dela".

ora, se a crítica do "quadro visual" é isso, generaliza-se em crítica da *"Vorstellung"*: porque se nossa relação com o mundo é *Vorstellung*, o mundo "representado" tem por sentido de ser o Em si. Por ex., outrem se representa o mundo, i. e, existe para ele um objeto interno, que *não está* em parte alguma, que é *idealidade*, e à parte do qual existe o próprio mundo.

O que desejo fazer, é reconstituir o mundo como sentido de Ser absolutamente diferente do "representado", a saber, como o Ser vertical que nenhuma das "representações" esgota e que todas "atingem", o Ser selvagem.

Isto é para ser aplicado não somente à percepção, mas também ao Universo das verdades predicativas e das significações. Também aqui é preciso conceber a significação (selvagem) como absolutamente distinta do Em si e da "consciência pura" – a verdade (predicativa-cultural) como este Indivíduo (anterior ao singular e ao plural) sobre o qual *se cruzam* os atos de significações e do qual eles são aparas.

A distinção dos dois planos (natural e cultural) é, aliás, abstrata: tudo é cultural em nós (o nosso Lebenswelt é "subjetivo") (a nossa percepção é cultural-histórica) e tudo é natural em nós (mesmo o cultural repousa sobre o polimorfismo do Ser selvagem).

O sentido de ser a ser desvendado: trata-se de mostrar que o ôntico, os *"Erlebnisse"*, as "sensações", os "juízos", – (os objetos, os "representados", em suma todas as idealizações da Psique e da Natureza), toda a quinquilharia destas pretensas "realidades" psíquicas *positivas*, (e lacunares, "insulares", sem *Weltlichkeit* própria) é, na realidade, recorte abstrato no estofo ontológico, no "corpo do espírito" –

O Ser é o "local" onde os "modos de consciência" se inscrevem como estruturações do Ser (uma maneira de se pensar dentro de uma sociedade está implicada na sua estrutura social), e onde as estruturações do Ser são modos de consciência. A integração em si-para si faz-se não na consciência absoluta, mas no Ser de promiscuidade. A percepção do mundo se efetua no mundo, a experiência da verdade faz-se no Ser.

Sartre e a ontologia clássica

> A totalização histórica que Sartre supõe sempre, – é o reflexo do seu "néant", – porque nada, "para ser no mundo", deve apoiar-se sobre "tudo".

Tocar tocar-se
ver ver-se
o corpo, a carne como Si

Maio de 1960

Tocar e tocar-se (tocar-se = tocante-tocado) Não coincidem no corpo: aquele que toca não é nunca exatamente o tocado. Isso não quer dizer que coincidam "no espírito" ou ao nível da "consciência". É preciso algo diferente do corpo para que a junção se faça: faz-se no *intocável*. Aquilo de outrem que jamais tocarei. Mas aquilo que nunca tocarei, tampouco ele o toca, aqui o Si não tem privilégio sobre o outro, não é, pois, a *consciência* que é intocável – "A consciência", isso seria algo de positivo, e a propósito dela recomeçaria, recomeça, a dualidade do reflexionante e do refletido, como a do que toca e a do que é tocado. O intocável não é um tocável de fato inacessível, – o inconsciente não é uma representação de fato inacessível. O negativo não é, aqui, um *positivo que está alhures* (um transcendente) – É um verdadeiro negativo, isto é, uma *Unverborgenheit* da *Verborgenheit*, uma *Urpräsentation* do *Nichtürpräsentierbar*, dito de outra forma, um originário do alhures, um *Selbst* que é um Outro, um Vazio – Portanto, não tem nenhum sentido dizer: a junção tocante-tocado se faz a partir do Pensamento ou da Consciência: O Pensamento ou a Consciência é *Offenheit* de uma corporeidade para... Mundo ou Ser.

O intocável (e também o invisível[77]: porque a mesma análise pode ser repetida para a visão: aquilo que se opõe a que eu me veja é, de início, um invisível de fato (os meus olhos – são invisíveis para mim) mas para além deste invisível (cuja lacuna se preenche através de outrem e da minha generalidade) um invisível de direito: não posso ver-me em movimento, assistir ao meu movimento. Ora, este invisível de direito significa, na realidade que *Wahrnehmen* e *Sich bewegen* são sinônimos: essa a razão por que o *Wahrnehmen* não se reúne ao *Sich bewegen* que quer alcançar: ele é um seu outro. Mas este malogro, este invisível, atesta precisamente que *Wahrnehmen* é *Sich bewegen*, há aí um êxito no malogro. *Wahrnehmen* fracassa em atingir *Sich bewegen* (e eu sou para mim zero de movimento mesmo no movimento, *não me afasto de mim*) justamente porque eles são homogêneos, e este malogro é a prova dessa homogeneidade: *Wahrnehmen* e *Sich bewegen* emergem um do outro. Espécie de reflexão através do Ek-stase, são o mesmo tufo.

Tocar é tocar-se. Para ser compreendido como: as coisas são o prolongamento do meu corpo e o meu corpo é o prolongamento do mundo, através dele o mundo rodeia-me – Embora eu não possa tocar no meu movimento, este movimento está inteiramente tecido de contatos comigo – É preciso compreender o tocar-se e o tocar como avesso um do outro – A negatividade que habita o tocar (e que eu não devo minimizar: é ela que faz com que meu corpo não seja fato empírico, que tenha significação ontológica), o intocável do tocar, o invisível da visão, o inconsciente da consciência (o seu *punctum caecum* central, essa cegueira que a faz consciência, isto é, obtenção indireta e *invertida* de todas as coisas) é o *outro lado* ou o *avesso* (ou a outra dimensionalidade) do Ser sensível; não se pode dizer que ele esteja *aí*, embora existam seguramente pontos nos quais onde ele *não está* – Existe como presença por investimento numa outra dimensionalidade, presença de "fundo falso" a carne, o *Leib*, não é

---

77. O parêntesis aqui aberto não se fecha: o seguimento do parágrafo vai tratar do invisível.

uma soma de "tocar-se" (de "sensações tácteis"), mas tampouco uma soma de sensações tácteis + "inesteses", é um eu "posso" – O esquema corporal não seria *esquema* se não fosse o contato de *si* a *si* (que é antes *não-diferença*) (presentificação comum a... X)

A carne do mundo, (o "quale") é indivisão deste Ser sensível que sou, e de todo o resto que se sente em mim, indivisão prazer-realidade –

A carne *é fenômeno de espelho* e o espelho é extensão da minha relação com meu corpo. Espelho = realização de um *Bild* da coisa, e a relação eu-minha sombra = realização de um *Wesen* (verbal): extração da essência da coisa, da película do Ser ou da sua *aparência* – Tocar-se, ver-se é obter de si determinado extrato especular. Isto é, fissão da aparência e do Ser – fissão que já ocorreu no tocar (a dualidade do palpante e do palpado) e que, com o espelho (Narciso), não passa de uma aderência mais profunda a Si. A *projeção* visual do mundo em mim é para ser compreendida não como relação intraobjetiva coisas-meu corpo. Mas como relação sombra-corpo, comunidade de *Wesen* verbal e, portanto, finalmente – fenômeno "semelhança", transcendência.

O afastamento visão-tocar (não *sobreponíveis*, um dos universos está em desequilíbrio em relação ao outro) deve ser compreendido como o caso mais notório do desequilíbrio que existe no interior de cada sentido e que faz dele *"eine Art der Reflexion"*.*

Este afastamento, dir-se-á, decorre simplesmente da nossa *organização*, da presença de tais receptores com tais limiares etc...

Não digo o contrário. O que afirmo é que estes *fatos* não possuem *poder explicativo*. Exprimem, ao contrário, um relevo ontológico que não podem apagar incorporando-o num plano único de causalidade física, pois que não existe explicação física da constituição dos "pontos singulares" que são os nossos corpos (cf. F. Meyer)[78] nem, portanto, da nossa estesiologia –

A fenomenologia é, aqui, reconhecimento do fato de que o mundo teoricamente *completo*, cheio, da explicação física, não é nada disso que pretende ser, e que, portanto, é preciso considerar como último, inexplicável, e *como mundo para si próprio o* conjunto da nossa experiência do ser sensível e dos homens. Mundo por si próprio: isto é, é preciso traduzir em *lógica perceptiva* aquilo que a ciência e a psicologia positivas tratam como fragmentos *absque praemissis* do Em si.

$$\left\{\begin{array}{l}\text{tocar – tocar-se}\\ \text{(as coisas}\\ \text{o próprio corpo)}\\ \text{ver – ver-se}\\ \text{ouvir – } \textit{ouvir-se} \text{ (Rádio)}\\ \text{compreender – falar}\\ \text{ouvir – cantar}\\ \text{Unidade por } \textit{nervura}\\ \text{pré-objetiva –}\end{array}\right.$$

---

* Maneira de reflexão (Kant) – N. do T.
78. Op. cit.

O tocar = movimento que toca
e movimento que é tocado
Para elucidar *Wahrnehmen* e *Sich bewegen*, mostrar que nenhum *Wahrnehmen* percebe a não ser que seja o *Si de movimento*.

O *movimento próprio*, atestação de uma *coisa-sujeito*: movimento como coisas, mas movimento *que eu faço* –

Partir daí para a linguagem como fundamento do eu penso: ela é para o eu penso o que o movimento é para a percepção. Mostrar que o movimento é *carnal* – É no carnal que existe relação entre o Movimento e o seu *"si"* (o Si do movimento descrito por Michotte) com o *Wahrnehmen*.

Visível e invisível

Maio de 1960

O invisível é

1) o que não é atualmente visível, mas poderia sê-lo (os aspectos ocultos ou inatuais da coisa, – coisas ocultadas, situadas *alhures* – "Aqui" e "alhures")
2) aquilo que, relativo ao visível, não poderia, contudo, ser visto como coisa (os existenciais do visível, suas dimensões, sua membrura não-figurativa)
3) aquilo que só existe tátilmente ou cinestesicamente etc.
4) os $\lambda\acute{\epsilon}\kappa\tau\alpha$, o Cogito

Estas quatro "camadas", eu não as reúno *logicamente* sob a categoria do invisível –

Isso é impossível, primeiramente, pela simples razão de que não sendo o *visível* um *positivo objetivo, o invisível* não pode ser uma negação no sentido lógico –

Trata-se de uma negação-referência (zero de…) ou afastamento.

Essa negação-referência é comum a todos os *invisíveis* porque o visível foi definido como dimensionalidade do Ser, isto é, como universal, e, portanto, tudo o que dele não faz *parte* está necessariamente *nele envolvido*, e não é senão modalidade da mesma transcendência.

....

Visível invisível

Maio de 1960

O sensível, o visível deve ser para mim a ocasião de dizer o que é o nada –

O nada não é nada mais (nem nada menos) que o invisível.

Partir de uma análise do erro filosófico total que é acreditar que o visível é presença *objetiva* (ou ideia dessa presença) (quadro visual) isso implica a ideia do *quale* como em si Mostrar que o *quale* é sempre um certo tipo de *latência* Sartre, ao dizer que a imagem de Pedro que se encontra na África não é senão uma "maneira de viver" o próprio ser de Pedro, seu ser visível, o único que existe –

Na realidade, isso difere de imagem livre: é uma espécie de percepção, uma telepercepção –

É preciso definir o sensível, o visível, não como aquilo com que tenho relação de fato por uma visão efetiva, – mas também como aquilo de que posso ter, a seguir, telepercepção – Porque a coisa vista é *Urstiftung* (fundação originária) destas "imagens" –

Como o *Zeitpunkt* (ponto temporal) o *Raumpunkt* (ponto espacial) é de uma vez por todas *Stiftung* (fundação) de um Ser-aí

História, Geologia transcendental ⎱ *Filosofia*
Tempo histórico, espaço histórico ⎰

1º de Junho de 1960

Opor a uma filosofia da história como a de Sartre (que é, finalmente, uma filosofia da "práxis individual" – e na qual a história é o encontro dessa práxis com a inércia da "matéria trabalhada", da temporalidade pelo espaço, quanto a *paralisa*) não, sem dúvida, uma filosofia da geografia (seria tão inútil tomar como eixo o encontro da práxis individual com o em si espacial, quanto o seu encontro com o inerte, as "relações entre as pessoas" mediatizadas pelo espaço, quanto as relações entre pessoas mediatizadas pelo tempo), –– mas uma filosofia da estrutura, que na verdade, forma-se-á melhor em contacto com a geografia do que com a história. Porque a história está por demais imediatamente ligada à práxis individual, à interioridade, oculta sua espessura e carne de maneira tal que não é fácil nela reintroduzir toda a filosofia da pessoa. A geografia, pelo contrário, – ou antes: A terra como *Ur-Arche* coloca em evidência a *Urhistorie* carnal (*Husserl-Umsturz*…[79]) Trata-se de fato, de apreender o *nexus*, – nem "histórico" nem "geográfico", – da história e da geologia transcendental, este mesmo tempo que é também espaço, esse mesmo espaço que é tempo, que talvez eu tenha encontrado através da minha análise do visível e da carne, a *Urstiftung* simultânea do espaço e do tempo que faz com que haja uma paisagem histórica e uma inscrição quase geográfica da história. Problema fundamental: a sedimentação e a reativação

Carne–Espírito

Junho de 1960

Definir o espírito como *outro lado* do corpo – Não temos ideia de um espírito que não estivesse de par com um corpo, que não se estabelecesse sobre esse *solo* –

79. Umsturz der Kopernikanischen Lehre: die Erde ais ur-Arche bewegt sich nicht (*inédito*)

"O outro lado" quer dizer que o corpo, enquanto possui esse outro lado, não é descritível em termos *objetivos*, em termos de em si, – que esse outro lado é verdadeiramente o outro lado *do corpo*, *transborda* nele (*Ueberschreiten*) invade-o, está nele escondido, – e ao mesmo tempo tem dele necessidade, acaba-se nele, *ancora-se nele*. Há um corpo do espírito e um espírito do corpo e um quiasma entre os dois. O outro lado é para ser compreendido, não como no pensamento objetivo, no sentido de outra projeção do mesmo geometral, mas no sentido de *Ueberstieg* do corpo em direção a uma profundidade, uma dimensionalidade que não é a da extensão e da transcendência do negativo em direção ao sensível.

A noção essencial para tal filosofia é a de carne, que não é o corpo objetivo, que não é tampouco o corpo pensado pela alma (Descartes) como seu, que é o sensível no duplo sentido daquilo que sentimos e daquilo que sente. Aquilo que sentimos = a coisa sensível, o mundo sensível = o correlato do meu corpo ativo, o que lhe "responde" – O que sente = não posso pôr um único sensível sem colocá-lo como arrancado à minha carne, colhido da minha carne, e a minha própria carne é um dos sensíveis no qual se faz uma inscrição de todos os outros, sensível pivô do qual participam todos os demais, sensível-chave, sensível dimensional. Meu corpo é, no mais alto grau, aquilo que qualquer coisa é: um *isto dimensional*. É a coisa universal – Mas enquanto que as coisas só se tornam dimensões a partir do momento em que são recebidas no interior de um *campo*, o meu corpo é este campo, i. e., um sensível que é dimensional *por si próprio*, medidor universal – A relação do meu corpo como sensível com seu corpo como sentiente (este corpo que toco, este corpo que toca) = imersão do ser-tocado no ser-tocante e do ser-tocante do ser-tocado – A sensorialidade, o seu SICH-*bewegen* e seu SICH-*wahrnehmen*, sua vida *a si* – Um si que possui um em-torno, que é o avesso desse em-torno. Precisando a análise, ver-se-ia que o essencial é o *refletido em ação*, onde o tocante está sempre *em vias* de apanhar-se como tangível, malogra no intento, e só o realiza num *há* – A implicação *wahrnehmen-sichbewegen* é implicação pensamento-linguagem – A carne é este ciclo completo e não somente a inerência num isto individuado espácio--temporalmente. Aliás, um isto individuado espácio-temporalmente é um *Unselbständig*: só existem irradiações de essências (verbais), não existem insecáveis espaciotemporais. A própria coisa sensível é levada por uma transcendência.

Mostrar que a filosofia como interrogação (i. e., como acomodação em volta do isto e do mundo que *lá* está, de um oco, de um questionamento, onde isto e mundo devem *eles próprios* dizer aquilo que são, – isto é, não como pesquisa de uma variante da linguagem, de uma essência léxica, mas como busca de um invariante do silêncio, da estrutura) só pode consistir em mostrar como o mundo se articula a partir de um zero de ser que não é o nada, isto é, em instalar-se na margem do ser, nem no Para si nem no Em si, na juntura, onde se cruzam as múltiplas *entradas* do mundo.

Vidente-visível

Novembro de 1960

Em que sentido exatamente visível? – Aquilo que de mim vejo nunca é exatamente o vidente, pelo menos não o vidente momentâneo – Mas este é *algo* visível (é visível), está no prolongamento dos signos do corpo visível, em pontilhado (visível para outro) – A bem dizer, será que mesmo para o outro é ele visível enquanto vidente? Não no sentido que está sempre *um pouco atrás* daquilo que o outro vê – A bem dizer, nem atrás nem na frente, nem *aonde* o outro olha.

É sempre *um pouco mais longe* que o lugar aonde olho, onde o outro olha, que se encontra o vidente que sou – *Pousado* no visível, como um pássaro, preso ao visível, não *no* visível. E, contudo, em quiasma com ele –

Do mesmo modo, o palpante-palpado. Essa estrutura existe num único órgão – A carne de meus dedos = cada um deles é dedo fenomênico e dedo objetivo, fora e dentro do dedo em reciprocidade, em quiasma, atividade e passividade acasaladas. Uma invade a outra, estão numa relação de oposição real (Kant) – o *Si* local do dedo: seu espaço é sentiente-sentido.

Não há coincidência entre o vidente e o visível. Mas um empresta do outro, toma ou invade o outro, cruza-se com ele, está em quiasma com o outro. Em que sentido esses múltiplos quiasmas não fazem mais do que um só: não no sentido da síntese, da unidade originariamente sintética, mas sempre no sentido de *Uebertragung*, da imbricação, da irradiação do ser, portanto –

As coisas me tocam como eu as toco e me toco: carne do mundo – distinta da minha carne: a dupla inscrição dentro e fora. O dentro recebe sem carne: não "estado psíquico", mas intracorporal, avesso do fora que o meu corpo mostra às coisas.

Em que sentido é *o mesmo* que é vidente e visível: o mesmo não no sentido da idealidade nem da identidade real. O mesmo no sentido estrutural: mesma membrura, mesma *Gestalthaft* o mesmo no sentido de abertura de outra dimensão do "mesmo" ser.

A unidade *prévia* eu-mundo, mundo e suas partes, partes de meu corpo, unidade antes de segregação, antes de dimensões múltiplas, – e do mesmo modo a unidade do tempo – Não arquitetura de noeses-noemas colocadas uma sobre a outra, relativizando-se entre si sem conseguir unificar-se: mas existe de início seu laço profundo por *não-diferença* – Tudo isso *se exibe* no: sensível, visível. Um sensível (mesmo exterior) comporta tudo isso (é isso que faz a pretendida sinopse, síntese perceptiva) –

Vidente-visível=projeção-introjeção É preciso que ambos sejam abstraídos de um único estofo.

O vidente-visível (para mim, para os outros) é, aliás, não alguma coisa de psíquico, nem um comportamento de visão, mas uma perspectiva, ou *melhor*: o próprio mundo com certa deformação coerente – O quiasma, verdade da harmonia preestabelecida – Bem mais exata que ela: porque ela está entre fatos locais – individuados, e o quiasma liga como avesso e direito conjuntos antecipadamente unificados em vias de diferenciação

daí no total um mundo que não é nem *um* nem 2 no sentido objetivo – que é pré-individual, generalidade –

linguagem e quiasma

....

Sonho
Imaginário

Novembro de 1960

Sonho. O *outro palco* do sonho –

Incompreensível na φ que *acrescenta* o imaginário ao real – porque então ficará por compreender como é que tudo isso pertence à mesma consciência –

compreender o sonho a partir do corpo: como o estar no mundo sem corpo, sem "observação", Ou antes com um corpo imaginário sem peso. Compreender o imaginário pelo imaginário do corpo – E portanto, não como *nadificação* que *vale como* observação mas como a verdadeira *Stiftung* do Ser da qual a observação e o corpo articulado são variantes especiais.

– o que resta do *quiasma* no sonho?

o sonho está *dentro* no sentido em que está *dentro* o duplo interno do sensível externo, está do lado do sensível em toda parte em que não se encontre o mundo – eis o "palco, o teatro" de que fala Freud, o lugar de nossas crenças oníricas,

– e não a "consciência" e sua loucura imagista.

O "sujeito" do sonho (e da angústia, e de toda vida), é "*on*" – i. é., o corpo como *recinto* –

Recinto de que saímos, pois que o corpo é *visível*, uma "espécie de reflexão".

Quiasma – Reversibilidade

16 de novembro de 1960

É necessário que a fala entre na criança como silêncio, – rompa até ela através do silêncio e como silêncio (i. e, como coisa simplesmente percebida – diferença da palavra *Sinnvoll* e da palavra-percebida – Silêncio=ausência de fala devida. É este negativo fecundo, instituído pela carne, por sua deiscência – o negativo, o nada, é o desdobrado, as duas faces do corpo, o interior e o exterior articulados um no outro – O nada é antes a diferença dos idênticos –

Reversibilidade: o dedo da luva que se põe do avesso – Não há necessidade de um espectador que esteja *dos dois lados*. Basta que, de um lado, eu veja o avesso da luva que se aplica sobre o direito, que eu toque um por meio do outro (dupla "representação" de um ponto ou plano do campo) o quiasma é isto: a reversibilidade –

É somente através dela que há passagem do "Para Si" ao Para Outrem – Na realidade, não existimos nem eu nem o outro como positivos, subjetividades positivas. São dois antros, duas aberturas, dois palcos onde algo vai acontecer – e ambos pertencem ao mesmo mundo, ao palco do Ser

Não existe o Para Si e o Para Outrem Eles são o outro lado um do outro. Eis por que se incorporam ao outro: projeção-introjeção – Existe essa linha, essa superfície fronteira a alguma distância diante de mim, onde se realiza a mudança eu-outrem outrem-eu –

Dado somente o eixo – a ponta do dedo da luva é o nada, – mas nada que se pode pôr do avesso e onde então se veem *coisas* – O único "local" onde o negativo pode existir verdadeiramente, é a dobra, a aplicação um ao outro do interior e do exterior, o ponto de virada –

Quiasma eu-o mundo
  eu-outrem
quiasma meu corpo-as coisas, realizado pelo desdobramento do meu corpo em fora e dentro, – e o desdobramento das coisas (seu fora e seu dentro)

São estes 2 desdobramentos que possibilitam: a inserção do mundo entre as 2 faces de meu corpo a inserção de meu corpo entre duas faces de cada coisa e do mundo

Isso não é antropologismo: estudando as 2 folhas deve-se encontrar estrutura do ser –

Partir disto: não existe identidade e não-identidade nem não-coincidência, existe o fora e o dentro girando um em torno do outro –

Meu nada "central" é como a ponta da espiral estroboscópica, que está *não se sabe onde*, que é "ninguém"

O quiasma *eu-meu corpo*: sei que um corpo [finalizado?] é *Wahrnehmungsbereit*, oferece-se para…, abre-se para… espectador iminente, é *campo de carga* –

Posição, negação, negação da negação: este lado, o outro, o outro de outro. O que trago de novo ao problema do mesmo e do outro? Isto: que o mesmo seja o outro de outro, e a identidade diferença de diferença – isso 1) não realiza superação, dialética, no sentido hegeliano 2) realiza-se no mesmo lugar, por imbricação, espessura, *espacialidade* –

Novembro de 1960

. . . .

Atividade: passividade – Teleologia

O quiasma, a reversibilidade, é a ideia de que toda percepção é forrada por uma contrapercepção (oposição real de Kant), é ato de duas faces, não mais se sabe quem fala e quem escuta. Circularidade falar-

-escutar, ver-ser visto, perceber-ser percebido, (é ela que faz com que nos pareça que a percepção se realiza *nas próprias coisas*) – *Atividade= passividade*

Isto é fácil de aceitar quando se pensa no que é o nada (néant), a saber, *nada* (rien). Como é que este nada seria ativo, eficaz? E se a subjetividade não é *ele*, mas é ele + o meu corpo, como é que a operação da subjetividade não seria levada pela teleologia do corpo?

Qual é, portanto, a minha situação com relação ao *finalismo*? Não sou finalista, porque a interioridade do corpo (= a conveniência da folha interna e da folha externa, a sua dobra uma sobre a outra) não é qualquer coisa de *feito*, *fabricado*, pela reunião de duas folhas: elas nunca estiveram separadas uma da outra –

(Revogo, na dúvida, a perspectiva evolucionista: substituo-a por uma cosmologia do visível no sentido de que, ao considerar o endotempo e o endoespaço, deixa de existir para mim a questão das origens, ou de limites, ou de séries de acontecimentos tomando o rumo da causa primeira, para existir uma única explosão de Ser que é para sempre. Descrever o mundo dos "raios de mundo" para além de qualquer alternativa serial-eternitária ou ideal – Propor a eternidade existencial – o corpo eterno)

Não sou finalista porque existe deiscência e não produção positiva, – através da finalidade do corpo, – de um homem cuja organização teleológica seria prolongada pela nossa percepção e pelo nosso pensamento.

O homem não é o *fim* do corpo, nem o corpo organizado, o *fim* dos componentes: mas antes o subordinado oscila, de cada vez, no vazio de uma nova dimensão aberta, o inferior e o superior gravitam um em torno do outro, como *o alto e o baixo* (variantes da relação lado-outro lado) – No fundo, eu arrasto a distinção alto-baixo para o turbilhão onde ela se reúne à distinção lado-outro lado, onde as duas distinções se integram numa *dimensionalidade universal* que é o Ser (Heidegger)

Não há outro sentido além do carnal, figura e fundo – Sentido = seu deslocamento, sua gravitação (aquilo que eu chamava "escapamento" na *Fenomenologia da Percepção*[80])

Política – Filosofia – Literatura

Novembro de 1960

. . . .

... a ideia do *quiasma*, isto é: toda relação com o ser é *simultaneamente* tomar e ser tomado, a tomada é tomada, está *inscrita* e inscrita no mesmo ser que ela toma.

Elaborar, a partir daí, uma ideia da filosofia: ela não pode ser conquista total e ativa, posse intelectual, pois aquilo que existe para ser possuído é um desapossamento – Não está *acima* da vida, fora de rumo. Mas

80. *Phénoménologie de la Perception* – op. cit.

embaixo. É o experimentar simultâneo do ser que toma e do tomado em todas as ordens. *Aquilo que ela* diz, suas *significações* não são um invisível absoluto: ela mostra por meio de palavras. Como a literatura. Não se instala no avesso do visível: está de ambos os lados.

Portanto, não há nenhuma diferença *absoluta*, entre a filosofia ou o transcendental e o empírico (vale mais dizer: o ontológico e o ôntico) – Não existe fala filosófica absolutamente pura. Nem política puramente filosófica, por ex., nem rigorismo filosófico quando se trata de um Manifesto.

Contudo, a filosofia não é imediatamente a não-filosofia – Rejeita a não-filosofia no que ela tem de positivismo, não φ militante – o que reduziria a história ao visível, privá-la-ia precisamente da sua profundidade, sob o pretexto de melhor aderir a ela: o irracionalismo, a *Lebensphilosophie*, fascismo e comunismo, que certamente possuem sentido filosófico mas oculto deles próprios.

O imaginário

Novembro de 1960

É para Sartre negação da negação, *uma ordem em que a nadificação se aplica a si própria*, e assim vale como posição do ser, embora não seja inteiramente o seu equivalente, e ainda que a menor parcela de ser verdadeira, transcendente, reduza imediatamente o imaginário.

Isto supõe, pois, uma análise bipartida: percepção como observação, tecido rigoroso, sem nenhuma "luz", lugar da *nadificação* simples ou imediata o imaginário como lugar da negação de si.

O ser e o imaginário são para Sartre "objetos", "entes" –

Para mim, são "elementos" (no sentido de Bachelard), isto é, não objetos, mas campos, ser doce, não-tético, ser antes do ser, – e além disso, comportando sua autoinscrição seu "correlato subjetivo" faz parte deles. A *Rotempfindung* faz parte do *Rotempfundene* – isto não é *coincidência*, mas deiscência que se sabe tal

Natureza

Novembro de 1960

"A natureza está na sua alvorada": e isso hoje mesmo. Isso não quer dizer: mito da indivisão originária e coincidência como *regresso*.

O *Urtümlich*, o *Ursprünglich* não pertence ao outrora.

Trata-se de encontrar, no presente, a carne do mundo (e não no passado) um "sempre novo" e "sempre o mesmo" – Uma espécie de tempo do sono (que é a duração nascente de Bergson, sempre nova e a mesma). O sensível, a Natureza, transcendem a distinção passado presente, realizam uma passagem por dentro de um ao outro Eternidade existencial. O indestrutível, o Princípio bárbaro

Fazer uma psicanálise da natureza: é a carne, a mãe.

241

Uma filosofia da carne é condição sem a qual a psicanálise permanece antropologia.

Em que sentido a paisagem visível sob meus olhos é, não exterior a, e ligada sinteticamente aos... outros momentos do tempo e ao passado, mas os tem verdadeiramente atrás dela como simultaneidade, no interior dela e não ela e eles lado a lado "no" tempo.

Tempo e quiasma

Novembro de 1960

A *Stiftung* de um ponto do tempo pode transmitir-se aos outros sem "continuidade" sem "conservação", sem "suporte" fictício na psique a partir do momento em que se compreende o tempo como quiasma

Então passado e presente são *Ineinander* (um no outro), cada um envolvido-envolvente, – e isso mesmo é a carne

Novembro de 1960

. . . .

A polpa mesma do sensível, o seu indefinível, não é outra coisa senão a união nele do "dentro" e do "fora", o contato em espessura de si consigo – O absoluto do "sensível", é essa explosão estabilizada, i. e, que comporta retorno

A relação entre circularidade (meu corpo-sensível) não oferece as dificuldades que oferece a relação entre "camadas" ou ordens lineares (nem a alternativa imanência-transcendente) Em *Ideen II*, Husserl, "desemaranhar", "desembaraçar" o que que está embaraçado

A ideia do quiasma e do *Ineinander* é, pelo contrário, a ideia de que toda a análise que *desemaranha* torna ininteligível – Isto ligado ao próprio sentido da *questão* que não é de exigir uma resposta no indicativo –

Trata-se de criar um novo tipo de inteligibilidade (inteligibilidade através do mundo e do Ser tal e qual, – "vertical" e não *horizontal*)

Silêncio da Percepção
Fala silenciosa, sem significação expressa e no entanto rica de sentido –
linguagem – coisa

Novembro de 1960

Silêncio da percepção = a filigrana que eu não saberia dizer o que é, nem quantos lados possui etc. e que, contudo, aí está (é o próprio critério do observável, segundo Sartre, que é aqui contradito, – e o critério do imaginário que, segundo Alain, intervém na percepção) –

Existe um silêncio análogo da linguagem i. e, uma linguagem que não comporta mais atos de significação reativados do que essa percepção – e que, no entanto, funciona, e inventivamente é ela que intervém na fabricação de um livro.

"Outrem"

Novembro de 1960

O que interessa, não é um expediente para resolver o "problema de outrem" –

É uma transformação do problema

Se se parte do visível e da visão, do sensível e do sentir, tem-se da "subjetividade" uma ideia inteiramente nova: não existem mais "sínteses" há um contato com o ser através das suas modulações, ou relevos –

Outrem não é tanto uma liberdade vista de *fora* como destino e fatalidade, um sujeito rival de outro sujeito, mas um prisioneiro no circuito que o liga ao mundo, como nós próprios, e assim também no circuito que o liga a nós – E este mundo nos é *comum*, é intermundo – E há transitivismo por generalidade – E mesmo a liberdade tem sua generalidade, é compreendida como generalidade: atividade não mais *o contrário* de passividade

Daí relações carnais, pelo baixo, não menos que pelo alto e o grau máximo Abraçar

Daí o problema essencial = não fazer comum no sentido de criação ex nihilo de situação comum, de acontecimento comum + compromisso com o passado, mas no sentido de proferir – linguagem –

outrem é um relevo como eu, não existência vertical absoluta.

. . . .

Corpo e carne –
Eros –
Filosofia do Freudismo

Dezembro de 1960

Interpretação superficial do Freudismo: alguém é escultor porque é anal, porque as fezes já são greda, modelar etc.

Mas as fezes não são *causa*: se o fossem, todos seriam escultores

As fezes só suscitam um caráter (Abscheu) se o sujeito as vive de forma a aí encontrar uma dimensão do ser –

Não se cuida de renovar o empirismo (as fezes imprimindo certo caráter à criança). Trata-se de compreender que a relação com as fezes é, na criança, uma ontologia concreta. Fazer não uma psicanálise existencial, mas uma psicanálise *ontológica*

Sobredeterminação (= circularidade, quiasma) = todo o ente pode ser *acentuado* como emblema do Ser (= caráter) → deve ser lido como tal

Em outras palavras, ser anal não *explica* nada: porque, para sê-lo, é preciso ter a capacidade ontológica (= capacidade de tomar um ser como representativo do Ser) –

Portanto, o que Freud quer indicar não são cadeias de causalidade; é, a partir de um polimorfismo ou amorfismo, que é contato com o Ser de promiscuidade, de transitivismo, a fixação de um "caráter" por investimento num Ente da abertura ao Ser, que, daqui em diante, se faz *através deste Ente*

Portanto, a filosofia de Freud não é filosofia do corpo mas da carne –

O *id*, o inconsciente, – e o ego (correlativos) para serem compreendidos a partir da carne

Toda a arquitetura das noções da psicologia (percepção, ideia – afeição, prazer, desejo, amor, Eros) tudo isso, toda esta quinquilharia se ilumina, de repente, quando se deixa de pensar estes termos como *positivos* ("espiritual" + ou – espesso) para pensá-los não como negativos ou negatividades (porque isso traz de volta as mesmas dificuldades), mas como *diferenciações* de uma única e *maciça* adesão ao Ser que é a carne (eventualmente como "rendas") – Então problemas como os de Scheler (como compreender a relação do intencional com o afetivo que ele cruza transversalmente, um amor que é transversal às oscilações de prazer e dor → personalismo) desaparecem: porque não existe *hierarquia* de ordens ou de camadas ou planos, (sempre fundada sobre a distinção indivíduo-essência), existe dimensionalidade de todo fato e facticidade de toda dimensão – Isso em virtude da "diferença ontológica" –

O corpo no mundo.
A imagem especular – a semelhança

Dezembro de 1960

O meu corpo *no* visível. Não quer dizer simplesmente: é um pedaço do visível, lá existe o visível e aqui (como variante do lá) o meu corpo. Não. Ele está *rodeado* pelo visível. Isso não se passa num plano do que ele seria um embutido mas ele está verdadeiramente rodeado, circundado. Quer dizer: vê-se, é um visível, mas vê-se vendo, meu olhar que *lá* o encontra sabe que está aqui, do lado dele – Assim o corpo é posto *de pé* diante do mundo e o mundo de pé diante dele, e há entre ambos uma relação de abraço. E entre estes dois seres verticais não há fronteira, mas superfície de contato –

A carne = o fato de que meu corpo é ativo-passivo (visível-vidente), massa em si e gesto –

A carne do mundo = sua *Horizonthaftigkeit* (horizonte interior e exterior) rodeando a fina película do visível estrito entre esses dois horizontes –

A carne = o fato de que o visível que eu sou é vidente (olhar) ou, o que vem a dar no mesmo, tem um *dentro* + o fato de que o visível exterior é também *visto*, i. e, possui um prolongamento, no recinto do meu corpo, que faz parte do meu ser

A imagem especular, a memória, a semelhança: estruturas fundamentais (semelhança da coisa e da coisa-vista). Porque são estruturas que derivam imediatamente da relação corpo-mundo – os reflexos assemelham-se aos refletidos = a visão começa nas coisas, algumas coisas ou casais de coisas chamam a visão – Mostrar que toda a expressão nossa e conceptualização do espírito é tomada de empréstimo a essas estruturas: por ex., *reflexão*.

"Vertical" e existência

Dezembro de 1960

Sartre: o círculo não é inexplicável, é explicável através da rotação de uma reta em torno da sua extremidade – Mas o círculo também não existe – existência é inexplicável*...

O que eu chamo o *vertical* é o que Sartre chama a existência, – mas que para ele logo se transforma na fulguração do nada que faz erguer o mundo, na operação do para-si.

Na realidade, o círculo existe e a existência não é o homem. O círculo existe, inexplicável, desde que me baseio, não somente no círculo--objeto, mas neste círculo *visível*, nessa fisionomia circular que nenhuma gênese intelectual nem causalidade física explicam, e que *tem* as propriedades mesmas que ainda não conheço

É todo este campo do "vertical" que é preciso despertar. A existência de Sartre não é "vertical", "em pé": ela corta, de certo, o plano dos seres, é transversal em relação a ele, mas justamente é demasiado distinta dele para que se possa dizer que está "em pé". Está em pé a existência que se encontra ameaçada pela gravidade, que sai do plano do ser objetivo, mas não sem arrastar consigo tudo o que para aí levou de adversidade e favores.

O corpo se apresenta sempre "do mesmo lado" – (em princípio: porque é aparentemente contrário à reversibilidade)

É que a *reversibilidade* não é *identidade* atual do tocante e do tocado. É sua identidade de princípio (sempre falhada) – Não é, contudo, idealidade, porque o corpo não é simplesmente um visível de fato entre os visíveis, é visível-vidente, ou olhar. Dito de outro modo, o tecido de possibilidades que encerra o visível exterior sobre o corpo vidente mantém entre eles certo *afastamento*. Mas esse espaço não é um *vazio*, está cheio precisamente pela carne como lugar de emergência de uma visão passividade que leva consigo uma atividade, – e, do mesmo modo, afastamento entre o visível exterior e o corpo que constitui o enchimento do mundo

É descrever mal dizer: o corpo se apresenta sempre do *mesmo lado* (ou: permanecemos sempre de certo lado do corpo – há um fora e um dentro). Porque essa unilateralidade não é simples resistência de fato do fenômeno corpo: tem uma razão de ser: a presentificação unilateral do corpo condição para que o corpo seja vidente, i. e, que não seja um visível entre os visíveis. Não é um visível trancado. E um visível-arquétipo, – e não poderia sê-lo se fosse sobrevoável.

Descartes

Março de 1961

....

Estudar o Descartes pré-metódico, as *spontaneae fruges* esse pensamento natural "que sempre precede o adquirido", – e o Descartes pós-

---

* N.T. – *Vide Crítica da Razão Dialética pág 150 – 1-2 nota 2 – quando Sartre pensa o "círculo" a partir de Hegel.*

-metódico, aquele descrito pela VIª Meditação, que vive no mundo após tê-lo metodicamente explorado, – O Descartes "vertical" alma e corpo, e não aquele do *intuitus mentis* – E a maneira como ele escolhe os seus modelos ("luz" etc.) e como, por fim, os ultrapassa, o Descartes de antes e depois da ordem das razões, o Descartes do Cogito anterior ao Cogito, que sempre soube que pensava, de um saber que é último e não tem necessidade de elucidação, – perguntar-se em que consiste a evidência desse pensamento espontâneo, *sui ipsius contemplatio reflexa*, o que quer dizer essa recusa de constituir a Psique, saber mais claro que toda constituição e no qual se baseia

Descartes – Intuitus mentis

Março de 1961

A definição do *intuitus mentis*, fundada sobre analogia com a visão, ela própria compreendida como pensamento de um indivisível visual (os *pormenores* que os artesãos veem) – A vista do "mar" (como "elemento", não como coisa individual) considerada como visão imperfeita, daí o ideal do pensamento *distinto*.

Essa análise da visão deve ser inteiramente reconsiderada (supõe o que está em pauta: a própria coisa) – Não vê que a visão é televisão, transcendência, cristalização do impossível.

Por conseguinte, a análise do *intuitus mentis* também deve ser refeita: não existe indivisível de pensamento, natureza simples – a natureza simples, o conhecimento "natural" (a evidência do eu penso, como mais clara do que tudo o que se lhe possa acrescentar), que ou é apreendida totalmente ou não o é, de uma forma total, tudo isso são "figuras" do pensamento e não se baseia no "fundo" ou "horizonte" – Este só é acessível se se começa por uma análise do *Sehen* – Como o *Sehen*, o *Denken* não é identidade, mas não-diferença, não é distinção, mas clareza à primeira vista.

. . . .

Carne

Março de 1961

Dizer que o corpo é vidente não é, curiosamente, senão dizer que é visível. Quando procuro saber o que quero dizer dizendo que *é o corpo que vê* acho apenas o seguinte: ele está de algum "lado" (do ponto de vista de outrem – ou: no espelho para mim por ex. no espelho de três faces) visível no ato de olhar –

Mais exatamente: quando digo que o meu corpo é vidente, há, na experiência que tenho disso, algo que funda e enuncia a vista que outrem possui ou que o espelho dá de meu corpo. I. e: é visível para mim em princípio ou pelo menos concorre para o *Visível* de que o *meu visível* é um fragmento. I. e, nessa medida, o meu visível vira-se sobre ele para "compreendê-lo" – B como é que eu sei disso senão porque o meu visível não é de modo nenhum "representação" minha, mas carne? I. e, capaz de abraçar o meu corpo, de "vê-lo" – É através do mundo que sou visto ou pensado

Meu plano:

    I   *o visível*
   II   *a Natureza*
  III   *o logos*

Março de 1961

deve ser apresentado sem nenhum compromisso com o *humanismo*, nem, além disso, com o *naturalismo*, nem, enfim, com a *teologia* – Trata--se precisamente de mostrar que a filosofia não pode mais pensar segundo esta clivagem: Deus, o homem, as criaturas, – que era a clivagem de *Espinosa*.

Portanto não começamos *ab homine* como Descartes (a 1ª Parte não é "reflexão") não tomamos a Natureza no sentido dos Escolásticos (a 2ª Parte não é a Natureza em si, φ da Natureza, mas descrição do *entrelaçado* homem-animalidade) e não tomamos o Logos e a verdade no sentido do Verbo (a 3ª Parte não é nem lógica, nem teleologia da consciência, mas estudo da linguagem que possui o homem)

É preciso descrever *o visível* como algo que se realiza através do homem, mas que não é de modo algum antropologia (contra, portanto, Feuerbach-Marx 1844)

a Natureza como o outro lado do homem (como carne – de modo nenhum como "matéria")

O Logos também como realizando-se no homem, mas de nenhum modo como sua *propriedade*.

De forma que a concepção da história à qual se chegará não será *ética* como a de Sartre. Estará bem mais próxima da de Marx: o Capital como *coisa* (não como objeto parcial de uma pesquisa empírica parcial como Sartre o apresenta), como "*mistério*" da história, exprimindo os "mistérios especulativos" da lógica hegeliana. (O "*Geheimnis*" da mercadoria como "fetiche") (todo objeto histórico é fetiche)

Matéria-trabalhada-homens = *quiasma*

POSFÁCIO

Por esperada que às vezes seja, a morte de um próximo ou de um amigo coloca-nos à beira de um abismo. Tanto mais que nada a fazia supor, e o que ocorreu não se pode imputar à doença, à velhice, nem a um concurso visível de circunstâncias, e ainda mais quando aquele que morre está vivo a ponto de termos adquirido o hábito de ligar nossos pensamentos aos seus, de nele procurarmos as forças de que carecemos e de o termos como uma das mais seguras testemunhas de nossas empresas. Tal foi a repentina morte de Maurice Merleau-Ponty, e tal era a sua personalidade que todos os que estavam a ele ligados pela amizade conheceram a amarga verdade desta experiência no abalo que trouxe para suas vidas. Mas, neste momento, era-lhes ainda necessário ouvir o silêncio de uma voz que, por ter-lhes sempre chegado carregada de acentos pessoais, parecia falar desde sempre e não ter de cessar um dia.

Estranho silêncio este ao qual nos abandona o discurso, interrompido – no qual só esquecemos a morte do escritor a fim de até ela chegarmos por outro caminho. A obra está a termo, e pelo simples fato de que tudo lá está dito, somos repentinamente postos na presença dela. O termo veio depressa demais, pensamos, mas esse lamento nada pode contra a evidência de que a obra nasce no momento em que se encerra. Passa a ser o que diz e nada mais, palavra plena que não se dirige senão a si própria, sobre si repousa, e onde se apaga a recordação de sua origem. Desaparecido o escritor, é a obra que lemos. É nela, não nele que pomos nossa expectativa. Mudança profunda, porque não duvidamos que baste atenção e paciência para que chegue até nós o sentido que a obra leva em si inscrita. Este sentido, tudo o induz agora, e as próprias ideias que também julgávamos as mais contestáveis, pois nos ensinam, à sua maneira, a verdade do discurso. Ontem ainda, o escritor nada mais fazia, acreditávamos, que responder às questões que nos propúnhamos ou a formular as que nasciam de nossa situação comum no mundo. No limite do seu olhar, as coisas eram aquelas mesmas que víamos ou podíamos ver do nosso lugar. A sua experiência era seguramente singular, mas desenvolvia-se dentro dos mesmos horizontes que a nossa, nutria-se da mesma recusa das antigas verdades e da mesma incerteza quanto ao futuro. Fosse qual fosse o prestígio de que gozava a nossos olhos, sabíamos que a sua função não o investia de nenhum poder, que corria o risco de nomear aquilo que no presente não tinha nome, que o caminho se abria sob seus pés como se rompe sob os nossos, quando intentamos avançar. Descobríamos, pois, os seus escritos com o espanto devido a tudo aquilo que é novo, sem nunca nos afastarmos de uma reserva perante o que mais admirávamos, tão parca era a certeza acerca do que eles davam a pensar, das consequências que em nós desenvolviam, e conscientes de que o próprio autor ignorava até onde ser-lhe-ia preciso ir. Sem sermos seu igual, estávamos próximos dele, submetidos ao mesmo ritmo de mundo, participando do mesmo tempo, igualmente privados de apoio. A partir do momento em que a obra nada mais deve ao seu autor, estabelece-se entre ela e nós uma nova distância e tornamo-nos leitor diferente. Não que o poder de criticar esteja diminuído. É possível que descubramos incertezas, lacunas, discordâncias e, mesmo, contradições; em todo o caso, a variedade das ideias e sua gênese são-nos sensíveis; medimos, por exemplo, a diferença que separa os últimos escritos das obras de juventude. Mas a crítica não faz duvidar da existência da obra, é ainda um meio de chegar até ela, pois é à obra que pertencem de direito este movimento, estes distanciamentos, estas contradições que observamos. A obscuridade em que se instala não é menos necessária do que as passagens luminosas onde a intenção aparece sem véu. Mais geralmente, nada há na obra que não fale dela e não manifeste sua identidade, o que ela enuncia e o que silencia, o conteúdo das proposições e do estilo, a maneira franca que tem de ir no encalço do seu objetivo e os seus desvios ou digressões. Tudo o que solicita atenção indica um caminho que conduz a ela, é igualmente abertura para aquilo que ela é.

De onde vem ao leitor essa inflexão do olhar, quando o escritor desaparece? É que, agora metamorfoseada em obra, a experiência do escritor não mais possui a função única de tornar inteligível a realidade em relação a que ela se forma. Sem dúvida, a obra continua um mediador, nela buscamos uma via de acesso para o mundo presente e passado, com ela aprendemos a medir nossa tarefa de conhecimento, mas esse mediador tem isto de singular: passa a fazer parte do mundo a que induz. A obra de onde o escritor se retirou tornou-se obra entre outras, faz parte do nosso meio de cultura e contribui para situar-nos em relação a ele, pois que ela só encontra sentido nos seus horizontes e no-lo dá presente no momento em que se oferece como uma figura singular dele. É coisa que existe por si, que decerto nada seria se não tivesse origem no escritor e cairia no esquecimento se o leitor cessasse de se interessar por ela, mas que, contudo, não depende inteiramente nem de um nem de outro, e da qual também eles dependem, tanto é verdade que a lembrança daquilo que o escritor foi só sobreviverá através da obra e que os homens só a descobrirão sob condição de se deixarem guiar por ela até o domínio de pensamento onde ela um dia se fixou. E esta coisa que conquistou espaço próprio no seio do universo espiritual que o escritor interrogava, como nós depois dele interrogamos, liga-se-lhe de mil maneiras, irradia em todas as direções do passado e do futuro, só adquire, enfim, seu verdadeiro sentido quando se confessa modulação de um pensamento sem origem nem termo, articulação no interior de um discurso perpetuamente recomeçado. A obra, portanto, vive no exterior. Como as coisas da natureza, como os fatos da história, é um ser exterior, despertando o mesmo espanto, requerendo a mesma atenção, a mesma exploração do olhar, prometendo por sua singular presença um sentido de outra ordem que as significações encerradas nos seus enunciados. Sendo no mundo, não lhe pertence como o resto, pois que só existe para nomear o que é e o laço que a ele nos prende. Mas, nomeado, troca sua presença pela das coisas, empresta-lhes sua objetividade: imprime-se naquilo que exprime. Só somos obrigados a ver o mundo nela porque, no momento em que converte todas as coisas em coisas pensadas, o pensamento pactua com as coisas, se lastra com o seu peso, deixa-se ganhar pelo seu movimento, duração, exterioridade e só se apropria delas rompendo com as origens. Ruptura de que é testemunha, sem dúvida, cada obra desde o momento em que é escrita, mas que só se consuma quando o pensador já não está lá, porque, doravante, os acontecimentos que marcavam a sua vida, os de sua história pessoal – história privada da qual o leitor sabe sempre alguma coisa, visto que o escritor mais discreto acerca de si nunca consegue dissimulá-la por completo, ou a história de suas atividades, descobertas, de suas brigas com os contemporâneos – e os da história pública cujos efeitos sofremos ao mesmo tempo que eles perdem a eficácia que lhes emprestamos, cessam de orientar o olhar, passam ao estado de referências anedóticas para darem lugar à realidade da obra que deles só retém o sentido. Privados de sua antiga figura e de seu antigo poder, inscrevem-se numa nova temporalidade, vêm servir uma nova história; metamorfoseados no seu sentido, mantêm doravante uma enigmática correspondência com outros acontecimentos que nós sabemos que vivem igualmente nas profundezas das obras do passado; transformados em potências gerais, têm sob seu poder um reino de ser para o qual nem datas nem locais se podem assinalar com precisão.

Assim o recuo das coisas do mundo acompanha o recuo daquele que as pensa e a obra só existe integralmente em virtude desta dupla ausência quando, todas as coisas tornadas pensamentos e os pensamentos tornados coisas, ela de repente parece puxar todo o ser para si e fazer-se por si só, fonte de sentido.

É pouco, consequentemente, dizer que a obra sobrevive ao escritor, que, quando o inacabamento for esquecido conheceremos apenas a plenitude do sentido. Essa plenitude é de direito, e a obra parece possuir de per si uma existência positiva, porque, por mais que sua sorte dependa da decisão de os leitores futuros emprestar-lhe voz, cada vez pelo menos que para ela nos voltarmos, ela se interporá, como no primeiro dia, entre quem lê e o mundo no qual se encontra, constrangendo-o a interrogá-lo nela e a relacionar seus pensamentos com o que ela é.

Tal é o fascínio que a obra acabada exerce sobre o leitor que torna vã, de momento, toda recriminação acerca da morte do escritor. Este desaparece quando se preparava para novos começos, a criação fica interrompida, para sempre aquém da expressão que anunciava e de onde devia extrair sua justificação derradeira; mas seja qual for a emoção daquele que considera o absurdo desenlace – daquele a quem foi dado o triste privilégio de penetrar na sala de trabalho do escritor, de medir com o olhar o estaleiro abandonado, as notas, os planos, os rascunhos que levam a marca sensível de um pensamento em efervescência, quase a encontrar a forma – ela ainda se associa à recordação do homem impedido de levar avante sua tarefa. Apagada essa recordação, pouco importará, estamos persuadidos, saber quando o autor morreu, em que circunstâncias e se tinha ou não forças para continuar. Porque, assim como não podemos imaginar os movimentos de pensamento que lhe acompanham a criação, sua desordem interior, suas hesitações, as tentativas onde se atola e de onde sai após esforços gastos em pura perda, balbucios nos quais se forma a sua linguagem, assim também não saberíamos encontrar na última derrota em que se abisma a empresa, matéria para uma reflexão sobre a obra.

Mas o que quer dizer que uma obra se torna estranha às condições da criação? Não será preciso compreender que se situa além do acabamento como do inacabamento? E com efeito, como é que uma obra estaria acabada, no sentido ordinário do termo? Para pensá-lo seria preciso supor que o sentido da obra fosse rigorosamente determinado, que tenha podido adquirir um dia, pelo enunciado de certas proposições, uma coerência tal que toda a palavra nova lhe fosse supérflua, seria preciso ver nela uma longa cadeia de demonstrações destinada a encontrar seu termo numa derradeira prova. Mas tomar-se-ia imediatamente ininteligível o poder que lhe reconhecemos de solicitar indefinidamente a reflexão de leitores futuros, de ligar numa mesma interrogação as questões que eles lhe levantam e as que nascem da sua experiência. Uma obra acabada seria uma obra de que o autor se tivesse tornado senhor total e de que, pela mesma razão, o leitor por sua vez teria que tomar posse, obra que não teria através de todos os que a lessem mais do que um leitor. Não poderíamos, portanto, dizer que permaneceria presente para os homens, a despeito do tempo decorrido desde o momento da criação; não que as verdades descobertas devessem deixar de valer como tais, mas porque, uma vez fixadas para sempre em operações de conhecimento sempre repetíveis, constituiriam um dado adquirido ao qual seria inútil retornar.

A obra fascina, dizíamos; no momento em que o autor desaparece, ela nos separa dele, e constrange-nos a vê-la como a verão os futuros leitores; mas isso não significa que tenha ganho uma identidade definida fora do tempo. Longe de retirar-se para fora do nosso tempo, como de qualquer tempo, invade sob nossos olhos todo o campo do passado e do futuro, e está de antemão presente naquilo que ainda não existe e o sentido dessa presença nos é em parte subtraído. Não duvidamos de que falará quando não mais estivermos presentes para ouvi-la – do mesmo modo que continuam a falar as obras do passado, na longínqua distância do seu autor e dos primeiros leitores – e sabemos igualmente que se lera nela aquilo que não estamos capacitados para ler, que as interpretações mais bem fundadas não lhe esgotarão o sentido. O tempo novo que ela institui, por ser diferente do tempo da *história real*, não lhe é estranho, porque a todo instante a obra existe sob a tripla dimensão do presente, do passado e do futuro, e se permanece a mesma, está sempre à espera do seu próprio sentido. Não é só a sua imagem que se renova, é ela mesma que dura, para quem a duração é essencial, pois que é feita para acolher a provação das mudanças do mundo e do pensamento dos outros. Deste único ponto de vista, possui uma existência positiva – não porque exista, de uma vez por todas, como aquilo que é, mas porque dá a pensar indefinidamente, nunca se recusará a quem a interrogar, hoje como ontem estará misturada às nossas relações com o mundo.

Que o trabalho do escritor pareça ter atingido ou não o seu termo, importa, pois, pouco: logo que nos pomos em face da obra, ficamos expostos a uma mesma indeterminação; e quanto mais penetramos em seu domínio, quanto mais aumenta nosso conhecimento, menos somos capazes de pôr cobro às questões. Devemos, enfim, admitir que só comunicamos com ela em virtude desta indeterminação, que só acolhemos verdadeiramente aquilo que dá a pensar porque este dom não tem nome, que a própria obra não dispõe soberanamente dos seus pensamentos, mas permanece na dependência do sentido que quer transmitir.

Forçoso é, portanto, reconsiderar o destino da obra. Pensávamos ter trocado a infelicidade da criação interrompida pela segurança e o repouso da obra realizada. Nela encontrávamos a plenitude do sentido e a solidez do Ser. Ora, é verdade a sua presença é tranquilizadora, pois não tem limites, pois tem seu lugar de direito entre as obras do passado e irradia tão longe quanto queiramos na direção do futuro, pois a própria ideia de que ela possa um dia apagar-se da memória dos homens nada pode contra a certeza de que enquanto a literatura veicular uma interrogação acerca da nossa relação com o mundo, permanecerá marco vivo. Mas essa presença dá-se como enigma, porque a obra só chama a si para tornar sensível certa impossibilidade de ser. A esta impossibilidade fornece uma figura singular, mas não a ultrapassa. É-lhe essencial testemunhá-la, permanecer separada de si própria como separada fica do mundo cujo sentido deseja captar.

Assim descobrimos ainda a morte na obra, porque o seu poder está ligado à impotência derradeira, porque os caminhos que abre e sempre manterá abertos estão e ficarão sem finalização. Em vão tentaremos afastar a ameaça dessa morte: imaginamos que o que a obra teria podido dizer, outros dirão no futuro, mas o que não pode dizer pertence-lhe e os pensamentos que desperta só se inscreverão noutra obra longe dela, em virtude de novo começo. O sentido que concede permanece sempre em suspenso, o círculo que traça circunscreve certo vazio ou ausência.

Tal é, talvez, a razão da perturbação diante da obra inacabada; é que ela nos coloca brutalmente em face de uma ambiguidade essencial de que preferimos, o mais das vezes nos afastar. O que desconcerta não é que a última parte do discurso nos seja roubada, que o fim que o escritor almejava seja doravante inacessível, pois que de fato agora temos a certeza de que nunca será alcançado; é que, no mesmo momento, devíamos descobrir a necessidade inscrita na obra -- o movimento profundo pelo qual a obra se instala na palavra para abrir-se a um inesgotável comentário do mundo, advento a uma ordem da existência onde parece instalar--se para todo o sempre – e esta parada obscura que a deixa aquém de seus desígnios atira-a para as fronteiras de fato da sua expressão e faz de repente duvidar da legitimidade da empresa. Podemos persuadir-nos de que a incerteza à qual nos abandona motiva e alimenta a nossa interrogação sobre o mundo, que ela fala mesmo quando silencia, pela virtude que possui de designar aquilo que está e sempre estará para além do exprimível. Resta apenas o fato de que ela se votou ao desvendamento incessante do sentido, que toda a sua verdade residia neste desvendamento e que ela não pode encontrar um termo sem que, por sua vez, o véu a envolva, e os seus caminhos se percam na obscuridade.

Aquele a quem estes pensamentos ocorrem está tanto menos disposto a esquecê-los perante o último escrito de Maurice Merleau-Ponty quanto mais está seguro de serem estes também os pensamentos do Autor, e ainda aprende com ele a ver aonde os pensamentos o levam. Releia-se, por exemplo, *O Filósofo e sua sombra, A Linguagem indireta e as Vozes do Silêncio*, as Notícias redigidas para *Os Filósofos célebres*, ou somente as páginas que o filósofo deixa após sua morte, ver-se-á que nunca deixou de interrogar-se sobre a essência da obra filosófica. Era já para ele um problema compreender o laço estranho que ligava sua empresa à de seus predecessores, e melhor do que qualquer outro, pôs em evidência a ambiguidade de uma relação que nos abre e nos fecha ao mesmo tempo para a verdade daquilo que foi pensado por outro, desvenda a profusão do sentido atrás de nós e, simultaneamente, uma distância intransponível do presente ao passado na qual se perde o sentido da tradição filosófica e nasce a exigência de retomar na solidão, sem apoio exterior, o trabalho da expressão. Ora, as questões que Merleau-Ponty levantava com relação ao passado, como teriam elas cessado de solicitá-lo quando se voltava para o futuro da filosofia e procurava medir o alcance de suas próprias palavras? É a mesma coisa admitir que, por ricas que sejam, as obras do passado nunca são totalmente decifráveis e não nos libertam da necessidade de pensar o mundo como se ele devesse ser pensado pela primeira vez e reconhecer àqueles que virão depois de nós o direito de ver, por sua vez, com olhar novo ou, pelo menos, de *mudar* o centro da interrogação filosófica. Contestava, ao mesmo tempo, que a empresa do filósofo tenha coincidido alguma vez com a construção do sistema, e pelo mesmo motivo, recusava-se a elevar a sua experiência ao absoluto e encontrar aí a lei de toda experiência possível. Convencido de que a obra só permanece fonte de sentido porque no seu tempo o escritor soube pensar aquilo que o presente lhe dava a pensar, que é reapossando-nos do presente antigo que comunicamos com a obra, mas que esta comunicação é sempre obstada tal é a nossa necessidade de conceber todas as coisas do ponto de vista em que nos encontramos, também estava convencido da legitimidade da sua pesquisa, do seu poder de falar a outros que tudo ignoravam da sua situação, mas igualmente de sua impotência em fazer com que o que dava valor a suas questões, se ativesse essencialmente à sua ideia de verdade, mantendo-se, daí em diante, dentro da mesma luz. Assim, pensava ele, nosso trabalho de expressão só se reúne ao dos outros por meios de que não somos senhores e devemos duvidar sempre de que eles aí venham buscar aquilo que nós mesmos procuramos por um movimento que nos parece ser o próprio movimento da verdade filosófica. E, certamente, tal dúvida não arruinava em seu espírito a ideia de uma unidade da filosofia. É justamente porque a filosofia, a seus olhos, é interrogação continuada, que prescreve, de cada vez, nada pressupor, negligenciar o adquirido e correr o risco de abrir um caminho que não conduza a parte alguma. Em virtude da mesma necessidade, cada empresa se apresenta como irremediavelmente solitária e aparenta-se com todas as que a precederam e lhe sucederão. Existe, portanto, a despeito das aparências, um grande discurso que se desenvolve, no interior do qual se fundem as palavras de cada um, porque se estas nunca chegam a compor uma história logicamente articulada, pelo menos são colhidas no mesmo impulso de linguagem e destinadas ao mesmo sentido. Mas a certeza de que tal discurso nos sustenta não poderia fazer com que as fronteiras entre as obras se apaguem e que estejamos certos de lhe sermos fiéis quando descobrimos na nossa experiência a obrigação de pensá-la. A ambiguidade nunca é rompida, pois que não podemos, em nenhum momento, destacar inteiramente a interrogação das obras nas quais encontrou sua forma, e é penetrando em seu recinto que verdadeiramente nos iniciamos nela, e que, enfim, interrogar por nós mesmos é ainda falar, encontrar a medida de nossa busca numa linguagem. De forma que sempre esbarramos no fato da obra e na sua obscuridade, todas as nossas questões sobre o mundo, as que pensamos descobrir na leitura dos nossos antepassados e as que pensamos tirar de nós mesmos, se revelam necessariamente duplicadas por uma questão sobre o ser da linguagem e da obra: questão que não anula a convicção de que o sentido se dá a nós mas que cresce ao mesmo tempo que ela, enquanto permanecem obscuros o fundamento desse sentido e a relação da obra com o que é.

Que devêssemos, agora que Merleau-Ponty morreu, contemplar sua obra como uma obra entre outras, como ele mesmo contemplava e nos ensinava a contemplar a dos outros, em certo sentido, isso em nada nos ajuda. Não é porque ele se proíbe de reduzir o sentido àquilo que o mundo lhe dá a pensar no presente e marca de antemão o lugar da nossa liberdade que podemos mais facilmente assumi-lo, estarmos cientes daquilo que era sua tarefa e do que seria a nossa no interior da filosofia. Quando se nos torna sensível o paradoxo constitutivo da obra – o fato de que ela quer nomear o ser como tal e se manifesta repetindo em seu ser o enigma com o qual se defrontou, que reivindica o *todo* da interrogação sem poder fazer mais do que abrir um caminho cujo sentido é para os outros perenemente incerto –, quando se revela a ambiguidade de nossa relação com ela, – que aprendamos a pensar nela e, na impotência de nos apossarmos de seu domínio, devemos levar nossos pensamentos alhures –, nossa indecisão só faz crescer. Mas, talvez, ao repormos na memória essas questões que eram as do nosso filósofo, fiquemos nós mais bem dispostos para acolher seu pensamento, notadamente o último escrito que ele só pode começar para medirmos o acontecimento deste último começo no qual a sua empresa devia encontrar um termo para entendermos, enfim, como o sentido do seu discurso se atesta no ser de sua obra.

Por ocasião da sua morte, Merleau-Ponty trabalhava numa obra, *O Visível e o Invisível*, de que apenas a primeira parte se encontrava redigida. Essa parte testemunha seu esforço para dar uma nova expressão a seu pensamento. Basta ler alguns dos ensaios reunidos em *Sinais*, o prefácio de que os fizera preceder e o *Olho e o Espírito*, escritos que pertencem todos ao último período de sua vida, para nos persuadirmos de que, longe de constituírem o estado definitivo da sua filosofia, suas primeiras obras, justamente, célebres, haviam apenas lançado os fundamentos de sua empresa, criando nele a necessidade de ir mais longe. *O Viável e o Invisível* devia trazer à luz o caminho percorrido desde o tempo em que a dupla crítica do idealismo e do empirismo o fazia abordar um novo continente. Nas páginas que nos restam e nas *Notas de Trabalho* que as acompanham, torna-se manifesta a intenção de retomar as análises antigas sobre a coisa, o corpo, a relação do vidente e do visível para dissipar a ambiguidade e para mostrar que elas só adquirem todo o seu sentido fora de uma interpretação psicológica, ligadas a uma nova ontologia. Só esta pode agora fundar-lhe a legitimidade, do mesmo modo que só ela poderá coligir as críticas endereçadas à filosofia reflexiva, à dialética e à fenomenologia – críticas até então dispersas e aparentemente tributárias de descrições empíricas – desvendando a impossibilidade em que estamos doravante de manter o ponto de vista da *consciência*.

Não há dúvida de que, quando Merleau-Ponty empreende esse trabalho, julga ter sua obra à frente e não atrás dele. Não pensa trazer um complemento ou correções a seus escritos anteriores, torná-los mais acessíveis ao público ou apenas defendê-los contra os ataques de que foram objeto, como se tivessem a seus olhos uma identidade definida. O que ele já fez só conta na medida em que aí descobre a finalidade de uma tarefa; o adquirido só tem valor porque lhe dá o poder de continuar e esse só pode exercer-se à custa de uma ruína do trabalho anterior, de sua reorganização segundo novas dimensões. A certeza de que suas primeiras tentativas não eram vãs vem-lhe apenas da necessidade em que o colocam de regressar a elas para pensá-las e fazer jus ao que exigem.

Que o leitor não possa partilhar inteiramente desse sentimento, entende-se. As coisas ditas têm, para ele, um peso que lhe confere o escritor e nos arrasta para elas. Ao ler as primeiras obras de Merleau-Ponty, ele descobre já uma filosofia. Quando elas despertam nele mil questões que o dispõem a esperar a continuação, quando essa espera o situa, dizíamos, no mesmo tempo que o do autor, percebe ideias senão teses, cuja consistência não lhe suscita dúvidas. É com essas ideias que confrontará a partir de então as palavras do escritor para procurar sua confirmação ou, pelo contrário, variações, e mesmo um desmentido. Mas, para o escritor, o *dito* pesa com outro peso, institui uma surda pressão sobre a palavra, é aquilo que ele deverá assumir, com o qual será sempre preciso contar e de modo algum uma realidade positiva. As ideias que tem atrás de si são ocas, tanto mais eficazes quanto carecem de tudo aquilo em que levam a pensar, e é esse vazio muito determinado que suporta sua empresa. E, sem dúvida, nada pode fazer coincidir a perspectiva do escritor com a do leitor, porque a ilusão de ambos procede de motivos complementares. Como se observou muitas vezes, um não pode ver o que escreve e escreve porque não vê; o outro, ao contrário, só vê. Ora, a obra que o autor não pode olhar é a seus olhos como se não existisse e é sempre na escrita que procura assegurar-se daquilo que ela deve ser, ao passo que, dirigindo-se ao nosso olhar de leitor, ela o tenta a considerá-la como uma coisa entre as outras, coisas que é porque é percebida, e de que tem a conhecer apenas as propriedades. Essa distância de uma perspectiva para outra cresce infinitamente de repente com a morte do filósofo, porque é a obra inteira que se acha convertida em coisa dita e se oferece doravante com a aparência de um objeto. Mesmo a imagem que ele se fazia de seu trabalho futuro, quando a descobrimos, lendo seus papéis pessoais, não abala nossa certeza de estarmos em frente de uma obra, e o último escrito – apesar de seu inacabamento – ainda fornece a ocasião de medir a obra, de vê-la melhor, porque dispensa as últimas informações sobre sua natureza. Entretanto, o momento em que descobrimos este último escrito é também aquele em que a nossa ilusão vacila. Tanto nos parece natural procurarmos nele, se não o sentido último, ao menos o que o dará às obras anteriores, quanto é difícil reconhecer esse acabamento sob os traços de uma introdução em que as questões se multiplicam, em que as respostas são sempre diferidas, em que o pensamento se apoia constantemente num discurso futuro doravante interdito.

E, de fato, tal é a função das cento e cinquenta páginas manuscritas às quais se acha reduzido o *Visível e o Invisível*: introduzir. Trata-se de dirigir o leitor para um domínio que os seus hábitos de pensamento não tornam imediatamente acessível. Trata-se, notadamente, de persuadi-lo de que os conceitos fundamentais da filosofia moderna – por exemplo, as distinções entre o sujeito e o objeto, entre o fato e a essência, entre o ser e o nada, as noções de consciência, de imagem, de coisa – de que se faz uso constante já implicam numa interpretação singular do mundo e não podem pretender a uma dignidade singular quando nosso propósito é justamente repor-nos em face da experiência, para nela buscar o nascimento do sentido. Por que se tornou necessário tomar um novo ponto de partida, por que não podemos mais pensar nos quadros dos antigos sistemas, nem mesmo construir sobre o solo em que os vemos, por diferentes que sejam na sua orientação, enterrar-lhe as raízes? – eis aí o que o autor se esforça por dizer em primeiro lugar. Apela ele para um exame da nossa condição, tal como existe antes que a ciência e a filosofia a traduzam segundo as exigências de suas linguagens e que acabamos por esquecer que elas próprias têm contas a prestar sobre a sua origem. Mas este exame não é apresentado, apenas anunciado; somente pontos de referência fazem entrever o que seria uma descrição da experiência fiel à experiência. A própria forma do discurso é um aviso. Reservas constantes, alusões àquilo que será dito mais tarde, o estilo condicional, proíbem encerrar o pensamento nos enunciados presentes. Quando chegar o momento, diz em substância o escritor, o verdadeiro sentido da exposição se desvendará; o argumento, acrescenta, seria desenvolvido de outra forma, se não estivesse tão apressado em indicar de início as grandes linhas de sua pesquisa. Ora, seria um erro tomar essas precauções por artifícios, é preciso ler as páginas que nos foram deixadas, como o autor desejava que as lêssemos, com o pensamento em que tudo o que aqui se diz é provisório e, uma vez que o seguimento não se dá, é preciso lê-las tal qual estão ligadas às páginas que faltam: por forte que seja nossa inclinação para buscar no campo presente do discurso um sentido que se baste, não podemos ignorar o vazio que ele tem em seu centro. A obra é tanto mais aberta quanto só assume forma diante de nós para designar aquilo que se lhe tornou impossível dizer. E a primeira justiça que lhe deve ser prestada, sem dúvida, é vê-la como se apresenta, reconhecer o estado de privação em que nos põe, medir a perda a que nos torna sensíveis, saber, enfim, que esta perda não pode ser preenchida e que ninguém poderia dar expressão àquilo que, para a obra, permaneceu inexplicável. Mas talvez nos enganássemos mais gravemente ainda se, persuadindo-nos assim de que a primeira parte do *Visível e do Invisível* tem valor de introdução, quiséssemos concluir que fica aquém do essencial. Isso já seria desconhecer a natureza da obra de pensamento, porque nesta a iniciação é sempre decisiva, a verdade do percurso está sempre antecipada no primeiro passo; mais ainda, a certo momento do discurso cria-se uma relação entre o que foi dito e o que ainda não o foi, que forra todo o enunciado e faz nascer, para além da sucessão de ideias, uma profundidade de sentido onde elas coexistem, revelam-se consubstanciais e, sem parar de inscreverem-se no tempo, imprimem-se simultaneamente num mesmo campo – de tal sorte que, uma vez aberta essa dimensão, somos postos em presença da obra e esta sobrevive à amputação que o destino lhe inflige. Mas, no caso particular, isso seria, sobretudo, desconhecer a intenção do escritor que se empenha desde o início em tornar sensível o laço de todas as questões de filosofia, sua implicação recíproca, a necessidade de interrogação de onde procedem e, longe de abandonar-se a considerações preliminares, reúne num primeiro esboço a maioria dos temas que conta amassar e reamassar a seguir. Não é, por exemplo, a exposição de um método o que nos oferece esta primeira parte: ela contém antes uma advertência contra aquilo que é comumente chamado de método, isto é, contra a empresa de definir uma ordem de demonstração que valeria por si, independentemente de um desenvolvimento efetivo do pensamento; exige que o sentido emerja da descrição da experiência e, das dificuldades que reserva logo que queremos pensá-la de acordo com as categorias da filosofia passada, ou pensá-la em geral; não quer enunciar um princípio ou princípios que permitiriam reconstruí-la, mas propõe explorá-la em todas as direções, interrogando, ao mesmo tempo, nossa relação com o mundo tal como supomos vivê-lo ingenuamente e o meio cultural no qual essa relação se inscreve e encontra um estatuto determinado. Ora, para que esse objetivo se realize, é preciso que já tenhamos tomado a medida de nossa situação; é preciso – e essa era a tarefa de Merleau-Ponty desde o começo – que examinemos o movimento que nos leva a conceder nossa adesão às coisas e aos outros e às ambiguidades, a que esse movimento obriga; por que é ele irresistível e logo que o pensamos se transforma em enigma; é preciso que confrontemos aquilo que o escritor chama "fé perceptiva" com as verdades da ciência, descubramos que esta, que parece soberanamente dispor de seu objeto enquanto o constrói a partir de suas definições e conforme ao seu ideal de medida, é impotente para esclarecer a experiência do mundo em que se alicerça, sem dizê-lo, – e finalmente, quando a ciência encontra nas suas operações o vestígio de uma implicação do sujeito de conhecimento no real, confessa-se tão desmunida quanto a consciência comum para conferir-lhe um estatuto; é preciso, enfim, repercorrer o caminho da reflexão que é o caminho da filosofia moderna – ao termo do qual todos os problemas parecem resolvidos, pois que o pensamento forra agora em toda a sua extensão a vida perceptiva e leva nele o princípio de uma discriminação entre o verdadeiro e o falso, o real e o Imaginário – e ver em que condições esta "solução" é atingida, a preço de que mutilação nossa situação é convertida em simples objeto de conhecimento, nosso corpo em coisa qualquer, a percepção em pensamento que percebe, a palavra em pura significação, por que artifícios a filosofia chega a dissimular a si própria sua inerência ao mundo, à história e à linguagem.

Esta primeira elucidação, supõe, já, um ir e vir entre a descrição da experiência e a crítica do saber filosófico, não que devamos denunciar os erros da teoria em relação ao que é, mas porque longe de rejeitarmos a filosofia passada para edificar um novo sistema sobre tabula rasa aprendemos *nela* a ver melhor e, tutelando sua empresa, buscando somente conduzi-la até o fim, esclarecemos nossa situação a partir daquilo que ela nos dá a pensar sobre o mundo. Eis-nos, assim, lançados em plena pesquisa, ocupados com sulcar já o campo de nossas questões, articulá-las umas com as outras e descobrir a necessidade que as comanda, quando pensávamos somente em avançar.

Num sentido, existe começo, mas, noutro sentido, essa imagem nos desnorteia. A verdade é que o autor tenta estabelecer um novo ponto de partida mas ao mesmo tempo se proíbe a busca de um ponto de origem que permitiria traçar o caminho do saber absoluto. Talvez nisto sua empresa se distinga mais profundamente da dos seus antecessores. Estava tão convencido da impossibilidade em que se encontra a filosofia de estabelecer-se como pura fonte de sentido, que desejava de início denunciar sua ilusão. Assim, nos seus primeiros esboços de introdução, partia daquela observação – que não podemos encontrar uma origem em Deus, na natureza ou no homem, que tais tentativas se reúnem no mito de uma explicitação total do mundo, de uma adequação completa do pensamento e do ser, que não leva em linha de conta a nossa inserção no ser de que falamos, que este mito não sustenta, aliás, no nosso tempo, nenhuma pesquisa fecunda, e que dissipá-lo não é cair no cepticismo e no irracionalismo, mas pela primeira vez conhecer a verdade de nossa situação. Ideia tão constante nele que a reencontramos expressa na última nota de trabalho, escrita dois meses antes de sua morte: "Meu plano... deve ser apresentado – diz ele – sem nenhum compromisso com o humanismo, nem, aliás, com o naturalismo, nem enfim com a teologia. Trata-se precisamente de mostrar que a filosofia não

262

pode mais pensar segundo esta clivagem: Deus, o homem, as criaturas – que era a clivagem de Espinosa..."

Se há necessidade de um recomeço, é, pois, num sentido inteiramente novo. Não se trata de varrer ruínas para colocar fundação nova, trata-se antes de reconhecer que, digamos o que dissermos sobre o ser, nós o habitamos em toda parte, que o nosso trabalho de expressão é ainda uma instalação nele, que enfim nossa interrogação é, pela mesma razão, sem origem e sem fim, pois que nossas questões nascem sempre de questões mais antigas e que nenhuma resposta pode dissipar o mistério da nossa relação com o ser.

Kafka já dizia que as coisas se apresentavam a ele "não pelas raízes, mas por um ponto qualquer situado no meio". Dizia-o para testemunhar a sua miséria, sem dúvida, mas o filósofo que se desprende do mito da "raiz" aceita resolutamente situar-se nesse meio e partir desse "ponto qualquer". Esta restrição é o sinal de seu apego e é porque ele se lhe submete que ainda possui uma esperança de progredir de um domínio para outro, no labirinto interior onde se apagam as fronteiras do visível, onde toda questão sobre a natureza conduz a uma questão sobre a história, toda questão deste gênero a uma questão da filosofia da natureza ou da história, toda questão sobre o ser a uma questão sobre a linguagem. Em tal empresa podem-se notar etapas, mas não distinguir os preparativos e a própria exploração. Falando de sua pesquisa Merleau-Ponty disse uma vez que se tratava de uma "ascensão no próprio local"; o mais das vezes, ele a vê descrever um círculo, votando-o a passar e a repassar pelos mesmos pontos de estação. Qualquer que seja a imagem, ela nos interdita pensar que não estejamos desde o início às voltas com o essencial. Pelo contrário, devemos admitir que a introdução é o primeiro percurso do círculo e que, levada a termo, a obra nem por isso teria transposto os limites desse primeiro percurso, terminado o movimento, tanto é certo que é dentro *desses* limites, através *desse* movimento, que ela descobre seu poder de expressão.

Assim é também verdade que as cento e cinquenta páginas manuscritas a que se reduz atualmente *O Visível e o Invisível* deviam constituir o seu início e se oferecem ainda a nós como uma introdução e que são mais que isso, que contêm o sentido da obra e nos chamam a descobri-lo nelas; que o seguimento da obra teria sido coisa totalmente diferente da ilustração ou do comentário das ideias enunciadas na sua primeira parte, e que esta o antecipa, permite evocá-lo.

Ora, talvez este paradoxo nos espantasse menos se víssemos como se encontra ele fundado na linguagem da obra, no trabalho de escrita tal como o escritor o concebia. É fato notável que, se quiséssemos reconstituir as principais articulações da obra que Merleau-Ponty preparava, ver-nos-íamos na impossibilidade de fazê-lo. Decerto, numerosas notas de trabalho, esboços antigos, algumas raras indicações de plano, de extrema brevidade, e que não concordam todas entre si, permitem entrever a amplidão da pesquisa. Mas saber que ela deveria voltar por largo espaço ao problema da percepção e conceder ampla atenção aos trabalhos recentes da psicologia da Forma e da psicologia experimental, que a análise do conceito de natureza teria requerido uma descrição do organismo humano, do comportamento animal e o exame dos fenômenos da evolução, que estes mesmos estudos comandariam a crítica daquilo que o autor chamava "o complexo da filosofia ocidental", que essa crítica, por sua vez, devia encontrar seu *resultado* numa nova concepção da história e da relação natureza-história, que, enfim, – e aí reside a hipótese menos duvidosa de todas – a obra deveria terminar por uma reflexão sobre a linguagem e sobre esta forma particular de linguagem que é o discurso filosófico, regressando portanto, no fim, ao mistério de sua origem, tudo isso nos deixa na ignorância do caminho que teria sido seguido, da ordem das etapas ou das revoluções do pensamento. Como acreditarmos, pois, que a repugnância de Merleau-Ponty em traçar planos, em preparar por esquemas aquilo que se propunha a dizer e a manter-se fiel a seus projetos fosse um traço de temperamento? A verdade é antes que sua experiência de homem filosofante coincidia com uma experiência de escritor e impedia-lhe de dominar seu trabalho, como imagina poder fazê-lo aquele para quem o sentido pode ser de uma vez por todas inteiramente possuído. Era-lhe mister pôr este sentido à prova na escrita. Convencido de que não existe ponto privilegiado de onde se desvele como panorama a natureza, a história, o próprio ser, ou, como ele o disse tantas vezes, que o pensamento de *sobrevoo* nos separa da verdade da nossa situação, era-lhe necessário, ao mesmo tempo, renunciar à ilusão de ver a sua obra como um quadro; obrigar-se a caminhar na semiobscuridade para descobrir o liame interior de suas questões, fazer jus àquilo que reclama aqui e agora ser dito sem nunca abandonar-se à segurança de um sentido já traçado, já pensado. Assim, no final das contas, é por sua única e mesma razão que somos induzidos a procurar no que está escrito a essência da obra e que somos impedidos de imaginar a continuação do discurso como simples prolongamento de seu começo. A linguagem do filósofo ensina-nos uma necessidade que não é lógica, mas ontológica, de forma que encontramos nela mais do que um sentido, um sentido do sentido, e logo que ele nos falta nós perdemos o contato com aquilo que conferia profundidade, movimento e vida às ideias. Assim como devemos estar atentos à palavra do escritor e permitir-lhe todas as ressonâncias no espaço por ela habitado, assim também nos é proibido atravessar os limites desse espaço e violar a zona do silêncio que a envolve. E é essa palavra e este silêncio que é preciso ouvir conjuntamente – este silêncio que sucede à palavra, que não é um nada, pois que ainda é determinado por ela e, doravante, a sustenta.

Acerca da relação entre a palavra e o silêncio, Merleau-Ponty já meditava. Numa nota, escreve: "Seria preciso um silêncio que envolva a palavra após nos termos apercebido de que a palavra envolvia o pretendido silêncio da coincidência psicológica. Que será esse silêncio? Como a redução, finalmente, não é para Husserl imanência transcendental, mas desvelamento da *Weltthesis*, este silêncio não será o contrário da linguagem". Era fazer-nos compreender que a palavra existe entre dois silêncios: dá expressão a uma experiência muda, ignorante de seu próprio sentido, mas só para fazê-la aparecer em sua pureza, só rompe nosso contato com as coisas, só nos tira do estado de confusão em que nos achamos com as coisas todas para nos despertar para a verdade de sua presença, para tornar sensíveis seu relevo e nosso traço de união com elas. Pelo menos é o que sucede com a palavra que fala de acordo com a sua essência e, se se trata do discurso filosófico, dessa palavra que não cede à vertigem da eloquência, que não quer bastar-se, fechar-se sobre si própria e sobre seu sentido, mas que se abre ao exterior c a ele conduz. Mas se ela, que nasce do silêncio, pode procurar seu acabamento no silêncio e fazer com que esse silêncio não seja o seu contrário, é que entre a experiência e a linguagem há, por princípio, comércio; é que a experiência não é coisa com que se possa coincidir, coisa que contenha uma transcendência, já é em si própria diferenciação, articulação, estruturação e, de algum modo, evoca a linguagem; é que também a linguagem é experiência, e que existe, como Merleau-Ponty escreveu tão bem, um *ser* da linguagem no qual se repete o enigma do ser, que para além do movimento das puras significações se perfila a massa silenciosa do discurso, aquilo que não é da ordem do dizível, e que a mais alta virtude da expressão é desvendar esta passagem contínua da palavra ao ser e do ser à palavra ou essa dupla abertura de um para o outro.

Pensar este intercâmbio, era a isso, que, para terminar, *O Visível e o Invisível* se dedicaria. Mas é comovente que as últimas linhas, as últimas palavras do escritor sejam para evocá-lo. Merleau--Ponty escreve: "Num sentido, como diz Husserl, toda a filosofia consiste em restituir um poder de significar, um nascimento do sentido, uma expressão de experiência pela experiência, que ilumina especialmente o problema particular da linguagem. E, num sentido, como diz Valéry, a linguagem é tudo, já que não é a voz de ninguém, é a voz das coisas, das ondas e dos bosques. É preciso compreender que, duma a outra dessas perspectivas, não há inversão dialética, mas temos que reuni-las numa síntese; elas são dois aspectos da reversibilidade que é verdade última."

Que o acaso sele o livro com "*Verdade Última*" (VI, último §), que este, longe do termo a que visava, se encerre por um pensamento que é a prefiguração do fim, o leitor não deixará de ver nisso um sinal – como vestígio de uma advertência que a obra soube ouvir e o homem não. Mas este sinal não poderia fazer esquecer o sentido e é preciso, também, reconhecer que aquilo que aqui é dito, no último momento, é de natureza a esclarecer o problema da obra filosófica – da obra em geral e desta que agora lemos. Porque é nela que se desvenda a reversibilidade da experiência e da linguagem. É porque ela conduz ou pretende conduzir a tarefa de expressão até seus limites extremos, porque deseja recolher a verdade da experiência tal como existe antes de ser colocada em palavras e, simultaneamente, quer concentrar e esgotar nela todos os poderes da palavra que descobre a impossibilidade de manter-se aqui ou ali, vê seu movimento inverter-se nos dois sentidos e se obriga, enfim, a testemunhar essa indeterminação que constitui sua existência. A reversibilidade de que fala o filósofo (último § do VI) enuncia-se antes que ele a nomeie na forma da sua obra. Melhor: nomeando-a, nada mais faz que exprimir fielmente o sentido da sua empresa. Porque esta supõe, se não é vã, que não possamos encontrar um absoluto na experiência nem fazer da linguagem um absoluto, que esta *potência* anônima que chamamos experiência ou linguagem não é realidade positiva que se baste a si própria, que existe no ser como que uma necessidade da palavra e, na palavra, como que uma necessidade do ser, indissociáveis uma da outra, que falar e viver são igualmente fonte de questões e que estas se relacionam umas com as outras. Assim a "verdade última" com que termina *O Visível e o Invisível* é também aquela de onde a obra extrai a sua origem; esta verdade não constitui um ponto de estacionamento, não dá repouso ao pensamento, designa antes o ponto de passagem que é para a obra o de sua fundação continuada.

Perguntávamos: como ouvir o silêncio que sucede à palavra? Mas se podemos ouvi-lo é que ela nunca o aboliu, e que, a cada instante, ela conduz para além de si própria e nos proíbe parar nos limites do sentido imediatamente dado. O silêncio derradeiro é feito apenas desses silêncios reunidos, estende-se para além do discurso, porque não cessou de servir-lhe de fundo; de forma que é uma e mesma coisa ouvir este discurso e este silêncio, saber parar na fronteira do *dito* e reconhecer que não existe fronteira entre a linguagem e o mundo.

Mas também é verdade que, se *O Visível e o Invisível* dá o poder de ouvir é porque as questões que levantamos perante a obra e seu inacabamento se reúnem às que o autor levantava quando se obrigava a escrever de maneira que não lhe fosse contrária, não dizemos uma repentina e imprevisível interrupção da palavra, mas o termo de sua empresa que, qualquer que fosse, não devia ser apenas um termo mas devia também significar a ausência de todo termo. Essa tarefa, ele mesmo deixa entrever seu sentido quando se pergunta, no decurso da obra, o que possa ser a expressão filosófica: "...as palavras mais carregadas de filosofia, observa, não são necessariamente aquelas que encerram em si aquilo que dizem. São antes as que abrem mais energicamente para o ser, porque dão mais estreitamente a vida do todo e fazem vibrar, até desconjuntá-las, as nossas evidências habituais. É uma questão saber se a filosofia, como reconquista do ser bruto ou selvagem, pode realizar-se pelos meios da linguagem eloquente ou se não seria preciso [fazer desses meios] um uso que lhe retirasse o poder de significação direta ou imediata para igualá-la àquilo que ela quer, mesmo, dizer". Passagem enigmática, sem dúvida. A resposta não acompanha a pergunta. Não se diz o que seria uma obra que se privasse dos meios da linguagem eloquente; o que seria, para retomar uma fórmula empregada pelo autor, noutra circunstância, uma "linguagem indireta" da filosofia. Sabemos apenas que nunca cessou de reivindicar para ela um modo de expressar original e não cuidava de forma alguma substituí-la pela linguagem da arte ou da poesia. Contudo, quando lemos o escritor, essa confidencia esclarece-se, porque ele revela que suas próprias palavras não encerram o que dizem, que seu sentido transborda a significação imediata ou direta e que, enfim, o poder de se abrirem para o ser está ligado à força da interrogação que as anima. Não devemos compreender justamente que a linguagem filosófica é a linguagem interrogativa? Se mesmo isso não pode ser afirmado em termos positivos, é que nenhuma fórmula pode fazer entender o que a interrogação é. Bem pode Merleau-Ponty nomeá-la várias vezes, dizer aquilo que ela não é – o enunciado de questões que, como todas as questões de conhecimento, exigem apagar-se diante das respostas – e por que ela se renova indefinidamente no contato com a nossa experiência: contudo, toda definição nos afastaria dela fazendo-nos esquecer de que é na vida e na linguagem que a interrogação se desdobra, ou, dizendo melhor, que ela é feita apenas de vida e linguagem, vida e linguagem assumidas. Para fazer jus à interrogação, não basta ao filósofo declarar que ela é interminável, que o homem nunca parou de suscitar questões acerca da sua situação no mundo, porque, por verdadeira que seja tal ideia, é demasiado geral para ter consistência; o filósofo terá ainda de levá-la a bom termo efetivamente, dar-lhe saída, fazer a coisa de tal forma que, na obra, as respostas suscitadas pelas perguntas não ponham em parte alguma termo à reflexão que, de um domínio de experiência a outro, a passagem seja sempre preservada, que o sentido se desvende na impossibilidade em que nos achamos de permanecer em algum lugar, enfim que o discurso inteiro seja como única e mesma frase onde se possa distinguir, decerto, momentos, articulações e pausas, mas cujo conteúdo, em cada proposição, não possa ser dissociável do movimento total.

E, de fato, de princípio a fim, *O Viável e o Inviável* é tentativa para manter a interrogação aberta. Não exercício de uma dúvida metódica e deliberada, de onde o sujeito iria haurir a ilusão de destacar-se de todas as coisas e que prepararia a restauração de um pensamento seguro de seus direitos, mas exploração contínua da nossa vida perceptiva e da vida cognoscitiva; não negação das certezas comuns, destruição da nossa fé na existência das coisas e dos outros, mas adesão oferecida a essas "*certezas*", a essa fé, a ponto de a insistência em esposá-las revelar que elas são indissociavelmente certeza e incerteza, fé e não fé; passagem de algum modo através da opinião para reunir-se às ambiguidades que ela cobre; não refutação das teorias de filósofos, mas retorno àquilo que está na sua origem, para descobrir que as teorias levam além das respostas que trazem: interrogação, enfim, que não cessa de relacionar-se consigo mesma, não perde de vista a condição de quem interroga, e se sabe enleada no ser quando se vota à expressão.

Se a filosofia encontra através desta linguagem o meio de "igualar aquilo que ela quer, apesar de tudo, dizer", é que o segredo da nossa temporalidade se acha enunciado pelo da obra, que esta nos ensina a reconhecer a continuidade, a indivisão de uma experiência em que cada momento é agarrado com todos os outros no mesmo impulso do tempo e, simultaneamente, o movimento que proíbe fixar o sentido da coisa, visível ou invisível, e faz indefinidamente surgir, para além do dado presente, o conteúdo latente do mundo.

Mas quando a obra atinge essa consciência de si própria, quando sabe que é e é somente o lugar da interrogação, não é então que concorda silenciosamente com seu fecho? Porque aquele que vai até o fim da interrogação só pode descobrir e fazer-nos descobrir a contingência da palavra. É o mesmo, para ele, afrontar a região obscura onde nascem os pensamentos e aquela onde estão destinados a desfazer-se. E é o mesmo para nós ler, por todo o lado, os sinais da sua presença e sentir sua ausência iminente. A interrogação verdadeira é intimidade com a morte e não nos espantemos que o filósofo, que raramente a nomeia, tenha, contudo, em seu último escrito, força tão grande a ponto de fazer-nos atentar para ela.

CLAUDE LEFORT

TERMOS ALEMÃES
FREQUENTEMENTE EMPREGADOS*

Ablaufsphänomen – fenômeno do decurso
an sich oder für uns – em si ou para nós
Arbeitsproblem – o problema em trabalho
Auffassung – apreensão, concepção.
Aufklärung – Ilustração

Befragung – interrogação
Besinnung – tomada de consciência (Husserl); meditação que chega ao
    fundo (Heidegger)
Bild – imagem, figura.

Denken – pensar, o pensar

Einfühlung – empatia (Husserl)
Einingung – acordo
Einströmen – afluir (afluir para dentro)
(Rot) empfindungen – sensação (de) vermelho (Husserl)

---

* As traduções aqui apresentadas são muitíssimo imprecisas e servem apenas
para introduzir o leitor no problema.

Endstiftung – instituição final
(Originär) Erfasst – apreendido (originariamente)
Erfüllung – preenchimento, cumprimento
Eröffnung – inauguração
Erwirken – obter

Forschungmanuskript – manuscrito de pesquisa, rascunho (como as
notas de trabalho de M.M.-P.)

gehen – ir
Ich gehe – vou
Gegenstand – objeto; objeto: o que está contra (um sujeito)
Gegenwart – presente
    lebendige Gegenwart – presente vivo
Geheimnis – mistério
Geist – espírito (Hegel)
Geschick – destino
    Seinsgeschick – destino do Ser (Heidegger)
Gestalt – Forma
    Warum ist etwas eine Gestalt? Por que algo é uma Forma?
Gestalthaft – adquirir forma
Gewordenheit aus menschlichen Aktivität – o que vem a ser a partir da
    atividade humana.
Grund – solo, razão, fundo, fundamento, princípio etc. (sobre o vocábulo
    ver Heidegger: o princípio de razão) Ab-Grund – sem fundo, sem
    razão, abismo (Heidegger)

Hinauswollt – quis sair
Hoheit – altura (Heidegger)
Horizonthätigkeit – atividade no horizonte

immer wilder – sempre mais selvagem
Ineinander – um-no-outro

Lebenswelt – mundo da vida, mundo cotidiano (Husserl)
Lebensphilosophie – filosofia da vida (por ex. Spengler)
Leistung – realização

Menschheit – humanidade (Kant)
Möglichkeit an Wirklichkeit – possibilidade em relação à realidade

Nachlass – espólio (literário)
nichtiges Nichts – o nada que se anonada.
nichturpräsentierbar – que não pode apresentar-se originariamente
Nullpunkt – ponto nulo

Offenheit – abrimento (Heidegger)
Ort – lugar, sítio
Ortsveränderung – mudança de lugar, deslocamento

272

Rückgestantung – formação retrospectiva

Sache – coisa
blosse Sachen – meras coisas
Sachverhalt – estado de coisas, situação (Husserl, Wittgenstein)
Sehen – ver
selbst – próprio, mesmo
Selbständig – autónomo
Selbständigkeit – autonomia
Selbsterscheinung – aparição de (a) si próprio
selbstgeben – dar-se a si mesmo
Selbstgegebenheit – estado daquilo que se dá para si próprio
Selbstheit – ipseidade – "mesmidade"
Selbstverständlich – óbvio (para o senso comum)
Sein – Ser
Sinngemäss – de acordo com um sentido
Stiftung – fundação, estabelecimento (do sentido)

Transponierbarkeit – transponibilidade

Übergang – transição, passagem
Uberschreiten – transpor
Übersteigen – passar por cima
Übertragung – transportação
Umsturz – derrubada
Umwelt – mundo ambiente, em volta, circundante.
Unendlichkeit – infinidade
Unselbstandig – heterónomo
Unveränderung – sem mudança, imutável
Unverborgen – desvelado (Heidegger)
Unverborgenheit – desvelação (Heidegger)
Ur – Arche – arca originária
Urerlebnis – vivência originária
Urgemeinschaftung – formação duma comunidade originária
Urhistorie, erste Geschichtilicheit – história originária, historicidade
primeira (Husserl)
Urpräsentation – presentação originária
Urpräsentierbar – presentabilidade originária
Ursprung – origem
Ursprünglich – originário – caráter de provir da origem
Urstümlich – original – caráter de ser primeiro
Ursprungsklärung – esclarecimento da origem
Urstiftung – fundação originária, começo

FILOSOFIA NA PERSPECTIVA

O Socialismo Utópico
    Martin Buber (D031)
Filosofia em Nova Chave
    Susanne K. Langer (D033)
Sartre
    Gerd A. Bornheim (D036)
O Visível e o Invisível
    M. Merleau-Ponty (D040)
Linguagem e Mito
    Ernst Cassirer (D050)
Mito e Realidade
    Mircea Eliade (D052)
A Linguagem do Espaço e do Tempo
    Hugh M. Lacey (D059)
Estética e Filosofia
    Mikel Dufrenne (D069)
Fenomenologia e Estruturalismo
    Andrea Bonomi (D089)
A Cabala e seu Simbolismo
    Gershom Scholem (D128)
Do Diálogo e do Dialógico
    Martin Buber (D158)
Visão Filosófica do Mundo

Max Scheler (D191)
Conhecimento, Linguagem, Ideologia
Marcelo Dascal (org.) (D213)
Notas para uma Definição de Cultura
T. S. Eliot (D215)
Dewey: Filosofia e Experiência Democrática
Maria Nazaré de C. Pacheco Amaral (D229)
Romantismo e Messianismo
Michel Löwy (D234)
Correspondência
Walter Benjamin e Gershom
Scholem (D249)
Isaiah Berlin: Com Toda a Liberdade
Ramin Jahanbegloo (D263)
Existência em Decisão
Ricardo Timm de Souza (D276)
Metafísica e Finitude
Gerd A. Bornheim (D280)
O Caldeirão de Medeia
Roberto Romano (D283)
George Steiner: À Luz de Si Mesmo
Ramin Jahanbegloo (D291)
Um Ofício Perigoso
Luciano Canfora (D292)
O Desafio do Islã e Outros Desafios
Roberto Romano (D294)
Adeus a Emmanuel Lévinas
Jacques Derrida (D296)
Platão: Uma Poética para a Filosofia
Paulo Butti de Lima (D297)
Ética e Cultura
Danilo Santos de Miranda (D299)
Emmanuel Lévinas: Ensaios e Entrevistas
François Poirié (D309)
Preconceito, Racismo e Política
Anatol Rosenfeld (D322)
Razão de Estado e Outros Estados da Razão
Roberto Romano (D335)
Lukács e Seus Contemporâneos
Nicolas Tertulian (D337)
Homo Ludens
Johan Huizinga (E004)
Gramatologia
Jacques Derrida (E016)
Filosofia da Nova Música
T. W. Adorno (E026)
Filosofia do Estilo

Gilles Geston Granger (E029)
Lógica do Sentido
Gilles Deleuze (E035)
O Lugar de Todos os Lugares
Evaldo Coutinho (E055)
História da Loucura
Michel Foucault (E061)
Teoria Crítica I
Max Horkheimer (E077)
A Artisticidade do Ser
Evaldo Coutinho (E097)
Dilthey: Um Conceito de Vida e uma Pedagogia
Maria Nazaré de C. P. Amaral (E102)
Tempo e Religião
Walter I. Rehfeld (E106)
Kósmos Noetós
Ivo Assad Ibri (E130)
História e Narração em Walter Benjamin
Jeanne Marie Gagnebin (E142)
Cabala: Novas Perspectivas
Moshe Idel (E154)
O Tempo Não-Reconciliado
Peter Pál Pelbart (E160)
Jesus
David Flusser (E176)
Avicena: A Viagem da Alma
Rosalie Helena de S. Pereira (E179)
Nas Sendas do Judaísmo
Walter I. Rehfeld (E198)
Cabala e Contra-História: Gershom Scholem
David Biale (E202)
Nietzsche e a Justiça
Eduardo Rezende Melo (E205)
Ética contra Estética
Amelia Valcárcel (E210)
O Umbral da Sombra
Nuccio Ordine (E218)
Ensaios Filosóficos
Walter I. Rehfeld (E246)
Filosofia do Judaísmo em Abraham Joshua Heschel
Glória Hazan (E250)
A Escritura e a Diferença
Jacques Derrida (E271)
Mística e Razão: Dialética no Pensamento Judaico. De Speculis Heschel
Alexandre Leone (E289)
A Simulação da Morte
Lúcio Vaz (E293)

Judeus Heterodoxos: Messianismo, Romantismo, Utopia
  Michael Löwy (E298)
Estética da Contradição
  João Ricardo Carneiro Moderno (E313)
Pessoa Humana e Singularidade em Edith Stein
  Francesco Alfieri (E328)
Ética, Responsabilidade e Juízo em Hannah Arendt
  Bethania Assy (E334)
Arqueologia da Política: Leitura da República Platônica
  Paulo Butti de Lima (E338)
A Presença de Duns Escoto no Pensamento de Edith Stein: A Questão da Individualidade
  Francesco Alfieri (E340)
Ensaios sobre a Liberdade
  Celso Lafer (EL038)
O Schabat
  Abraham J. Heschel (EL049)
O Homem no Universo
  Frithjof Schuon (EL050)
Quatro Leituras Talmúdicas
  Emmanuel Levinas (EL051)
Yossel Rakover Dirige-se a Deus
  Zvi Kolitz (EL052)
Sobre a Construção do Sentido
  Ricardo Timm de Souza (EL053)
A Paz Perpétua
  J. Guinsburg (org.) (EL055)
O Segredo Guardado
  Ili Gorlizki (EL058)
Os Nomes do Ódio
  Roberto Romano (EL062)
Kafka: A Justiça, O Veredicto e a Colônia Penal
  Ricardo Timm de Souza (EL063)
Culto Moderno dos Monumentos
  Alois Riegl (EL064)
O Islã Clássico: Itinerários de uma Cultura
  Rosalie Helena de Souza Pereira (org.)(PERS)
A Filosofia do Judaísmo
  Julius Guttmann (PERS)
Averróis, a Arte de Governar
  Rosalie Helena de Souza Pereira (PERS)
Testemunhas do Futuro
  Pierre Bouretz (PERS)
Na Senda da Razão: Filosofia e Ciência no Medievo Judaico (PERS)
  Rosalie Helena de Souza Pereira (org.) (PERS)
O Brasil Filosófico
  Ricardo Timm de Souza (K022)

Diderot: Obras I – Filosofia e Política
J. Guinsburg (org.) (TO12-I)
Diderot: Obras II – Estética, Poética e Contos
J. Guinsburg (org.) (TO12-II)
Diderot: Obras III – O Sobrinho de Rameau
J. Guinsburg (org.) (TO12-III)
Diderot: Obras IV – Jacques, o Fatalista, e Seu Amo
J. Guinsburg (org.) (TO12-IV)
Diderot: Obras V – O Filho Natural
J. Guinsburg (org.) (TO12-V)
Diderot: Obras VI (1) – O Enciclopedista – História da Filosofia I
J. Guinsburg e Roberto Romano (orgs.) (TO12-VI)
Diderot: Obras VI (2) – O Enciclopedista – História da Filosofia II
J. Guinsburg e Roberto Romano (orgs.) (TO12-VI)
Diderot: Obras VI (3) – O Enciclopedista - Arte, Filosofia e Política
J. Guinsburg e Roberto Romano (orgs.) (TO12-VI)
Diderot: Obras VII – A Religiosa
J. Guinsburg (org.) (TO12-VII)
Platão: República – Obras I
J. Guinsburg (org.) (TO19-I)
Platão: Górgias – Obras II
Daniel R. N. Lopes (intr., trad. e notas) (TO19-II)
Hegel e o Estado
Franz Rosenzweig (TO21)
Descartes: Obras Escolhidas
J. Guinsburg, Roberto Romano e Newton Cunha (orgs.) (TO24)
Spinoza, Obra Completa I: (Breve) Tratado e Outros Escritos
J. Guinsburg; N. Cunha e R. Romano (orgs.) (TO29)
Spinoza, Obra Completa II: Correspondência Completa e Vida
J. Guinsburg; N. Cunha e R. Romano (orgs.) (TO29)
Spinoza, Obra Completa III: Tratado Teológico-Político
J. Guinsburg; N. Cunha e R. Romano (orgs.) (TO29)
Spinoza, Obra Completa IV: Ética e Compêndio de Gramática da Língua Hebraica
J. Guinsburg; N. Cunha e R. Romano (orgs.) (TO29)
Comentário Sobre a República
Averróis (T30)
As Ilhas
Jean Grenier (LSC)

Este livro foi impresso na cidade de Cotia,
nas oficinas da Meta Brasil,
para a Editora Perspectiva.